I0813304

CADA MAÑANA CON DIOS

JOYCE MEYER

Título original: *Mornings with God:*
365 Devocionales para empezar bien el día

Primera edición: enero de 2025
Esta edición es publicada bajo acuerdo con Faith Words,
una división de Hachette Book Group, Inc., USA

Published by Hachette Book Group, Inc
1290 Avenue of the Americas, New York, NY 10104

8950 SW 74th Court, Suite 2010
Miami, FL 33156
Publicado por ORIGEN®, marca registrada de
Penguin Random House Grupo Editorial USA, LLC

Traducción: Mariana Azpurua

Impreso en Colombia / *Printed in Colombia*

Información de catalogación de publicaciones disponible
en la Biblioteca del Congreso de los Estados Unidos

ISBN: 979-8-89098-439-5
25 26 27 28 29 10 9 8 7 6 5 4 3 2 1

INTRODUCCIÓN

Desde mi punto de vista, comenzar el día con Dios es una de las cosas más importantes que podemos hacer. Aunque no tengas mucho tiempo por las mañanas y prefieras orar y estudiar la Palabra de Dios en otro momento del día, al menos dedica tiempo a pronunciar: "Buenos días, Dios", y dile que le amas y necesitas. Unas palabras de agradecimiento también son buenas para ayudarte a empezar el día con la actitud correcta.

Este devocionario contiene reflexiones alentadoras de la Palabra de Dios para cada día del año. En estas páginas encontrarás mucho consuelo. Porque todos lo necesitamos a veces, y siempre necesitamos ánimo. Cuando estamos desanimados, empezamos a retraernos de lo que debemos hacer porque dudamos que podamos lograr nuestras metas o pensamos que no somos valiosos. Pero cuando nos animan, nos fortalecemos en nuestra creencia de que somos capaces de seguir adelante y alcanzar con éxito nuestros objetivos.

Las escrituras se refieren al Espíritu Santo como el Consolador o el Auxiliador (Jn 14:16), y yo me alegro de que esté siempre presente en nuestras vidas para consolarnos y animarnos. Sin embargo, debemos recordar que Él a menudo trabaja a través de las personas, por lo que cada uno de nosotros necesita ser alentador con los demás. La mejor manera de recibir ánimo es ofrecerlo, porque la Palabra de Dios nos enseña que cosechamos lo que sembramos (Gá 6:7). El ánimo brinda valor, confianza y esperanza, y cuando animamos a otros, eso les ayuda a seguir adelante en la vida.

Paso mucho tiempo sola estudiando y escribiendo. Sí, salgo en televisión y tengo el privilegio de compartir la Palabra de Dios en conferencias. Pero en la televisión me ven, no veo a nadie, y tengo que caminar por fe y creer que la gente está mirando y recibiendo ayuda. Los Ministerios Joyce Meyer tienen varias oficinas en países fuera de los Estados Unidos, y recientemente nuestro director en la India envió un video de todas las cosas maravillosas que están sucediendo a través de nuestro ministerio allí. El vídeo me animó mucho y me dio fuerzas para continuar.

Este año, fijémonos el objetivo de animar a más personas que nunca. Con la ayuda de Dios, podrías sentirte guiado a animar a no menos de tres personas cada día de alguna manera. Tal vez desees hacerles un cumplido, mostrarles tu aprecio, darles las gracias por lo que hacen o compartir con ellas una escritura apropiada. Algo tan simple como una sonrisa puede animar a algunas personas.

Nuestro mundo está lleno de personas que sufren. Con frecuencia, los que pensamos que nunca necesitarían ser animados son los que más lo necesitan. El ánimo es uno de los dones espirituales que se mencionan en Romanos 12:8. Y aunque no tengamos el don espiritual de animar, podemos alentar a los demás. Es posible que simplemente tengamos que esforzarnos un poco más que los que tienen ese don natural. Pablo nos instruye para que nos animemos y edifiquemos unos a otros (1 Ts 5:11).

Oro para que aprendas y te sientas reconfortado y animado con este devocionario diario y para que consideres la posibilidad de regalar uno a las personas que conoces y amas.

Una de las mejores maneras de permanecer conectado con Dios es "orar a lo largo del día". Comienza tu día con Él cada mañana. Habla con Él de todo como si fuera tu mejor amigo que está contigo todo el día, porque lo está. Dios te ama mucho y nunca se cansa de escuchar tu voz.

DÍA 1 EMPIEZA TU DÍA CON DIOS

Por la mañana, Señor, escuchas mi clamor; por la mañana te presento mis ruegos y quedo a la espera de tu respuesta.

SALMOS 5:3

Empezar bien cada día es importante. Es probable que estemos más satisfechos con el resultado si empezamos el día de forma positiva, que si nos levantamos temiendo lo que nos espera. Te animo a que empieces el día como yo: con Dios. Dedícale todo el tiempo que puedas según tu horario. La única manera de empezar bien el día es empezarlo con Él. Habla con Él; pídele ayuda y guía en todo lo que hagas. Sométele tu día para que Él te dirija. Asimila la Palabra de Dios de alguna forma, escuchándola o viendo a alguien enseñarla. Ya sea un versículo de la Escritura o un capítulo entero de la Biblia, eso te ayudará.

Acudir a Dios primero antes de hacer cualquier otra cosa es una forma de honrarle y decirle con nuestras acciones: "Separado de Ti, Señor, no puedo hacer nada" (cf. Jn 15:5). Incluso, puedes considerar la posibilidad de tumbarte en la cama cinco minutos después de levantarte y dedicar ese tiempo a hablar con Dios sobre tu día. Esta es una idea especialmente buena si tienes niños pequeños o una casa ajetreada activa desde que te levantas de la cama. Si solo dispones de un rato por la mañana, haz un esfuerzo por pasar más tiempo con Dios al final del día.

David sabía que Dios escuchaba su voz por la mañana. Él velaba y esperaba a que Dios le hablara a su corazón (Sal 5:3). Espero que tú hagas lo mismo.

DECLARO: *Comienzo mi día con Dios y espero vigilante a que Él le hable a mi corazón.*

DÍA 2

EL CONSUELO Y EL ÁNIMO DE DIOS

Aun si voy por valles tenebrosos, no temeré ningún mal porque tú estás a mi lado; tu vara y tu bastón me reconfortan.

SALMOS 23:4

Todos pasamos por momentos difíciles, pero la buena noticia es que cuando lo hacemos Dios siempre está presente para consolarnos y animarnos. Cuando los tiempos sean difíciles, recuerda que no durarán para siempre. Dios no permitirá que te sobrevenga más de lo que puedas soportar (1 Co 10:13).

No debes temer, no importa lo que tengas que enfrentar hoy, porque Dios está contigo y te ama profunda e incondicionalmente. Puede que no sepas cómo darle un giro a tu situación, pero Dios sí lo sabe. Él siempre tiene un buen plan para ti y los problemas transitorios no tienen la capacidad de cancelar esos planes.

Con lo que lidias es temporal. Dios es eterno y nunca te dejará ni te abandonará.

DECLARO: *No temeré porque Dios está siempre conmigo.*

DÍA 3

ERES MÁS FUERTE DE LO QUE CREES

Así que no temas, porque yo estoy contigo; no te angusties, porque yo soy tu Dios. Te fortaleceré y te ayudaré; te sostendré con la diestra de mi justicia.

ISAÍAS 41:10

Cuando atravesamos momentos difíciles o tenemos problemas inesperados, a menudo nos decimos: "No puedo con esto". Pero tú eres más fuerte de lo que crees porque Dios ha prometido fortalecerte.

Cuando miramos hacia atrás en nuestras vidas, son muchas las cosas difíciles que al principio pensamos que no podríamos hacer. Es bueno recordar esos momentos en los que Dios te ayudó y confiar en que lo hará de nuevo. Te animo a que no permitas que el miedo a lo desconocido te controle, porque, aunque no sepas lo que va a pasar, Dios sí lo sabe y todo acabará bien.

Toma la decisión de confiar en Dios cuando no tengas las respuestas, sabiendo que Él es bueno y fiel y que nunca te fallará.

DECLARO: *No temeré a lo desconocido porque Dios lo sabe todo y siempre cuidará de mí.*

DÍA 4

TÓMATE UN TIEMPO PARA REFRESCARTE

Por tanto, para que sean borrados sus pecados, arrepiéntanse y vuélvanse a Dios, a fin de que vengan tiempos de descanso de parte del Señor, enviándoles el Cristo que ya había sido preparado para ustedes, el cual es Jesús.

HECHOS 3:19-20

Si estamos siguiendo a Jesús y Su manera de hacer las cosas, tendremos energía en lugar de estar siempre cansados. Viviremos en paz y experimentaremos satisfacción. Él nos conduce junto a aguas tranquilas y reposadas, y allí restaura nuestras almas (Salmo 23).

Jesús y sus discípulos atendían a personas muy necesitadas. Era tanta la gente que acudía a ellos que no tenían tiempo ni para comer ni para descansar. ¿Qué hizo Jesús? Dijo: "Vengan conmigo ustedes solos a un lugar tranquilo y descansen un poco" (Mr 6:31). ¡Asombroso! Jesús se alejó temporalmente de necesidades válidas para cuidar de sí mismo y poder terminar lo que Dios le había enviado a hacer.

Cuando no puedas con todo, elige lo mejor para el momento presente. Jesús sabía que era mejor dejar que las necesidades de la gente esperaran mientras Él y sus discípulos podían descansar y comer. Esto le permitió estar debidamente preparado para satisfacer las necesidades de los demás a su debido tiempo.

Si no logras hacerlo todo, recuerda que hay un tiempo para todas las cosas, y que todo es hermoso a su tiempo (Ec 3:11). Estar en el tiempo de Dios equivale a estar en Su voluntad. Si estás haciendo algo en Su tiempo, será hermoso y satisfactorio.

DECLARO: *Cuando no puedo con todo, elijo hacer lo mejor para el momento.*

DÍA 5

DEPOSITA EN DIOS TUS PROBLEMAS

Depositen en Él toda ansiedad, porque Él cuida de ustedes.

1 PEDRO 5:7

El verbo "depositar" significa entregar, ceder, y eso es exactamente lo que puedes hacer con tus problemas. Puedes depositarlos en Jesús, sabiendo que Él se preocupa por ti y quiere ayudarte en cualquier momento de sufrimiento o ansiedad, angustia o inquietud.

La ampliación de la escritura de hoy nos dice que le entreguemos a Él todas nuestras preocupaciones de una vez por todas. Eso significa que una vez que se las hemos entregado no debemos volver a tomarlas, aunque el diablo trate de preocuparnos con ellas. Una vez que hayas depositado tus preocupaciones en Jesús, si tratan de regresar, solo di: "Ya no tengo ese problema; Jesús lo tiene y estoy libre de preocupaciones".

Es reconfortante saber que no tenemos que preocuparnos por cosas de las que no tenemos claro cómo ocuparnos. Si sabes lo que tienes que hacer, hazlo; pero si no lo sabes, dáselo al Señor, porque para Él todo es posible (Mt 19:26).

DECLARO: *Me niego a frustrarme intentando resolver problemas que solo Dios puede resolver.*

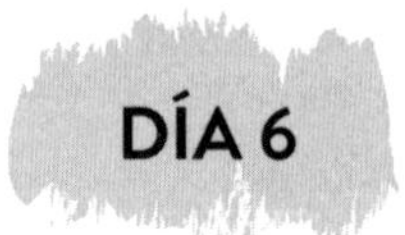

DÍA 6

TOMA HOY DECISIONES ACERTADAS

¿Quién es el hombre que teme al Señor? Será instruido en el mejor de los caminos.

SALMOS 25:12

Tú y yo tenemos la posibilidad de elegir cada día nuestros pensamientos, palabras, actitudes, comportamientos y actividades. No siempre podemos elegir nuestras circunstancias, pero sí escoger cómo responder a ellas. Dios nos ha dado libre albedrío y podemos manejar nuestras emociones en vez de que ellas nos manejen.

Cuando usamos nuestra libertad eligiendo hacer la voluntad de Dios, Él es honrado y glorificado. Cuando decidimos manejar nuestras emociones, vivimos con la estabilidad y el enfoque que necesitamos para llevar a cabo Su voluntad.

En su libro *Los secretos de la dirección divina*, F. B. Meyer escribió:

> Tal vez vivas demasiado en tus emociones y demasiado poco en tu voluntad. No tenemos control directo sobre nuestros sentimientos, pero sí sobre nuestra voluntad… Dios no nos hace responsables de lo que "sentimos", sino de lo que "deseamos"… Por tanto, no vivamos en la casa de verano de la emoción, sino en la ciudadela central de la voluntad totalmente rendidos y entregados a la voluntad de Dios[1].

La mayoría de nosotros conocemos a personas que viven enteramente impulsadas por sus sentimientos y el resultado es que están desperdiciando sus vidas. Esto podría cambiar rápidamente si tomaran decisiones diferentes, acordes con la voluntad de Dios.

DECLARO: *No desperdicio mi vida viviendo según mis sentimientos.*

DÍA 7

LLEVA UNA VIDA EQUILIBRADA

Y como no tenían tiempo ni para comer, pues era tanta la gente que iba y venía, Jesús dijo: Vengan conmigo ustedes solos a un lugar tranquilo y descansen un poco.

MARCOS 6:31

La mayoría de nosotros intentamos hacer muchas cosas; y algunas en demasía aunque sean buenas, lo que suele terminar por convertirse en algo malo. Solo debemos hacer lo que podamos realizar plácidamente y, si perdemos nuestra sensación de paz, tenemos que hacer lo necesario por recuperarla.

Nosotros diseñamos nuestros horarios y solo nosotros podemos cambiarlos. De modo que en vez de correr frenéticamente por la vida intentando complacer a todo el mundo, podemos aprender a decir no en el momento adecuado. Si pregunto a una multitud cuántos de ellos sienten que tienen demasiadas cosas que hacer, casi todos levantan la mano. Dios nunca quiso que Su pueblo viviera bajo un estrés y una presión excesivos. La vida es para disfrutarla plenamente y eso no es posible si nos sentimos todo el tiempo presionados por un horario que nos hace correr con frenesí a lo largo del día. Recuerda: Dios nunca te dará más cosas que hacer de las que puedas realizar con sosiego.

Parte de llevar una vida sana y productiva consiste en programar la vida de un modo bien equilibrado. Por eso, cuando planifico mi día, casi siempre dedico tiempo a relajarme y disfrutar además del tiempo que dedico al trabajo.

Disfrutarás mucho más de la vida si te dedicas tiempo a ti mismo. El mejor regalo que puedes hacer a tu familia y amigos es una persona fuerte y sana.

DECLARO: *Con regularidad me tomo tiempo para cuidarme.*

DÍA 8 EL SEÑOR CUIDARÁ DE TI

El Señor es mi pastor; nada me falta.

SALMOS 23:1

Es muy reconfortante saber que nuestro Señor siempre cuidará de nosotros. Él satisface todas nuestras necesidades si confiamos en Él. Me encanta meditar en la línea de la Escritura que leímos hoy, porque es muy alentadora para mí.

Puedes depender de Dios para satisfacer tus necesidades financieras y físicas, así como las emocionales; incluida la necesidad de sabiduría al tomar decisiones y la fuerza para hacer lo que tengas que realizar cada día. Porque Él ha prometido que nada nos faltará, no tenemos que vivir con miedo respecto a lo que nos sucederá.

¿Estás pasando por un momento difícil? Si es así, recuerda que el Señor es tu pastor, y un buen pastor siempre vigila, protege y cuida de sus ovejas. No malgastes tu tiempo y tu energía tratando de averiguar cómo resolver tu problema. Si Dios te muestra algo que puedes hacer, sé obediente y hazlo. Pero si no ves la salida, recuerda que Jesús es el camino (Jn 14:6). Puedes confiar en que Él está obrando en tu vida, aunque ahora mismo no veas que algo esté sucediendo o cambiando.

Dios trabaja a menudo misteriosamente y en secreto. Así que mantente enfocado en Él y espera que algo bueno suceda.

DECLARO: *Dios está obrando en mi vida y espero que algo bueno suceda.*

DÍA 9

LOS PLANES DE HOY AFECTAN EL MAÑANA

Pon en manos del Señor todas tus obras y tus proyectos se cumplirán.

PROVERBIOS 16:3

Cada día es distinto y nos plantea responsabilidades y retos diferentes, así que tenemos que planificar en consecuencia. Hay días en los que trabajo todo el día y otros en los que estoy todo el día con la familia o los amigos. Planificar la variedad de nuestros horarios es muy importante, si no queremos aburrirnos en la vida.

Me estoy entrenando para planificar cada día intencionadamente, porque quiero dedicar mi tiempo a cosas que den buen fruto. Me niego a desperdiciar mi vida. Solo tengo una y no tendré otra aquí en la tierra cuando esta termine, de modo que quiero que cuente.

He examinado la semana, el mes y el año que tengo por delante. Tengo ideas concretas sobre lo que tengo que hacer esta semana y este mes. Para el resto del año, tengo una idea vaga de lo que tengo que hacer y lograr, dónde necesito estar y qué tengo que hacer para llegar allí. Tengo objetivos a corto y largo plazo, y espero que tú también. Pero tenemos que tomarnos la vida un día a la vez, si queremos disfrutarla sin sentirnos abrumados. Lo que elegimos hoy forma parte de lo que queremos que ocurra en los días por venir, incluso en un futuro lejano.

Creo que cuando la gente no tiene planes, no tiene dirección. Ten un plan y trabaja para él, pero permanece siempre abierto a dejar que Dios lo cambie si así lo quiere.

DECLARO: *Hago planes y establezco objetivos, pero también permanezco abierto a dejar que Dios los cambie si lo considera oportuno.*

DÍA 10

DECIDE SUPERAR LA TENTACIÓN

Deseamos, sin embargo, que cada uno de ustedes siga mostrando ese mismo empeño hasta la realización final y completa de su esperanza.

HEBREOS 6:11

Decide de antemano finalizar lo que Dios te ha encomendado sin importar las tentaciones que enfrentes. Cualquiera que sea tu mayor desafío, decide ahora poner tu mente en tu victoria al respecto. Hablar contigo mismo con anticipación es una manera de hacerlo. Considera hacer afirmaciones como estas:

- "Creeré en lo mejor de cada uno".
- "No me quejaré de nada. Estaré agradecido por todo lo que tengo".
- "Eliminaré el estrés innecesario de mi vida".
- "Pensaré en positivo y diré palabras positivas".

Al hablarte a ti mismo así, construyes una base desde la cual resistir las tentaciones que enfrentes. Cuando lleguen, oirás los mensajes que has grabado en tu mente y tomar la decisión correcta será más fácil de lo que hubiera sido de no decidir de antemano cómo manejar las tentaciones.

Reconocer tus debilidades y tentaciones es sabio y proponerte firmemente vencerlas es el camino hacia la victoria.

DECLARO: *Venzo la tentación proponiéndome de antemano lograr la victoria sobre ella con la ayuda de Dios.*

DÍA 11

PERMANECE TRANQUILO Y DESCANSA EN EL SEÑOR

En verdes pastos me hace descansar. Junto a tranquilas aguas me conduce.

SALMOS 23:2

Todos tenemos muchas cosas de las que podríamos preocuparnos, pero en su lugar, podemos elegir confiar en Dios. La preocupación no nos hace ningún bien; al contrario: nos roba la paz, la alegría y la energía. El salmista David nos dice que podemos descansar en Dios.

Siempre me interesó que en Salmos 23:2 diga que Dios "nos hace descansar" en verdes praderas. Esto significa que tenemos que aprender a descansar y si no usamos la sabiduría y lo hacemos por nuestra cuenta, Él nos hará descansar.

Si queremos estar sanos, el descanso forma parte del ciclo de la vida. El trabajo es bueno, pero también lo es el descanso. He descubierto que una de las cosas que más me refresca es la quietud. Nuestro mundo actual es muy ruidoso. Todas las llamadas telefónicas, los mensajes de texto, los correos electrónicos, las alertas de las redes sociales, el tráfico y el ajetreo de la vida pueden ser abrumadores. Te animo a descansar y tomarte un tiempo cada día para sentarte y disfrutar de un rato de tranquilidad. Incluso diez minutos pueden hacer maravillas.

Dios te ama mucho y quiere que estes saludable y te sientas con energía cada día.

DECLARO: *Llevo una vida equilibrada: trabajo, juego, adoro y descanso. Soy saludable y tengo suficiente energía para cada día.*

DÍA 12

SOY BENDECIDO EN PRESENCIA DE MIS ENEMIGOS

Dispones ante mí un banquete en presencia de mis enemigos. Has ungido con aceite mi cabeza; has llenado mi copa a rebosar.

SALMOS 23:5

Nuestros enemigos pueden ser personas que nos hacen daño, o pueden ser personas a través de las cuales el diablo trabaja para rechazarnos, abusar de nosotros o desanimarnos. Él actúa también de forma independiente, metiendo en nuestra mente pensamientos que nos causan desesperanza y miedo. Pero Jesús nos ha dado autoridad sobre el diablo (Lc 10:19). Podemos resistirnos a él y tendrá que huir (Stg 4:7). Además, podemos desechar los pensamientos que no concuerdan con la Palabra de Dios (2 Co 10:5). Siempre debemos creer lo que dice la Palabra de Dios por encima de cualquier cosa que pensemos o cualquier cosa que digan otras personas si no está de acuerdo con Dios.

A veces tenemos que mantenernos firmes por un rato mientras esperamos que Dios nos libre del mal. Pero la Escritura de hoy nos enseña que, incluso en presencia de nuestros enemigos, Dios cuidará de nosotros y atenderá nuestras necesidades. Nos dará una nueva unción del Espíritu Santo que nos llenará de energía, e incluso en medio de los problemas nos dará una alegría desbordante.

En tiempos difíciles, ten cuidado de no centrarte en los problemas sino en Dios. Aquello en lo que nos enfocamos, pensamos y hablamos se convierte en lo más grande para nosotros. Siempre debemos recordar que Dios es más grande que cualquier problema que tengamos. Mayor es el que está en nosotros que el que está en el mundo (1 Jn 4:4).

DECLARO: *Dios cuidará de mí y satisfará mis necesidades incluso en medio de los problemas.*

DÍA 13

ESPERA A QUE PASE LA TORMENTA

Luego de que ustedes hayan sufrido un poco de tiempo, Dios mismo, el Dios de toda gracia que los llamó a su gloria eterna en Cristo, los restaurará y los hará fuertes, firmes y estables.

1 PEDRO 5:10

Nadie vive su vida entera como un largo día de sol. En algún momento, todos enfrentamos tormentas: una enfermedad inesperada, la pérdida del trabajo, una crisis financiera, dificultades matrimoniales, problemas con los hijos u otras situaciones estresantes. He enfrentado muchas tormentas en mi vida. Algunas fueron como chaparrones vespertinos y otras han parecido huracanes de categoría cuatro. Si he aprendido algo sobre la manera de capear las tormentas de la vida es que no duran para siempre y que, en lo posible, no debo tomar decisiones importantes en medio de ellas.

Cuando surjan tormentas en tu vida, mantén tu mente y tus emociones lo más quietas que puedas. A menudo se desbocan durante una crisis, por lo que debemos tener cuidado a la hora de decidir. Tenemos que mantener la calma y ser disciplinados para concentrarnos en hacer lo que podemos, mientras confiamos en Dios para que haga lo que no podemos.

Con frecuencia aconsejo: "Deja que las emociones se calmen antes de decidir". La próxima vez que enfrentes una tormenta, haz lo posible por dejar que todo pase antes de tomar cualquier decisión importante. Puede que no parezca posible, pero sí lo es; aplaza las decisiones hasta que la tormenta acabe. Si no pueden esperar, al menos calma tu mente y tus emociones y pide la ayuda de Dios antes de decidir qué hacer.

DECLARO: *Cuando es posible, dejo que amainen las tormentas antes de decidir.*

DÍA 14

POSÉE LAS PROMESAS DE DIOS

Dale a Josué las debidas instrucciones; anímalo y fortalécelo, porque será él quien pasará al frente de este pueblo y quien les dará en posesión la tierra que vas a ver.

DEUTERONOMIO 3:28

Después de la muerte de Moisés, Josué recibió el cargo de líder de Israel y la tarea de llevar a los israelitas a la tierra que Dios les había prometido. Me imagino cómo se sintió Josué. Era el ayudante de Moisés y lo había visto hacer milagros poderosos y asombrosos, así que puede que se sintiera incapaz de ocupar el lugar del líder. Pero Dios le dijo a Josué que, así como había estado con Moisés, estaría con él (Jos 1:5).

Dios también está contigo. No importa qué tipo de reto enfrentes, Él te ayudará a superarlo. Lo que es imposible para los seres humanos, es posible para Dios (Lc 18:27). No es fácil atravesar cosas cuando tenemos el deseo de rendirnos, pero te animo a que sigas pidiéndole a Dios que te fortalezca y Él lo hará. A veces la oración más poderosa es: "¡Dios, ayúdame!". Ha habido días en mi vida en los que creo que he dicho esas palabras al menos mil veces.

Dios quiere que poseas y experimentes en tu vida sus promesas, tal como quiso que los israelitas las creyeran y experimentaran hace siglos. Él quiere que ayudes a otros a poseer sus promesas también. Antes de que Josué completara el trabajo que Dios había encomendado, Él declaró que lo haría. Tú también poseerás todo lo que Dios tiene en Su plan para ti.

DECLARO: *Dios es mi fuerza y poseeré todas las cosas buenas que Él ha planeado para mí.*

DÍA 15 BUENAS NOTICIAS

Y con muchas otras palabras exhortaba Juan a la gente y le anunciaba las buenas noticias.

LUCAS 3:18

Juan el Bautista exhortaba a la gente, es decir, la animaba a actuar. Puede que los alentara a creer en el mensaje que predicaba sobre Jesús, a arrepentirse de sus pecados o quizá a no rendirse en los momentos de lucha. Les proclamó el evangelio, que es la "buena nueva".

Hoy te digo que la buena noticia es que Dios te ama incondicionalmente. Él está a tu favor, no en tu contra. Tú tienes Su favor, tus pecados son perdonados y como creyente en Jesús eres coheredero con Él. Tú compartes Su herencia (Ro 8:17).

Las buenas noticias alimentan los huesos (Pr 15:30). Me encantan las buenas noticias. Cada día rezo y declaro que recibiré algún tipo de buena noticia, y te animo a que hagas lo mismo. Santiago dijo que no tenemos porque no pedimos (Stg 4:2), así que tal vez no estés recibiendo buenas noticias porque no las pides ni las esperas. Cuando suena tu teléfono, alguien puede estar llamando con buenas noticias, o cuando recibes correo, pueden ser buenas noticias. Juan y Jesús predicaron buenas noticias, y yo oro para predicar siempre buenas noticias. Incluso si en un mensaje alguien te corrige, sigue siendo una buena noticia porque te ayudará a cambiar y a crecer.

DECLARO: *Hoy espero buenas noticias.*

DÍA 16

RENOVAR TU MENTE LLEVA TIEMPO

Sino que en la Ley del Señor se deleita y día y noche medita en ella.

SALMOS 1:2

Renovar la mente no es como renovar la licencia de conducir o el carné de la biblioteca, que pueden hacerse rápidamente y de vez en cuando. Es más bien como reformar una casa vieja. No ocurre de inmediato; requiere tiempo, energía y esfuerzo, además de una atención regular.

No puedes renovar tu mente abrigando pensamientos piadosos una sola vez. Debes alimentar pensamientos piadosos una y otra vez, hasta que vengan a ti más fácil y naturalmente que los impíos. Debes disciplinarte para pensar con corrección y guardarte de caer en viejos patrones de pensamiento, porque eso puede ocurrir con facilidad. Cuando suceda, no te sientas mal por ello; solo comienza a pensar de manera piadosa de nuevo. Incluso llegarás al punto en que los pensamientos erróneos te incomoden y ya no encajen en tus procesos mentales.

El proceso continuo de renovar la mente se extiende a todos los aspectos de tu pensamiento, incluido tu modo de pensar sobre ti mismo, tus finanzas, tu salud, tu familia, la gestión del tiempo, las vacaciones y el ocio, tu trabajo, tu futuro u otras áreas. No asumas que has renovado tu mente simplemente porque te sientas seguro de que tu forma de pensar ha cambiado en un área. Celebra tus progresos y sigue adelante.

DECLARO: *Renuevo mi mente continuamente teniendo claro que se trata de un proceso en desarrollo.*

DÍA 17

SÁLVATE DE ESTA GENERACIÓN TORCIDA

Y con muchas otras palabras les exhortaba insistentemente: —¡Sálvense de esta generación perversa!

HECHOS 2:40

Si Pedro sintió que la gente de su tiempo vivía en una generación torcida, ¿qué diría del mundo de hoy? Cada generación parece pensar que la suya es la más pecadora. Puede que tengan razón. El mal sigue creciendo y lo hará hasta que Dios diga "basta" y envíe a Jesús a la tierra por segunda vez, ahora para llevarse al pueblo de Dios a casa y vivir con Él para siempre.

Debemos ser conscientes de la maldad del mundo y recordar que la Biblia dice que estamos en el mundo (Jn 17:11), pero que no debemos ser como el mundo (Ro 12:2).

Los animo, como Pedro exhortó a la gente de su tiempo, a tener cuidado debido a la maldad que nos rodea. No podemos permitirnos ser cristianos perezosos y tibios (Ap 3:16). Debemos estar activos y encendidos por Dios para nuestro beneficio. Cuanto más nos mantengamos conectados a la Palabra de Dios y a Su pueblo, más a salvo estaremos de la perversidad que nos rodea.

Mantente alerta. Vela y ora (Mt 26:41), porque los días son malos (Ef 5:16), y el tiempo es corto (1 Co 7:29). No debemos tener miedo, porque somos más que vencedores (Ro 8:37) y pasaremos la eternidad con Jesús.

Dios siempre cuidará de ti.

DECLARO: *Dios me protege en medio del mal.*

DÍA 18 ANÍMATE

David se angustió, pues la tropa hablaba de apedrearlo; y es que todos se sentían amargados por la pérdida de sus hijos e hijas. Pero cobró ánimo y puso su confianza en el Señor su Dios.

1 SAMUEL 30:6

¿Y si toda la gente que te rodea se dispusiera a apedrearte como se dispusieron a hacerlo con David, y tú no tuvieras amigos ni aliados a tu lado? ¿Qué harías? David se animó en el Señor. Imagino que lo hizo recordando ocasiones anteriores en las que Él lo había librado de situaciones peligrosas, o tal vez recordando algunas de las promesas de la Palabra de Dios.

Todos tenemos momentos, como David, cuando necesitamos animarnos a nosotros mismos porque nadie más lo hará. Recuérdate lo bueno que Dios ha sido contigo y Su promesa de que nunca te dejará ni te abandonará (He 13:5). Nos ha dicho que todo lo podemos en Cristo que nos fortalece (Fil 4:13).

Cuando tu mente te diga que no lo vas a conseguir, habla en voz alta y di lo que Dios dice: "Sin embargo, en todo esto somos más que vencedores por medio de aquel que nos amó" (ver Ro 8:37). "Por último, fortalézcanse con el gran poder del Señor" (ver Ef 6:10). El diablo trabaja diligentemente intentado hacernos sentir abrumados, inhábiles e incapaces, pero es un mentiroso.

DECLARO: *Me animaré recordando todo lo que Dios ha hecho por mí.*

DÍA 19

NUNCA TE RINDAS

Los israelitas se animaron unos a otros y volvieron a presentar batalla donde se habían apostado el primer día.

JUECES 20:22

Israel había salido a combatir contra los benjamitas siguiendo las instrucciones de Dios de dejar que Judá liderara la batalla. Sin embargo, "los benjamitas salieron de Guibeá y derribaron a veintidós mil" hombres de Israel aquel día (Jue 20:21). Estoy segura de que para ellos fue una derrota, pero los israelitas no se rindieron.

Como dice nuestro versículo de hoy, se animaron y volvieron a hacer lo que Dios les había ordenado. No iban a dejar que perder una batalla determinara el resultado de la guerra y nosotros tampoco deberíamos hacerlo.

Puede que no siempre obtengamos la victoria en todo lo que hacemos, pero si no nos rendimos, la victoria llegará. Incluso Jesús tuvo que poner dos veces sus manos sobre un hombre ciego antes de que su vista fuera completamente restaurada (Mr 8:22-25). A veces he sentido que obedecí a Dios y seguí sus instrucciones, pero aun así mis problemas permanecieron. He aprendido a seguir haciendo lo que Dios me indica hasta que el diablo se rinda. Al momento de escribir este libro, llevo cuarenta y seis años en el ministerio, y a menudo digo que mi mayor testimonio es: "Sigo aquí haciendo lo que Dios me dijo que hiciera".

DECLARO: *Nunca me rendiré, no importa cuánto tiempo me lleve.*

DÍA 20

LOS OJOS DE DIOS ESTÁN PUESTOS EN TI PARA BIEN

Los miraré favorablemente y los haré volver a esta tierra. Los edificaré y no los derribaré, los plantaré y no los arrancaré.

JEREMÍAS 2:46

Todo lo que Dios ha planeado para ti es bueno, aunque no lo veas todo en este momento. Es importante creer en la bondad de Dios. Cuando pasamos por dificultades, el diablo quiere que creamos que Dios no nos ama y que no es bueno. Pero mantente firme en tu fe en la bondad divina.

Dios es un maestro constructor y nos está edificando y plantando donde Él quiere. Todos sus planes para nosotros son buenos. Él tiene la intención de brindarnos bendiciones y favor. Salmos 145:9 dice: "El Señor es bueno con todos; él tiene misericordia de todas sus obras".

Muchas de las pruebas a las que nos enfrentamos tienen por objeto ayudarnos a fortalecer nuestra fe. La fe crece a medida que la usamos, igual que un músculo. Cuanto más la usamos, más fuerte se hace. Si estás enfrentando una dificultad en este momento de tu vida, sigue declarando que el Señor es bueno y que tiene un buen plan para ti. Sé sensible al Espíritu Santo y si Dios te está guiando a hacer o no hacer algo, apúrate a obedecerle. Todo lo que Él nos pide es siempre para nuestro bien. ¿Por qué? Porque Él es bueno.

DECLARO: *Dios es bueno y tiene un buen plan para mí.*

DÍA 21

SÉ VENCEDOR, NO VÍCTIMA

¡Pero gracias a Dios que nos da la victoria por medio de nuestro Señor Jesucristo!

1 CORINTIOS 15:57

Si en el pasado has sufrido cosas que aún hoy te afectan puede que te sientas víctima, pero Dios quiere que seas vencedor. Prueba esto: Acuéstate en la cama durante unos minutos después de despertarte y piensa a propósito algunos pensamientos específicos, como, por ejemplo: "Este es el día que Dios ha hecho y me ha dado como regalo. No lo desaprovecharé. Mi pasado ha quedado atrás y nada del pasado puede afectarme a menos que yo lo permita. Dios está de mi lado y elijo vivir este día con energía, entusiasmo y pasión. Por la gracia de Dios me levantaré y haré cosas que tengan propósito".

Prepárate para hacer esto día tras día y pronto empezarás a ver resultados. Lleva tiempo renovar la mente, de modo que no te decepciones si no ves cambios inmediatos. Es estupendo si los ves, pero prepárate para no rendirte. Iniciar el día con esta mentalidad te ayudará a comenzar bien.

Mucha gente se acuesta cada noche pensando: "No quiero levantarme. Nunca me pasa nada bueno. Odio mi vida y temo enfrentar otro día". Durante muchos años me levanté todos los días con este tipo de pensamiento. Mis pensamientos me hacían sentir desgraciada. No sabía que podía hacer algo, así que seguía siendo una víctima. Pero si creemos en Él y le obedecemos, Dios nos da a todos la victoria a través de Cristo para que no tengamos que vivir como víctimas.

DECLARO: *No soy víctima. Soy victorioso en Cristo.*

DÍA 22

ANIMA A QUIENES ESTÁN CANSADOS

Mi Señor y Dios me ha concedido tener una lengua instruida, para sostener con mi palabra al fatigado. Todas las mañanas me despierta, y también me despierta el oído, para que escuche como los discípulos.

ISAÍAS 50:4

Dios quiere usarte para dar una palabra de aliento a los que estén cansados y quiere usar a otros para que hagan lo mismo por ti. Necesitamos animarnos unos a otros. El ánimo nos da el coraje para seguir adelante alcanzando nuestras metas y no darnos por vencidos en nuestra confianza en Dios.

Pregúntale a Dios diariamente a quién puedes animar y Él te lo mostrará. Él pondrá a alguien en tu corazón. Incluso algo tan simple como un mensaje de texto corto diciendo: "Dios te puso en mi corazón hoy y quiere que sepas que eres importante para Él", puede convertir lo que podría ser un mal día en uno bueno para la persona a la que llegas. No solo la bendecirás a ella, sino que serás bendecido en el proceso. Más bienaventurado dar que recibir (Hch 20:35). Dios le dijo a Abraham que lo bendeciría y lo convertiría en una bendición (Gn 12:2). Eso es lo que Él quiere hacer de cada uno de nosotros.

DECLARO: *Diré una palabra alentadora a alguien hoy y eso lo bendecirá y me bendecirá a mí.*

DÍA 23

LAS PALABRAS SON PODEROSAS

Judas y Silas, que también eran profetas, hablaron extensamente para animarlos y fortalecerlos.

HECHOS. 15:32

Es increíble lo poderosas que son las palabras. Proverbios 18:21 dice que en la lengua está el poder de la vida y de la muerte. Con palabras podemos sanar o podemos herir. Dios nos ha dado una gran habilidad para animar con nuestras palabras y todos necesitamos ánimo. Quiero animarte hoy diciéndote que eres más fuerte de lo que crees y que puedes —y lo harás— superar cualquier problema que se te presente.

No proyectes el resultado de tu situación basándote en lo que parece ahora mismo; confía en que acabará bien. Dios tiene un plan para que escapes a un lugar seguro lleno de frutos y cosas buenas. Es muy importante tener esperanza, creer que algo bueno te sucederá. El diablo nos quiere desesperanzados, pero "la esperanza que se demora aflige al corazón" (Pr 13:12). Sin esperanza, nuestra fuerza se desvanece y tendemos a rendirnos. Así que mantente lleno de esperanza porque Dios está de tu lado y no te fallará si sigues confiando en Él.

DECLARO: *Soy fuerte en el Señor y lleno de fe espero cosas buenas.*

DÍA 24

TUS PECADOS SON PERDONADOS

Si confesamos nuestros pecados, Dios, que es fiel y justo, nos los perdonará y nos limpiará de toda maldad.

1 JUAN 1:9

Todos hemos pecado. Todos necesitamos el perdón de Dios y Él está listo para dárnoslo. Todo lo que tenemos que hacer es admitir nuestros pecados y pedir y recibir Su perdón. Según Romanos 3:23-24: "Pues todos han pecado y están privados de la gloria de Dios, pero por Su gracia son justificados gratuitamente mediante la redención que Cristo Jesús efectuó". Sí, todos han pecado, pero mediante la fe en Cristo todos son justificados gratuitamente por Su gracia.

El diablo quiere que te concentres en tu pecado, pero Dios quiere que te concentres en Su perdón. Es maravilloso no tener que llevar la carga y la culpa del pecado a lo largo de nuestras vidas. En el momento en que nos damos cuenta de que hemos pecado podemos inmediatamente ser lavados, limpios por completo y rehechos como si nunca hubiera pasado, tan solo creyendo en la Palabra de Dios y actuando de acuerdo con ella.

¿Has estado cargando con el peso de tu pecado? ¿Has estado llevando una carga de culpa por cosas malas que hiciste en el pasado? Si es así, hoy tengo buenas noticias. Puedes orar ahora mismo y no solo Dios te perdonará, sino que Él perdonará tus pecados y no se acordará más de ellos (He 8:12).

DECLARO: *Mis pecados son perdonados y no hay condenación, porque confío en que Dios me justifica liberándome por Su gracia.*

DÍA 25

¿ESTÁS TENIENDO PROBLEMAS CON TU MENTE?

¿Quién ha conocido la mente del Señor para que pueda instruirlo?

1 CORINTIOS 2:16

Si tienes problemas con pensamientos negativos o destructivos lo primero que debes saber es que todo el mundo los tiene de vez cuando, así que no estás solo en esta batalla. Nuestras mentes son el blanco principal del diablo porque él sabe que, si pensamos algo por mucho tiempo, nos convertiremos en lo que pensamos (Pr 23:7). Pero nosotros tenemos la mente de Cristo (1 Co 2:16). Tenemos los pensamientos, las intenciones y los propósitos de Su corazón. La mente de Cristo está en nosotros, pero tenemos que desarrollarla.

Nuestras mentes se renuevan estudiando y meditando en la Palabra de Dios. Cuando sientas que tu mente está bajo ataque con preocupación, miedo o cualquier otra cosa que esté en contra de la Palabra de Dios, puedes reemplazar el pensamiento erróneo con uno que sea correcto de acuerdo con lo que Él dice en Su Palabra.

Por largo tiempo mis pensamientos fueron muy negativos y Dios me ha ayudado a renovar mi mente a lo largo de los años. Ahora soy muy positiva. Puedes tener control sobre tus pensamientos, pero te llevará tiempo cambiar las viejas formas de pensar por otras nuevas. Te animo a que no te desanimes en el proceso. No importa cuántas veces fracases, vuelve a comenzar y pronto te verás hacer verdaderos progresos.

DECLARO: *Tengo la mente de Cristo y pienso según la Palabra de Dios.*

DÍA 26 DIOS VELA POR TI

¿No se venden dos gorriones por una monedita? Sin embargo, ni uno de ellos caerá a tierra sin que lo permita el Padre. Él les tiene contados aun los cabellos de la cabeza. Así que no tengan miedo, ustedes valen más que muchos gorriones.

MATEO 10:29-31

Un gorrión es un pájaro pequeñito al que Dios cuida y protege. Seguramente, si Él vela por los gorriones y nada pasa sin el aviso y consentimiento de Dios, Él velará por nosotros también. Si Él ha contado hasta los cabellos de nuestra cabeza (Lc 12:7), seguramente igual se preocupa por cada pequeña cosa en nuestras vidas.

Tómate unos momentos y piensa en que ahora mismo Dios está velando por ti. No te ocurre nada de lo que Él no sea plenamente consciente. Cuando sentimos dolor, a menudo nos sentimos muy solos, pero nunca estamos solos porque Dios siempre está con nosotros y vela por nosotros.

Eres muy valioso para Dios. Dice en Isaías 43:4: "Porque eres *precioso* a mis ojos y digno de honra, yo te amo. A cambio *de ti* entregaré pueblos; a cambio *de tu* vida entregaré naciones" (la cursiva es mía).

Dios dio a Su único Hijo, Jesús, para redimirte del pecado y de la muerte, y Él seguramente satisfará cada necesidad que tengas. No bases tu fe en lo que sientes; básala en la Palabra de Dios. Nada puede sucederte sin que Dios lo sepa y Él te fortalecerá y usará cualquier dificultad para hacer el bien en tu vida (Ro 8:28).

DECLARO: *Soy precioso para el Señor. Él lo sabe todo de mí y de mi vida y siempre cuidará de mí.*

DÍA 27

EL ÉXITO EMPIEZA EN LA MENTE

Luego Jesús dijo al centurión: —¡Ve! Que todo suceda tal como has creído. Y en esa misma hora aquel siervo quedó sano.

MATEO 8:13

El éxito en todos los aspectos de la vida comienza con un pensamiento, y lo mismo ocurre con el fracaso. Piensa en los éxitos y fracasos que has experimentado. ¿Qué tipo de pensamientos tenías antes y durante tus mayores logros? ¿Y qué tipo de pensamientos llenaban tu mente antes y durante tus mayores fracasos o pasos en falso? ¿Puedes ver cuánta influencia tiene la mente en tu vida y cómo ha trabajado a tu favor o en tu contra?

Muchas veces tenemos éxito porque otras personas nos animan y ponemos nuestro pensamiento en sus comentarios de afirmación hasta el punto de creérnoslos. Cualquiera a quien le hayan dicho alguna vez: "¡Puedes hacerlo!", sabe lo fácil que es convertir esas palabras para construir confianza, en un pensamiento. Cuando "Tú puedes" se convierte en "Yo puedo", entonces "eso" sucede. Ya sea marcar un punto en un partido de béisbol, sacar buena nota en un examen, conseguir trabajo, perder peso o comprar una casa. Cuando creemos o pensamos que podemos hacer algo, entonces, de alguna manera —aun cuando enfrentemos dificultades— nos las arreglamos para lograrlo.

Las palabras que nos dicen los demás y las que nos decimos a nosotros mismos se arraigan en nuestro pensamiento hasta el punto de influir en nuestras decisiones. Tendemos a ir a donde nos llevan nuestros pensamientos.

DECLARO: *Presto atención a las palabras positivas que me dicen los demás y me digo a mí mismo palabras positivas.*

DÍA 28

EL DIOS DE TODO CONSUELO

Bendito sea el Dios y Padre de nuestro Señor Jesucristo, Padre misericordioso y Dios de toda consolación, quien nos consuela en todas nuestras tribulaciones para que, con el mismo consuelo que de Dios hemos recibido, también nosotros podamos consolar a todos los que sufren.

2 CORINTIOS 1:3-4

Cuando necesites consuelo, acude directamente a Dios en oración y pídele que te lo dé. Él es la fuente del verdadero consuelo. Tenemos la mala costumbre de acudir a amigos u otras fuentes que no siempre son capaces de ayudarnos, pero el Espíritu Santo es el Consolador. Como creyente en Jesucristo, el Espíritu Santo vive en ti, así que el consuelo está más cerca de lo que crees.

He aprendido a pedir y a depender del Señor para que me consuele en el momento en que alguien me hace daño. Estoy segura de que todos podemos mirar atrás en nuestras vidas y preguntarnos cómo hemos podido superar todas las cosas que hemos tenido que soportar. La respuesta es que la fuerza y el consuelo de Dios nos ayudaron. Él nos consuela interiormente y cuando somos fuertes por dentro, podemos soportar cualquier cosa que venga contra nosotros desde fuera.

Una vez que hemos experimentado el consuelo de Dios, también somos capaces de consolar y animar a otros que están sufriendo con el mismo consuelo que recibimos del Señor.

DECLARO: *Recibo consuelo de Dios y lo doy a quienes lo necesitan.*

DÍA 29

DIOS ANIMA A LOS DEPRIMIDOS

Pero Dios, que consuela a los abatidos, nos consoló con la llegada de Tito, y no solo con su llegada, sino también con el consuelo que él había recibido de ustedes. Él nos habló del anhelo, de la profunda tristeza y de la honda preocupación que ustedes tienen por mí, lo cual me llenó de alegría.

2 CORINTIOS 7:6-7

Todos nos sentimos decaídos a veces, pero Dios está dispuesto a ayudarnos cuando estamos deprimidos o sentimos que nos hundimos emocionalmente. Cuando empieces a tener esa sensación de hundimiento, no esperes a que empeore: pide inmediatamente a Dios que te consuele. Él consoló a Pablo enviando a Tito para que lo animara y a menudo nos consuela a través de otras personas. Cada vez que alguien te haga un cumplido, así sea sencillo, no lo tomes a la ligera. En lugar de eso, medítalo y recíbelo amablemente, porque los cumplidos están hechos para animarnos. Considera que Dios actúa a través de esa persona para ayudarte.

Hoy puedes animar a otra persona con un cumplido tan sencillo como: "Ese color te queda muy bien" o "Me gusta tu peinado". Ayudar y animar a los demás nos ayuda a no pensar en nuestros propios problemas.

DECLARO: *Hoy seré el mejor alentador que pueda ser.*

DÍA 30

ENCOMIENDA TU CAMINO AL SEÑOR

Encomienda al Señor tu camino; confía en Él y Él actuará.

SALMOS 37:5

¿Eres el tipo de persona que quiere las cosas a su manera? Tengo que reconocer que por muchos años quise salirme con la mía y todavía a veces lo hago. Me tomó mucho tiempo y mucha ayuda de Dios aprender a responder de manera madura cuando las cosas no salían como yo quería. Tuve que aprender a no enfadarme, alejarme de los demás y sentir lástima de mí misma, si no lograba algo a mi modo. Por eso aún recuerdo mi primera Biblia, un regalo de la madre de Dave cuando nos casamos. Era una Biblia King James blanca y ella escribió en el anverso: "Encomiéndale a Él tu camino; confía también en Él, y Él lo hará realidad" (Sal 37:5).

Yo no entendía el versículo en ese momento y dudo que mi suegra se diera cuenta de lo perfecto que era para mí. Pero lo he recordado a menudo. A lo largo de los años con frecuencia he necesitado encomendar mi camino al Señor confiando en que Él hará lo que quiera en mi vida, en lugar de insistir en tener lo que quiero y tratar de averiguar cómo conseguirlo.

Aprender a encomendar mi camino al Señor me llevó tiempo, pero estoy aprendiendo cada día que hacerlo es vital, si quiero vivir una vida feliz y plena. A medida que te rindas a Dios y obedezcas Su Palabra, confío en que Él también hará realidad todas las cosas buenas que quiere para tu vida.

DECLARO: *No exijo mi propio camino, sino que me encomiendo al Señor.*

DÍA 31

DERRIBANDO FORTALEZAS

Las armas con que luchamos no son del mundo, sino que tienen el poder divino para derribar fortalezas. Destruimos argumentos y toda altivez que se levanta contra el conocimiento de Dios, y llevamos cautivo todo pensamiento para que obedezca a Cristo.

2 CORINTIOS 10:4-5

En el pasaje bíblico de hoy hay una palabra clave: *fortalezas*. Las fortalezas son patrones de pensamiento que se basan en mentiras y que permiten al enemigo dominar ciertas áreas de nuestras vidas.

Si el enemigo puede atraparnos en fortalezas mentales, puede obrar todo tipo de destrucción. Dios no quiere que permanezcamos cautivos en las fortalezas de las mentiras del enemigo, así que nos enseña a través de Su Palabra cómo destruirlas. Este proceso se llama renovar la mente, lo que significa simplemente aprender a pensar como Dios quiere que pensemos.

Millones de personas están atrapadas en vidas miserables porque creen mentiras. Pueden creer que no tienen valor y preguntarse por qué han nacido. Pueden tener una fortaleza de rechazo en sus vidas. Esta forma de pensar los lleva a esperar ser rechazados, por lo que acaban comportándose de una manera que puede hacer que la gente se sienta incómoda a su alrededor y termine rechazándolos.

Podemos derribar cualquier fortaleza mental a través del poder de la Palabra de Dios a medida que renovamos nuestras mentes de acuerdo con ella.

DECLARO: *Me niego a estar cautivo en fortalezas mentales, porque conozco y creo la Palabra de Dios que derriba las fortalezas en mi mente.*

DÍA 32

COMPARTE TU FE

Tengo muchos deseos de verlos para impartirles algún don espiritual que los fortalezca; mejor dicho, para que unos a otros nos animemos con la fe que compartimos.

ROMANOS 1:11-12

Cuando compartimos nuestra fe unos con otros, todos nos animamos. Según la Palabra de Dios, Él da a cada persona la medida de fe necesaria para hacer todo lo que Él le pida (Ro 12:3). Pero la duda siempre está al acecho, tratando de obstaculizar nuestra fe. La fe es algo que tenemos, pero debemos usarla. Cuanto más la usamos, más fortalece. Cuanto menos la usamos, más se debilita.

Cuidado con el tipo de personas con las que pasas tu tiempo. Estar rodeado de personas incrédulas y negativas puede tener un efecto adverso en ti, especialmente si estás pasando por un momento difícil y necesitas que tu fe esté activa. La fe está en ti, pero debes liberarla. Puedes hacerlo orando, hablando palabras positivas llenas de fe y tomando acciones llenas de fe guiadas por el Espíritu Santo.

Comparte con los demás lo reconfortante que puede ser vivir por fe y anímalos a seguir confiando en Dios en todo momento.

DECLARO: *Confío en Dios y creo que Él siempre me ayudará y fortalecerá en cada situación.*

DÍA 33

REFRESCA TU ALMA

Vengan a mí todos ustedes que están cansados y agobiados; yo les daré descanso. Carguen con mi yugo y aprendan de mí, pues yo soy apacible y humilde de corazón, y encontrarán descanso para sus almas.

MATEO 11:28-29

Jesús nos invita a acudir a Él cuando nos sentimos cansados o agobiados y a recibir Su descanso, Su alivio y Su frescura. Cuanto más tiempo pasamos en comunión con el Señor, en la Palabra, o simplemente siendo conscientes de Su presencia, más nos refrescamos.

La oración no tiene que ser una labor; puede ser tan sencilla como decirle al Señor que le amas y le necesitas. Sentarte tranquilamente en Su presencia refrescará tu alma. En Salmos 16:11 señala: "Me has dado a conocer el camino de la vida; me llenarás de alegría en tu presencia y de dicha eterna a tu derecha".

Tranquilízate, respira hondo y deja que tu alma encuentre descanso en Jesús. No te preocupes porque Él siempre cuidará de ti, si confías en que lo hará.

DECLARO: *Cuando me sienta frustrado, preocupado o agobiado por necesidades y ansiedades, tomaré tiempo para ir a Jesús a refrescarme en Su presencia.*

DÍA 34

ESCONDE LA PALABRA DE DIOS EN TU CORAZÓN

En mi corazón atesoro tus dichos para no pecar contra ti.

SALMOS 119:11

He aprendido que cuando me siento tentada a pecar, lo mejor es recurrir a la Palabra de Dios. Puede que conozca versículos concretos que me ayuden a afrontar determinadas situaciones, o que tenga que buscarlos en una concordancia o en la Internet. Una vez encuentro esas escrituras las leo, medito en ellas y las declaro en voz alta.

Por ejemplo, si me cuesta perdonar a alguien que me ha herido u ofendido, sé dónde acudir a la Palabra de Dios para fortalecerme contra la tentación de seguir enfadada con esa persona. Satanás intenta constantemente engañarnos y arrastrarnos al pecado. Necesitamos resistirle de inmediato, como hizo Jesús cuando fue tentado en el desierto, al declarar: "Escrito está..." (Lc 4:4;8;10) y repitiendo con fe lo que dice la Palabra de Dios.

En la escritura de hoy, David dijo que había escondido la Palabra de Dios en su corazón para no pecar contra Él. Cuando estudiamos las Escrituras con regularidad y diligencia, la escondemos en nuestro corazón y sale a la superficie cuando la necesitamos. Uno de los ministerios del Espíritu Santo es recordarnos lo que necesitamos saber cuándo es preciso (Jn 14:26) y lo hace con la Palabra de Dios cuando luchamos contra la tentación. Ayudarnos a recordar Su Palabra es una de las maneras en que Dios nos habla.

DECLARO: *Escondo la Palabra de Dios en mi corazón y el Espíritu Santo me la recuerda.*

DÍA 35

ENCUENTRA LA VOLUNTAD DE DIOS PARA TU VIDA

Pablo, apóstol de Cristo Jesús por la voluntad de Dios, y el hermano Timoteo.

COLOSENSES 1:1

Observa que Pablo dice que es apóstol "por la voluntad de Dios". Esto es importante porque, como cristianos, queremos seguir la voluntad de Dios. La gente a menudo pregunta: "¿Cómo puedo saber si estoy caminando en la voluntad de Dios para mi vida?". He aquí dos maneras sencillas:

1. Lo disfrutarás. La voluntad de Dios no te hará sentir miserable ni excesivamente estresado. Puede que enfrentes desafíos mientras la persigues, pero si es la voluntad de Dios, Él te dará la sabiduría y la gracia para superar cualquier dificultad, encontrarás alegría al hacerlo y te apasionará.
2. Estarás equipado para ello. También, cuando estamos en la voluntad de Dios, seremos buenos en lo que estamos haciendo. Dios nos da las destrezas y habilidades para cumplir Su voluntad para nuestras vidas. Puede que tengas que trabajar, estudiar o prepararte de otras maneras para llevar a cabo Su llamado, pero tendrás aptitud para ello y te sentirás a gusto haciéndolo.

Encontrar la voluntad de Dios para tu vida no es difícil: simplemente prueba cosas hasta que encuentras lo que es cómodo para ti. "Cómodo" no significa necesariamente fácil. Es probable que tengas que trabajar duro, pero sabrás en tu corazón que es lo que se supone que debes hacer y te traerá paz y alegría.

DECLARO: *Dios tiene un propósito único para mí y confío en que Él me guiará a medida que avance con fe.*

DÍA 36

LA ALEGRÍA RESTAURADA

Que el Dios de la esperanza los llene de toda alegría y paz a ustedes que creen en él, para que rebosen de esperanza por el poder del Espíritu Santo.

ROMANOS 15:13

Si has perdido la alegría y la paz, te animo a que hoy dediques un tiempo a meditar en tus pensamientos y en lo que crees. Las emociones están directamente conectadas con los pensamientos. Si son negativos, desesperanzados y desalentadores, nos sentiremos negativos, desesperanzados y desalentados.

Tu gozo y tu paz pueden ser restaurados enseguida cambiando tu forma de pensar para que concuerde con la Palabra de Dios. Él quiere que abundemos (rebosemos) de esperanza. Es la expectativa de que algo bueno está a punto de suceder. La Palabra de Dios nos enseña a esperar en Él (Sal 130:5) y debemos esperar expectantes.

Si alguien te anunciara que te ha enviado un paquete sorpresa por correo, ¿cómo te sentirías mientras esperas? Estarías emocionado por ver qué es. Estarías pendiente de que llegara y tu alegría sería plena. Deberíamos esperar aún más de Dios de lo que cualquiera en la tierra puede ofrecernos, porque Él tiene muchas sorpresas maravillosas reservadas para nosotros. Hazte ilusiones y espera que se cumplan.

DECLARO: *Sé que algo bueno está por sucederme hoy.*

DÍA 37

SER PRODUCTIVO ES MEJOR QUE ESTAR OCUPADO

Yo soy la vid y ustedes son las ramas. El que permanece en mí, como yo en él, dará mucho fruto; separados de mí no pueden ustedes hacer nada.

JUAN 15:5

Hoy en día las personas están muy ocupadas, pero eso no significa que estén haciendo lo que dará buen fruto para Dios (lo que significa hacer una diferencia positiva en el mundo y honrarlo a Él, o ser productivos) en sus vidas. Dios no nos ha llamado a estar ocupados, sino a ser fructíferos (Jn 15:4-5).

La escritura de hoy indica que, si permanecemos en Él, daremos mucho fruto. "Permanecer" significa vivir, morar y atenerse. Meditar en la Palabra de Dios es parte de un estilo de vida de permanencia. No podemos hacerle tan solo una visita de una hora a Jesús el domingo por la mañana durante un servicio religioso, no pensar en Él hasta el siguiente domingo, y esperar vivir una vida fructífera. El estilo de vida de permanencia significa que lo incluimos en todo lo que hacemos y lo reconocemos en todas las cosas. Hablamos con Él, pensamos en Él y meditamos Su Palabra a lo largo del día.

La Palabra de Dios gobierna. Esto significa que cuando se requiere una decisión, tomamos la que está de acuerdo con Su Palabra. Hay dos palabras que nunca pueden ir juntas en la vida de un cristiano: "No, Señor". Si Él es nuestro Señor, entonces nuestra respuesta siempre debe ser sí.

DECLARO: *Permanezco en Cristo y lo reconozco en todo lo que hago.*

DÍA 38

DIOS SOSTIENE EL UNIVERSO

El Hijo refleja el brillo de la gloria de Dios y es la fiel representación de lo que él es. Él sostiene todas las cosas con su palabra poderosa. Después de llevar a cabo la purificación de los pecados, se sentó a la derecha de la Majestad en las alturas.

HEBREOS 1:3

Cuando reflexionamos sobre el universo y lo maravilloso que es, podríamos preguntarnos qué mantiene a la Tierra girando sobre su eje o cómo el sol, la luna y las estrellas permanecen en el cielo sin caerse. El mundo no surgió de una gran explosión ocurrida hace miles de millones de años ni los seres humanos evolucionaron a partir de los primates. Dios creó el mundo y nosotros hemos sido creados por Dios a Su imagen (Gn 1:27).

Satanás ha perpetrado la teoría de la evolución porque si creemos que no somos más que animales, seguiremos actuando como tales y sentiremos que no tenemos ningún valor o propósito real. Pero si sabemos que Dios nos ha creado a Su imagen y que tiene un plan para nuestras vidas, viviremos con propósito y alegría.

Jesús es la imagen y la impronta perfectas de la naturaleza divina. Si quieres saber cómo es Dios, solo mira y estudia a Jesús. Él mantiene este mundo en correcto funcionamiento por el poder de Su Palabra. Si ella tiene tanto poder, sin duda puede mantenernos, sostenernos y guiarnos.

Pon tu confianza en Dios. Solo Él es completamente fiable. Dios te ama y desea cuidar de ti igual que cuida del resto de Su creación, y lo hará si se lo permites.

DECLARO: *Cuento con Dios para sostener el universo y cuidar de mí.*

DÍA 39

MANTÉN UNA LENGUA SUAVE

La lengua que brinda alivio es árbol de vida; la lengua perversa deprime el espíritu.

PROVERBIOS 15:4

Nuestras palabras son algunas de nuestras herramientas más importantes y necesitamos manejarlas adecuadamente. El poder de la vida y de la muerte está en la lengua (Pr 18:21). Nuestras palabras revelan lo que hay en nuestros corazones y lo que pensamos de otra persona siempre acabará siendo revelado por nuestras palabras.

Las palabras son gratis, pero la forma en que las usamos puede costarnos caro. Blaise Pascal dijo: "Las palabras amables no cuestan mucho. Deberíamos reflexionar y pensar antes de hablar"[2]. Deberíamos ir más despacio y pensar antes de hablar. Proverbios 12:18 dice: "El charlatán hiere con la lengua como con una espada, pero la lengua del sabio brinda sanidad". Y Santiago 3:8 nos dice: "Pero nadie puede domar la lengua. Es un mal irrefrenable, lleno de veneno mortal". Entonces, ¿quién puede ayudarnos? Jesús puede.

Hay dos escrituras que oro con frecuencia. La primera es Salmos 141:3: "Señor, ponme en la boca un centinela; un guardia a la puerta de mis labios". La otra es Salmos 19:14: "Sean, pues, aceptables ante ti mis palabras y mis meditaciones, oh, Señor, mi roca y mi redentor". Sé que no puedo controlar mi lengua simplemente intentándolo. Necesito la ayuda de Dios y tú también.

DECLARO: *Tengo una lengua suave y Dios pone un centinela sobre mi boca para que no peque contra Él.*

DÍA 40

NO HAY QUE TENER MIEDO

Pues Dios no nos ha dado un espíritu de timidez, sino de poder, de amor y de dominio propio.

2 TIMOTEO 1:7

Temer a algo no puede evitar que suceda, pero poner tu fe y confianza en Dios sí. El miedo no viene de Dios. Mucha gente lo sufre, sobre todo en estos días en los que vivimos.

El miedo trae tormento y eso es exactamente lo que el diablo quiere. Desea atormentarnos. Pero no tienes porqué dejar que lo consiga si recuerdas que Dios te ha dado un espíritu de poder, amor y una mente tranquila y equilibrada. El miedo es un mentiroso y la mayor parte de lo que amenaza nunca sucede. Y aunque así fuera, Dios está con nosotros y nos librará y ayudará (2 Co 1:10). Te animo a que no malgastes tus días en temores. Cuando el miedo llame a tu puerta, responde con fe.

DECLARO: *No temeré porque Dios está conmigo.*

DÍA 41

EL BUEN PLAN DE DIOS PARA TI

Porque yo conozco los planes que tengo para ustedes —afirma el Señor—, planes de bienestar y no de calamidad, a fin de darles un futuro y una esperanza.

JEREMÍAS 29:11

Tal vez estés atravesando una época difícil y te preguntes qué te deparará el futuro. ¿Será más de lo mismo o algo bueno vendrá pronto? Según la Palabra de Dios, Él tiene un buen futuro planeado para ti; un plan que traerá paz y bienestar, no perjuicio.

Cuando llegan los problemas, una de las cosas más reconfortantes que podemos hacer es creer que no durarán para siempre. Seguro que puedes recordar dificultades que has tenido en el pasado y darte cuenta de que al final terminaron. También saldrás victorioso del problema que enfrentas hoy. Puede que tengas que ser paciente y que el paso a través del desafío no sea fácil, pero ten la seguridad de que Dios vela por ti. Humíllate bajo Su poderosa mano y a su debido tiempo Él te exaltará y te levantará (1 P 5:6).

DECLARO: *Creo que Dios tiene un buen plan para mi futuro y lo llevará a cabo en Su tiempo perfecto.*

DÍA 42

LA GLORIOSA HERENCIA DE DIOS

Pido también que les sean iluminados los ojos del corazón para que sepan a qué esperanza él los ha llamado, cuál es la riqueza de su gloriosa herencia en pueblo santo.

EFESIOS 1:18

Dios quiere que tu corazón se llene de luz, para que sepas con certeza que hay cosas buenas planeadas para ti. Él tiene una herencia divina guardada para ti. Dios quiere que miremos al futuro con un corazón y una mente llenos de esperanza (la expectativa de cosas buenas). Eso te mantendrá alejado de la depresión y la desesperación, especialmente cuando la vida es difícil.

No sé todas las cosas buenas que Dios haya planeado, pero la escritura de hoy dice que son "gloriosas". Lo que significa, lo más precioso que Él tiene para ofrecer. Creo que lo que experimentaremos en el futuro es tan asombrosamente maravilloso que no lo entenderíamos, ni aun cuando el propio Señor tratara de explicarlo.

La vida es a menudo dura e injusta, pero las dificultades que experimentamos ahora no serán nada comparadas con la gloria que está por venir. Porque esto es verdad, podemos vivir llenos de esperanza y confianza en Dios; y podemos alegrarnos, sabiendo que nuestro futuro está asegurado.

DECLARO: *Espero con esperanza y entusiasmo la gloriosa herencia que me corresponde en Jesucristo.*

DÍA 43

ERES ESPECIAL

¡Te alabo porque soy una creación admirable! ¡Tus obras son maravillosas y esto lo sé muy bien!

SALMOS 139:14

Eres único. Nadie en el planeta es exactamente como tú. Dios escogió tu color de pelo, tu tono de piel, tu altura, tu estructura ósea y cada pequeña cosa sobre ti. El diablo quiere que nos comparemos con otras personas y pensemos que somos defectuosos si no somos como ellas, pero eso es absolutamente falso.

Dios se deleita en ti. Le encanta que hables con Él. A Dios no siempre le gusta todo lo que hacemos, pero siempre, siempre, nos ama completamente.

Te animo a que empieces a pensar en ti mismo de una forma positiva. No pienses de manera orgullosa y altanera, sino a través de Jesús como lo hace tu Padre celestial. Eres la niña de los ojos de Dios (Sal 17:8).

DECLARO: *Soy especial para Dios. Él creó cuidadosamente todo lo que me rodea y soy libre de ser yo mismo sin compararme con los demás.*

DÍA 44

VIVIR SEGÚN LA LEY DE DIOS

Sabed, pues, que el Señor, vuestro Dios, es Dios, el Dios fiel que guarda el pacto y la misericordia por mil generaciones con los que le aman y guardan sus mandamientos.

DEUTERONOMIO 7:9

Hace años, el capitán de las Fuerzas Aéreas de EE. UU. Edward A. Murphy se enfadó con un técnico que cometió un error. Observó que "si algo puede hacerse mal, este hombre lo hará". Esta idea se hizo conocida como la Ley de Murphy: "Lo que sea que pueda salir mal, saldrá mal"[3]. La gente lo ha ampliado para decir que nada es tan fácil como parece, que todo lleva más tiempo del esperado y que las cosas salen mal en el peor momento posible. ¿Quién puede disfrutar viviendo según esta ley? Si esperamos lo peor, probablemente lo conseguiremos.

El mundo puede esperar que la Ley de Murphy opere en sus vidas, pero nosotros necesitamos abrazar la ley de Dios en su lugar, también llamada "mandamientos" o "estatutos", que está en completo desacuerdo con la Ley de Murphy: "Nada es tan difícil como parece" (Fil 4:13); "Todo es más gratificante de lo que parece" (Col 3:23-24); y "Si algo bueno le puede suceder a alguien, me sucederá a mí" (Jer 29:11).

El pensamiento negativo produce una vida negativa. ¿Cuánto más podrías disfrutar de tu vida si tus pensamientos estuvieran de acuerdo con la ley de Dios, no con la de Murphy? Dios quiere que disfrutes plenamente de la vida y que la vivas al máximo (Jn 10:10). Te reto a vivir según la ley de Dios, con pensamientos positivos.

DECLARO: *Elijo vivir según la ley de Dios y pensar positivamente, no negativamente.*

DÍA 45

DISFRUTAR DE DIOS

Alégrense siempre en el Señor. Insisto: ¡Alégrense!

FILIPENSES 4:4

Me encanta la idea de que "el fin principal del hombre es glorificar a Dios y gozar de él para siempre"[4].

¿Sabes que podemos regocijarnos en el Señor y disfrutar de Él? Tal vez tiendes a enfocarte más en el deber que en el deleite en tu relación con Dios, o en el desempeño más que en el placer. La idea de disfrutar de Dios puede parecernos extraña porque es algo que no nos han enseñado. Dios es vida y la Biblia nos dice en múltiples lugares que Él quiere que disfrutemos de la vida. Jesús dijo que vino a la tierra para que pudiéramos tener y disfrutar de nuestras vidas (Jn 10:10).

Fuiste creado para alguien, no solo para algo. Vives en la tierra porque Dios quiere que vivas y tiene un plan para tu vida. Dios no solo te ama; le gustas. Le gustan todas tus pequeñas peculiaridades: tus dedos raros, tu pelo muy rizado o lacio, y todas las cosas que no te gustan de ti mismo. Cuanto más aprendamos a disfrutar de Dios, más disfrutaremos de nosotros mismos y eso nos libera para disfrutar de la vida.

DECLARO: *Disfruto de Dios, de mí mismo y de mi vida.*

DÍA 46

SIN REMORDIMIENTOS

Olviden las cosas de antaño; ya no vivan en el pasado. ¡Voy a hacer algo nuevo! Ya está sucediendo, ¿no se dan cuenta? Estoy abriendo un camino en el desierto y ríos en lugares desolados.

ISAÍAS 43:18-19

Todos hemos cometido errores, pero Dios no quiere que vivamos lamentándonos, pensando siempre en las cosas que no deberíamos haber hecho. Cuando nos arrepentimos de haber obrado mal, Dios no solo nos perdona, sino que olvida lo que hicimos (Jer 31:34).

Pablo dijo que una de las cosas más importantes que quería hacer era olvidar lo que dejaba atrás (Fil 3:13). Me imagino lo difícil que debió resultarle a veces, porque antes de conocer a Jesús persiguió a los cristianos, los encarceló y se deleitó con su condena a muerte. Cuando se encontró con Jesús en el camino de Damasco (Hechos 9), su vida cambió por completo.

Dios puede tomar las cosas más horribles que hemos hecho y rehacerlas para nuestro bien (Ro 8:28). Por lo menos aprendemos a no volver a hacer lo que hicimos y adquirimos una experiencia que puede beneficiar a otros. Vivir arrepentido te impedirá seguir adelante, así que es hora de dar la espalda al pasado y avanzar hacia el buen plan que Dios tiene para ti.

DECLARO: *No vivo lamentándome del pasado, sino que miro hacia adelante, hacia las cosas buenas que Dios ha planeado para mí en el futuro.*

DÍA 47

NO HAY NADA QUE DIOS NO PUEDA HACER

—Para los hombres es imposible —aclaró Jesús, mirándolos fijamente—, mas para Dios todo es posible.

MATEO 19:26

La desesperanza es un sentimiento terrible. Pero con Dios, siempre tenemos esperanza, por difícil que sea nuestra situación. Dios puede sanar un cuerpo, restaurar una relación, ablandar un corazón duro, restaurar las finanzas y hacer cualquier otra cosa que se necesite hacer.

A veces lo único que se interpone entre nosotros y el milagro que necesitamos, es creer. El Señor quiere que creamos que Él puede hacer todas las cosas. Mientras sigamos orando y creyendo, veremos que muchas cosas suceden, cosas que antes pensábamos que eran imposibles. Lo que es imposible para nosotros o para otros seres humanos, es posible para Dios (Mt 19:26).

Jesús dijo que en el mundo habría tribulación y luego dijo que nos animáramos, porque Él ha vencido al mundo (Jan 16:33). Os animo a mantener la esperanza y a creer siempre en las cosas que parecen imposibles.

DECLARO: *Creo que Dios puede hacer cualquier cosa, porque nada es imposible para Él.*

DÍA 48

ANÍMATE MIENTRAS ESPERAS

Saben también que, a cada uno de ustedes, lo hemos tratado como trata un padre a sus propios hijos. Los hemos animado, consolado y exhortado a llevar una vida digna de Dios, que los llama a su reino y a su gloria.

1 TESALONICENSES 2:11-12

Así como tú y yo necesitamos ánimo, los primeros cristianos necesitaban ser animados mientras esperaban el regreso del Señor. La Biblia amplificada, edición clásica, indica que las exhortaciones de Pablo eran "estimulantes" para los cristianos mientras los animaba. Ser estimulado significa tener niveles de actividad incrementados o tener un interés incrementado. Es como un tónico para nuestras almas cansadas.

Quiero animarte hoy recordándote que Jesús viene otra vez. Deberíamos pasar el tiempo que tenemos en la tierra preparándonos a nosotros mismos y a los demás, para encontrarnos con Él. Espero con ansias el día en que lo vea cara a cara y lo conozca como Él me conoce a mí.

Cuando te sientas cansado, recuerda que no estás solo. Mientras animas a los demás, pide a Dios que envíe personas que te animen y estimulen.

Recuerda siempre que puedes hacer todo lo que necesites por medio de Cristo que es tu fuerza (Fil 4:13).

DECLARO: *Cuando estoy cansado y anhelo el regreso del Señor, acudo a Él para que me refresque.*

DÍA 49

FORTALECIDO EN MEDIO DEL MAL

Oren además para que seamos librados de personas perversas y malvadas, porque no todos tienen fe. Pero el Señor es fiel, y él los fortalecerá y los protegerá del maligno.

2 TESALONICENSES 3:2-3

Estoy cansada de todo el mal que hay en el mundo de hoy y me imagino que a veces tú también. Sin embargo, tú y yo vivimos en esta época de la historia del mundo con un propósito. Para cumplir ese propósito, debemos mantenernos fuertes. Pablo nos recuerda que el Señor es fiel y nos fortalecerá.

Dios nos asentará sobre una base firme, que no se tambaleará por mucho que tiemble el mundo que nos rodea. Por mucho que cambie el mundo, Dios es siempre el mismo (Mal 3:6). Podemos depender totalmente de Él.

Oro para que Dios os libre y proteja de las personas malvadas y perversas. Para que envíe a su camino a quienes puedan llevarlos a Cristo. Recuerda siempre que mientras esperamos, Dios nos protegerá del maligno. El enemigo puede ganar una batalla ocasional, pero no ganará la guerra.

DECLARO: *Confío en Dios para que me proteja del mal y me use para ayudar a los que viven en la oscuridad a ver la luz del glorioso Evangelio de Jesucristo.*

DÍA 50 TIENES UN CORAZÓN NUEVO

Les daré un nuevo corazón y derramaré un espíritu nuevo entre ustedes; quitaré ese corazón de piedra que ahora tienen y les pondré un corazón de carne.

EZEQUIEL 36:26

Muchas personas tienen un corazón duro y ni siquiera son conscientes de ello. Yo tuve uno por haber sido maltratada durante mi infancia y luego durante mi primer matrimonio. Cuando las personas son lastimadas con frecuencia, pueden formar una costra alrededor de su corazón para ya no sentir dolor cuando otros los maltratan. Algunas señales de un corazón duro incluyen la falta de compasión por los demás, ser grosero o desconfiado, tener problemas para escuchar a Dios u obedecerle y dificultad para creer en Su Palabra.

Cuando recibimos a Cristo como nuestro Salvador, Él nos da un corazón nuevo. Necesitamos aprender a comportarnos de manera diferente a como nos comportábamos antes de invitarlo a entrar en nuestras vidas. Descubrí que, cuanto más estudiaba la Palabra de Dios, sobre todo, lo que dice sobre Su amor, más se derretía mi duro corazón. Me volví más sensible al dolor de los demás y sentí el deseo de ayudarlos cuando sufrían.

Un poco de amargura o resentimiento puede colarse fácilmente en nuestro corazón y justificamos tenerlo, pero es muy peligroso. Tan pronto como percibas que hay algo impío en ti, enfréntalo de inmediato. Date cuenta de que Dios te ha dado un corazón nuevo y pídele que te ayude a aprender cómo operar desde él. Una buena oración se basa en Salmos 51:10: "Crea en mí, oh Dios, un corazón limpio y renueva un espíritu firme dentro de mí".

DECLARO: *No permito amargura o resentimiento en mi corazón, porque lidio rápidamente con actitudes impías.*

DÍA 51

CULTIVA EL FRUTO DEL ESPÍRITU

En cambio, el fruto del Espíritu es amor, alegría, paz, paciencia, amabilidad, bondad, fidelidad, humildad y dominio propio. No hay ley que condene estas cosas.

GÁLATAS 5:22-23

Si Jesucristo es tu Señor y Salvador, Su Espíritu Santo vive en ti y te da la capacidad de atravesar cada situación con amor, alegría, paz, paciencia, amabilidad, bondad, fidelidad, mansedumbre (es decir, humildad) y dominio propio: el fruto del Espíritu Santo.

El fruto del Espíritu no aparece simplemente en tu vida cuando te conviertes en cristiano. Comienza con una pequeña semilla que se planta cuando entregas tu vida a Cristo, y se desarrolla con el tiempo a medida que trabajas con el Espíritu Santo para aprender a vivir como cristiano. Cuanto más cultivas el fruto del Espíritu, más fuerte y maduro se vuelve.

La primera palabra en la lista de frutos es: amor y la última, dominio propio. Yo veo el amor y el dominio propio como sujeta libros que sostienen todos los otros frutos en su lugar. Cada fruto proviene del amor y es una forma de amor, pero también es sostenido por el autocontrol. Si te concentras en desarrollar el fruto del amor, también demostrarás alegría, paz, paciencia, amabilidad, bondad, fidelidad y mansedumbre. Puede que a veces no te apetezca expresar estas cualidades, pero el autocontrol te permitirá mostrarlas.

DECLARO: *Expreso amor y demuestro autocontrol.*

DÍA 52

VIVIR SIN CULPAS

Pero te confesé mi pecado y no te oculté mi maldad. Me dije: "Voy a confesar mis transgresiones al Señor". Y tú perdonaste la culpa de mi pecado. Selah.

SALMOS 32:5

Una vez que nos hemos arrepentido del pecado, no debemos sentirnos condenados ni culpables. Jesús cargó con nuestros pecados y con la culpa que conllevan. La culpa es una pesada carga que llevé durante años, aunque había pedido perdón y creía que Dios me lo había concedido. Finalmente, Dios me ayudó a comprender que mis sentimientos de culpa eran mi forma de intentar pagar por lo que había hecho mal. No tenemos que pagar porque Jesús pagó nuestra deuda por completo y nos limpió de todo pecado (1 Jn 1:7).

Hoy te animo a que sueltes cualquier carga de culpa que puedas estar llevando. Si has admitido tu pecado, te has arrepentido y has pedido perdón, eso es todo lo que necesitas hacer. Creo que la culpa nos lleva al pecado en lugar de fortalecernos contra él. La culpa nos debilita espiritualmente y nos hace más vulnerables al pecado. También puede causar enfermedades y hacer difícil llevarse bien con nosotros. Jesús murió para liberarnos del pecado y de toda la culpa que conlleva. Anímate hoy sabiendo que Jesús quiere que seas libre y disfrutes de tu vida.

DECLARO: *Una vez perdonado el pecado me niego a llevar una carga de culpa, porque no es la voluntad de Dios que lo haga.*

DÍA 53

ERES MÁS FUERTE DE LO QUE CREES

Sin embargo, en todo esto somos más que vencedores por medio de aquel que nos amó.

ROMANOS 8:37

En el mundo nos encontramos con tribulaciones y problemas (Jn 16:33), pero nuestra fe en Dios y nuestra confianza en Él nos aseguran que Él siempre está con nosotros y que no tenemos por qué tener miedo. Somos "más que vencedores" y creo que esto significa que tenemos la seguridad de la victoria en cada batalla, incluso antes de que comience.

Ahora mismo no sé lo que puede surgir en mi vida la semana que viene, pero no tengo miedo porque sé, que aunque tenga que pasar por algo que preferiría evitar, acabará bien y la victoria será mía. Tú puedes tener esta misma seguridad.

Dios te ama. Mientras tu confianza esté puesta en Él, no tienes por qué temer al mal. Eres más que vencedor.

DECLARO: *Soy más que vencedor por Cristo que me ama y no temeré a los problemas.*

DÍA 54

DIOS SIEMPRE TERMINA LO QUE EMPIEZA

Estoy convencido de esto: el que comenzó tan buena obra en ustedes la irá perfeccionando hasta el día de Cristo Jesús.

FILIPENSES 1:6

Dios nos escoge según Su presciencia para comenzar Su buena obra. La mayoría de nosotros se afana y eso nos hace imaginar que no estamos progresando. Incluso, podemos sentir que retrocedemos en nuestro crecimiento espiritual. La escritura de hoy es excelente para acudir a ella cuando te sientas así, porque el que comenzó un buen trabajo en ti, y nos referimos a Dios, lo llevará a buen término. Él no nos dice cuánto tiempo tomará, pero tampoco deja de finalizar lo que comenzó.

Parte de lo que tarde esa buena obra dependerá de lo receptivos que seamos a la enseñanza y correcciones del Espíritu Santo. La corrección no es algo malo; en realidad es tan solo una orientación sobre cómo hacer lo correcto. Si la recibimos con gracia y agradecimiento podemos crecer mucho más rápido que si somos tercos y rebeldes. El camino de Dios es siempre el mejor. Entrégate rápidamente y tu andar con Él será mucho más fácil.

DECLARO: *Dios comenzó una buena obra en mí y la completará.*

DÍA 55

DECLARA ALGO BUENO

Por la mañana, Señor, escuchas mi clamor; por la mañana te presento mis ruegos y quedo a la espera de tu respuesta.

SALMOS 5:3

No me siento muy entusiasmada al despertar y quizá tú tampoco. Tengo que sacudirme para lograr intencionalmente una actitud optimista y positiva ante el día. Como creyentes, no tenemos que vivir según nuestras emociones. Con la ayuda de Dios tomamos decisiones que sabemos que traerán buenos resultados, e invitamos a nuestros sentimientos a acompañarnos si así lo desean. La mayoría de los días mis sentimientos me acompañan, pero hay días en los que no. Esos días son de prueba, y cuando somos probados, tenemos la oportunidad de crecer espiritualmente y desarrollar un carácter piadoso.

La mayor parte de los días, antes de levantarme de la cama, declaro que algo bueno va a ocurrirme y que algo bueno ocurrirá a través de mí ese día. Rezo y espero que el día sea bendecido. Oro para tener energía, entusiasmo, celo y pasión, y luego me levanto.

No empieces el día sintiéndote culpable por los errores y fracasos de ayer. Recibe la misericordia y el perdón de Dios por el pasado y espera que hoy te sucedan cosas buenas a ti y a través de ti. Si te sientes mal contigo mismo, eso drenará tu energía y no te ayudará a hacer del día de hoy uno valioso.

Es importante que empieces bien el día. Asegurarte de no tener una mala actitud hacia ti mismo forma parte de ello. Confía en que Dios te ama, que eres importante para Su plan y que este día Él mostrará Su bondad hacia ti y a través de ti.

DECLARO: *Hoy va a sucederme algo bueno y algo bueno sucederá a través de mí.*

DÍA 56

ESTO TAMBIÉN PASARÁ

—Lo que es imposible para los hombres es posible para Dios —aclaró Jesús.

LUCAS 18:27

¿Tienes un pasado miserable? ¿Tus circunstancias actuales son negativas y deprimentes? ¿Enfrentas situaciones tan malas que pareciera que no hay ningún motivo real para tener esperanza? Me atrevo a decir que *tu futuro no está determinado por tu pasado o tu presente.*

Cree que todo es posible para Dios y ten una expectativa positiva respecto al futuro. Dios hizo de la nada todo lo que vemos (He 11:3). Por lo tanto, Él puede tomar circunstancias difíciles y darles vuelta para bien. Entrégale tus problemas. Deposita en Él todas tus preocupaciones y libérate de ellas (1 P 5:7). Todo lo que Dios necesita para obrar, es tu fe. Pon tu fe en Él y prepárate a ser bendecido.

DECLARO: *Creo que todo es posible con Dios. Pongo mi fe en Él y estoy emocionado de verlo cambiar mis circunstancias para bien.*

DÍA 57

CÓMO CRECER EN LA FE

Al oír esto, Jesús se asombró y dijo a quienes lo seguían: —Les aseguro que no he encontrado en Israel a nadie que tenga tanta fe.

MATEO 8:10

Cuando Jesús entró en Cafarnaúm, se le acercó un centurión (soldado romano) y le dijo que su criado yacía en casa paralizado y sufriendo terriblemente. Jesús le dijo que iría a curarlo, pero el centurión le dijo: "Señor, no merezco que entres bajo mi techo. Pero basta con que digas una sola palabra y mi siervo quedará sano" (Mt 8: 8). Jesús le contestó que no había encontrado en Israel nadie con tanta fe.

La Biblia menciona a personas con "ninguna fe", con "poca fe" y con "mucha fe". ¿Cómo logramos tener una gran fe? Si no tienes fe, intenta poner aunque sea un poco de fe en Jesús y observa cómo Él obra en tu vida. Si tienes poca fe, puede crecer hasta convertirse en una gran fe a medida que la ejercitas. Cuanto más uses tu fe, confiando en Dios para hacer cosas que tú no puedes hacer, más lo verás obrar. Cada vez que lo hagas, será más fácil confiar en Él.

Comencé mi caminar con Dios con poca fe y gran temor, pero después de más de cuarenta y cinco años de estudiar Su Palabra y tener experiencia con Él y Su fidelidad, tengo gran fe en que todas las cosas son verdaderamente posibles con Dios. Anímate porque Dios tiene grandes planes para ti. Todo lo que necesitas es confiar en Él.

DECLARO: *Invertiré la fe que tengo en Dios y veré cómo Él la hace crecer hasta convertirla en una gran fe. Creo que Dios puede hacer cualquier cosa y que tiene planes maravillosos para mí.*

DÍA 58

ESTÁ QUIETO Y SABE QUE ÉL ES DIOS

"Quédense quietos, reconozcan que yo soy Dios. ¡Seré exaltado entre las naciones! ¡Seré enaltecido en la tierra!".

SALMOS 46:10

A menudo es difícil estar quieto, porque nuestra carne está llena de energía y quiere hacer algo. Quiere resolver sus propios problemas y llevarse el mérito. He hecho esto muchas veces y simplemente no funciona. Solo termino frustrada y confundida con el porqué de que me haya esforzado tanto y nada funcionara. ¿Te suena conocido? Dios no nos dice que tratemos de resolver las cosas por nosotros mismos. Él nos dice que creamos, que pongamos nuestra confianza en Él y le pidamos que trabaje en nuestras vidas.

Santiago 4:1-2 nos enseña que nos frustramos porque intentamos hacer las cosas por nosotros mismos. Pero en realidad no tenemos, porque no pedimos. Pídele a Dios lo que quieres y necesitas, Él te lo dará en Su tiempo o incluso puede darte algo mejor. Él no siempre trabaja en nuestro horario, pero Su tiempo es siempre perfecto. Sé paciente (lo que significa esperar con una buena actitud) y, mientras esperas, sigue diciendo: "Dios está obrando en mi vida".

Mientras esperas tu avance, bendice a otras personas. Al hacerlo, estarás sembrando semillas de la cosecha que esperas.

DECLARO: *Dios está trabajando en mi vida y veré cosas asombrosas. Esperaré en Él porque sé que Él es fiel.*

DÍA 59

MEDITA EN LO BUENO

Hazme entender el camino de tus preceptos y meditaré en tus maravillas.

SALMO 119:27

En lugar de meditar en tus problemas, medita en la bondad de Dios y en las victorias que te ha dado en el pasado. Si sabes cómo preocuparte, sabes cómo meditar. Meditar significa simplemente darle vueltas a algo en tu mente. Proverbios 23:7 nos enseña que nos convertimos en lo que pensamos en nuestros corazones. Me gusta decir: "Donde va la mente, va el hombre". En términos prácticos, significa que si pienso en helado el tiempo suficiente conseguiré un poco y me lo comeré.

Nuestros pensamientos son poderosos y preceden a nuestras palabras, emociones y acciones. Si queremos cambiar nuestro comportamiento, primero debemos cambiar nuestros pensamientos. Romanos 12:2 nos enseña que nuestras mentes deben ser renovadas y 2 Corintios 10:5 enseña a "llevamos cautivo todo pensamiento para que obedezca a Cristo". Si queremos que algo bueno suceda en nuestras vidas, no podemos pensar constantemente en las cosas malas que nos han sucedido o que nos están sucediendo en este instante.

Podemos rechazar los pensamientos equivocados y reemplazarlos por "pensamientos de Dios". Pídele al Espíritu Santo que te condene cada vez que estés pensando en algo que no le sea agradable y continúa así hasta que empieces a ver un cambio.

DECLARO: *Mi mente se renueva continuamente con la Palabra de Dios y mis pensamientos añaden poder y bendición a mi vida.*

DÍA 60

MANTÉN BUENA ACTITUD

Por último, hermanos, consideren bien todo lo verdadero, todo lo respetable, todo lo justo, todo lo puro, todo lo amable, todo lo digno de admiración, en fin, todo lo que sea excelente o merezca elogio.

FILIPENSES 4:8

Cuando ocurran cosas negativas, decide mantener una actitud positiva en medio de ellas. Si tomas esta decisión y meditas sobre ella durante los buenos momentos de la vida, cuando surjan las dificultades estarás preparado para mantener una buena actitud. Por ejemplo, si se te presenta un gasto inesperado, toma la decisión de no quejarte acerca de la necesidad de apretarte el cinturón por unos meses para compensarla. En lugar de eso, decide ver el reto como la aventura de encontrar formas creativas de recortar costos y disfrutar la vida sin gastar.

Hace poco escuché comentarios sobre John, quien pasaba por apuros económicos, pero también estaba decidido a mantener una actitud buena, positiva y agradecida. John trabajaba en un restaurante y un día cualquiera un cliente sufrió un infarto mientras comía allí. John, que tenía formación médica, le practicó reanimación cardiopulmonar hasta que llegaron los paramédicos. El hombre al que salvó de morir era muy rico y le dio cinco mil dólares en agradecimiento por haber salvado su vida. La buena actitud que John mantuvo durante su dificultad financiera abrió una puerta para que Dios obrara milagrosamente en su vida.

No importa lo que estés enfrentando hoy, elige tener una actitud positiva y observa lo que Dios es capaz de hacer.

DECLARO: *Estoy decidido a mantenerme positivo cuando surgen situaciones negativas.*

DÍA 61

DIOS NOS GUÍA EN LA JUSTICIA

Me infunde nuevas fuerzas. Me guía por sendas de justicia haciendo honor a su nombre.

SALMOS 23:3

Dios nos enseña la manera correcta de vivir, guiándonos gentilmente hacia una vida de rectitud. Cuando nacemos de nuevo somos hechos justos con Dios a través de Cristo (2 Co 5:21), pero este don de la justicia necesita ser trabajado en nuestra vida diaria. Necesitamos aprender a obedecer a Dios y vivir como Él quiere que vivamos; tenemos al Espíritu Santo para ayudarnos a hacerlo.

No tenemos que ganarnos la justicia; es una obra que Dios hace por amor a Su nombre y un acto de Su gracia. Nuestra parte es aprender y seguir la dirección y guía del Espíritu Santo día a día, y dejar que Dios nos cambie a la imagen de Jesucristo. Debemos aprender a caminar en el Espíritu, no en la carne, como probablemente estamos acostumbrados a hacer.

Este es un proceso que toma tiempo y un compromiso diligente; pero incluso mientras estamos cambiando, Dios todavía nos ve como justos a través de nuestra fe en Jesús. Hoy puedes animarte porque no tienes que luchar para hacer lo que es correcto; solo necesitas pasar tiempo con Dios y Su Palabra y confiar en que Él te está cambiando de gloria en gloria (2 Co 3:18).

DECLARO: *No tengo que ganarme la justicia de Dios. Todo lo que hago es caminar en la justicia que me fue dada a través de la fe en Cristo.*

DÍA 62

CON LA AYUDA DE DIOS PUEDES HACER COSAS DIFÍCILES

¡Ah, mi Señor y Dios! Tú, con tu gran fuerza y tu brazo poderoso, has hecho los cielos y la tierra. Para ti no hay nada imposible.

JEREMÍAS 32:17

¿Te ha pedido Dios alguna vez que hagas algo para lo que creías que eras totalmente incapaz o no estabas calificado o que sería demasiado difícil? Permíteme asegurarte que, si Dios te pide que hagas algo, puedes contar con que Él te dará la fuerza para hacerlo. Como nos recuerda la Escritura de hoy, nada es demasiado difícil para Él. Estamos en Él, por medio de Cristo y Él nos da el poder para hacer todo lo que necesitamos hacer, incluso las cosas más difíciles.

A lo largo de los años he visto a Dios capacitarme para hacer cosas que no sabía cómo hacer, para las que no me sentía calificada y de las que me sentía incapaz. Pero cada vez Él me ha dado fuerza, habilidad y poder para hacerlas. A menudo no sentía ninguna habilidad, incluso cuando salía a hacer lo que Él me pedía; pero entonces el poder vino. Dios no dividió el río Jordán hasta que los sacerdotes que llevaban el Arca de la Alianza pusieron sus pies en él (Jos 3:13). Y, en obediencia a Dios, Moisés tuvo que extender su cayado antes de que Dios dividiera el Mar Rojo (Éx 14:16).

No siempre nos *sentimos* capaces de hacer lo que Dios nos pide, pero, cuando lo hacemos, Él siempre estará esperando para darnos lo necesario.

DECLARO: *Puedo hacer cosas difíciles cuando sea necesario, porque Dios me ayuda y me da fuerzas.*

DÍA 63

ESPERA EN DIOS

Bueno es el Señor con quienes esperan en él, con todos los que lo buscan. Bueno es esperar calladamente la salvación del Señor.

LAMENTACIONES 3:25-26

¿Estás esperando que Dios haga algo en tu vida? Estoy segura de que ya lo sabes, pero quiero recordarte que Dios rara vez se mueve según nuestro horario. Lo que para nosotros es lentitud, para Dios no lo es (2 P 3:9). Está más interesado en la excelencia que en la velocidad. Está en proceso de convertirnos en personas que lo representen de manera excelente. Él quiere personas siempre disponibles para Él y listas para hacer lo que Él pida. Como en este caso, Él no siempre se mueve rápidamente para cambiarnos. Una obra maestra nunca se crea con prisa.

La paciencia es un prerrequisito para la madurez espiritual. Tenemos que ir más despacio, disfrutar de nuestro viaje por la vida y aceptar el proceso por el que Dios nos lleva mientras nos convierte en lo que Él quiere que seamos, aunque a menudo lleve más tiempo del que nos gustaría.

Una de las razones por las que nos resulta tan difícil esperar, es que tendemos a centrarnos más en lo que nosotros queremos que en lo que Dios quiere. Pero podemos elegir centrarnos en Dios y utilizar nuestros periodos de espera para crecer en Él. Dios es bueno y no nos niega nada bueno a menos que vea que no estamos preparados para ello o que no sería lo mejor para nosotros. Mientras esperas que Él cambie tu vida, sigue agradeciéndole y alabándole por usar este tiempo para hacer de ti quien Él quiere que seas y equiparte para representarlo con excelencia.

DECLARO: *Espero pacientemente en Dios, sabiendo que me está preparando para representarlo de excelente forma.*

DÍA 64

EL PODER DEL ESTÍMULO

Que nuestro Señor Jesucristo mismo y Dios nuestro Padre, que nos amó y por su gracia nos dio consuelo eterno y una buena esperanza, los anime y fortalezca su corazón, para que tanto en palabra como en obra hagan todo lo que sea bueno.

2 TESALONICENSES 2:16-17

¿A quién buscas para que te anime? ¿A tus amigos o familiares? ¿A tus compañeros de trabajo o vecinos? ¿O a Dios?

A lo largo de los años perdí mucho tiempo enfadándome con Dave porque no me animaba cuando yo pensaba que debía haberlo hecho. Pero finalmente aprendí a acudir a Dios primero. Él mismo me animará u obrará a través de otra persona para darme el ánimo que necesito.

El ánimo es poderoso porque nos da el valor para seguir adelante cuando estamos cansados o desanimados. Da siempre lo que esperas recibir. Acostúmbrate a animar a alguien cada día. Esto no solo hará que se sientan mejor ellos, sino que también te hará sentir mejor a ti.

Dios te ama. Él tiene un buen plan para tu vida y te capacitará para hacer todo lo que necesites.

DECLARO: *Animaré a alguien cada día y Dios siempre me animará mientras me ayuda a hacer cualquier cosa que necesito.*

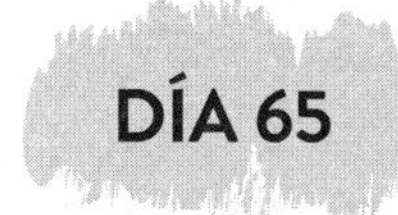

DÍA 65

ESTAR CONTENTO, PARTE 1

No digo esto porque esté necesitado, pues he aprendido a estar satisfecho en cualquier situación en que me encuentre.

FILIPENSES 4:11

Cuando nos sentimos descontentos, también nos encontramos desanimados. Pablo describe en la palabra de hoy que aprendió a estar contento. Una cosa que nos ayuda a estar satisfechos es pensar en todo lo que tenemos, no en lo que queremos, pero no tenemos.

Dios te dará lo que te conviene en el momento oportuno. Cuando no estamos satisfechos, lo único que hacemos es retrasar el poder recibir nuestros deseos. Creo que el descontento también deshonra a Dios. Decimos que creemos que Él está a cargo de nuestras vidas. Si esto es cierto, estar descontentos indica que no nos gusta la forma en que Él nos está cuidando.

El tiempo de Dios es siempre perfecto, pero a menudo tenemos que esperar más de lo que quisiéramos para recibir algunas de sus bendiciones. Como humanos somos impacientes, pero Dios nunca tiene prisa. Él prefiere que las cosas se hagan bien a que se hagan rápido. Anímate y confía en que Dios está obrando en tu vida, aunque no lo sientas o no lo veas. Cuando llegue el momento adecuado, de repente obtendrás un gran avance. ¿Quién sabe? ¡Podría ocurrir hoy!

DECLARO: *Dios está obrando en mi vida y espero en Él.*

DÍA 66

ESTAR CONTENTO, PARTE 2

Por eso me regocijo en debilidades, insultos, privaciones, persecuciones y dificultades que sufro por Cristo; porque, cuando soy débil, entonces soy fuerte.

2 CORINTIOS 12:10

Así como el gozo del Señor es tu fortaleza (Neh 8:10), el contentamiento también es fortaleza. Una persona contenta y satisfecha no puede ser tentada fácilmente por el diablo. Pablo escribe que estaba contento con sus debilidades y problemas porque estaba seguro de que Dios le fortalecería en los puntos en los que era débil. Esta es una actitud poderosa que está disponible para todos nosotros.

Confía en que Dios siempre te dará Su fuerza para suplir tus debilidades, pase lo que pase en tu vida. Creer que Él compensará nuestras debilidades nos permite vivir sin miedo y disfrutar de las distintas estaciones de nuestra vida.

Estar contentos no significa que nunca queramos cambiar, sino que estamos satisfechos hasta el punto de no sentirnos perturbados o inquietos. Significa que podemos disfrutar de lo que tenemos mientras esperamos lo que queremos.

DECLARO: *Estoy satisfecho y soy fuerte en el Señor. Pase lo que pase, creo que Dios me dará su fuerza para suplir mis debilidades.*

DÍA 67

ESTAR PLENAMENTE SATISFECHO

Pero yo en justicia veré tu rostro; cuando despierte, estaré satisfecho al contemplar tu semejanza.

SALMOS 17:15

Cuando no nos sentimos conformes, a menudo buscamos cosas equivocadas para satisfacernos y terminamos frustrados cuando no lo consiguen. Las cosas no pueden satisfacernos durante mucho tiempo. Podemos obtener algo que deseamos y pensar que finalmente hemos encontrado lo que llenará el vacío de nuestra alma, solo para descubrir después de un tiempo que nos sentimos tan vacíos como de costumbre. Solo Jesús puede satisfacernos por completo. Me encanta nuestro versículo de hoy. Creo que es hermoso y reconfortante. Cuando Jesús es lo primero en lo que pensamos al despertarnos, suele indicar que hemos alcanzado un grado de madurez espiritual que nos ayuda a estar satisfechos en todas las situaciones.

Más bien, busquen primeramente el reino de Dios y su justicia, entonces todas estas cosas les serán añadidas (Mt 633). Si estás desanimado con tu vida actual, pregúntate qué has estado buscando. Mantener a Dios en primer lugar es lo más sabio que podemos hacer. Él es un Dios celoso y no permitirá que estemos satisfechos mientras cualquier otra cosa ocupe el lugar que le pertenece a Él. No busques a Dios por sus regalos (lo que puede hacer por ti); búscalo por Su presencia.

DECLARO: *Busco primero a Dios antes que cualquier otra cosa, porque solo Él puede satisfacer plenamente.*

DÍA 68

UNA ACTITUD HUMILDE

La actitud de ustedes debe ser como la de Cristo Jesús.

FILIPENSES 2:5

Las personas humildes son personas felices. No compiten con nadie, no tienen envidia de lo que tienen los demás y se conforman con esperar a que Dios haga lo que Él sabe que es mejor para sus vidas.

Todos queremos cosas, pero la persona humilde espera en Dios en lugar de intentar que las cosas sucedan por sí misma. Humíllate bajo la poderosa mano de Dios y a su debido tiempo Él te exaltará (1 P 5:6). Las personas humildes obtienen de Dios la ayuda que necesitan, pero Él resiste a los soberbios (Stg 4:6). Quiere que nos apoyemos en Él y confiemos en sus tiempos en nuestras vidas.

Jesús debe ser nuestro ejemplo de humildad. Nunca intentó defenderse ni demostrar que tenía razón cuando la gente lo acusaba falsamente. Confió su reputación a su Padre. No te preocupes tanto por lo que la gente piense de ti. Sé humilde y deja que Dios te exalte en el momento oportuno.

DECLARO: *Me humillo y Dios me exalta en el momento oportuno. Espero en Él porque Su tiempo es siempre perfecto.*

DÍA 69

LOS TIEMPOS DIFÍCILES NO DURAN PARA SIEMPRE

Él cambia los tiempos y las épocas, pone y depone reyes. A los sabios da sabiduría y a los inteligentes, discernimiento.

DANIEL 2:21

Las estaciones cambian. Es cierto en el mundo natural, tanto como en las estaciones de nuestras vidas. Los tiempos difíciles no son eternos. Podemos tener días "malos", semanas difíciles, meses malos o incluso un año con muchos problemas, pero toda experiencia negativa llega a su fin.

Algunas de las situaciones difíciles en las que nos encontramos parecen prolongarse demasiado. Entonces, solemos caer en la tentación de quejarnos o desanimarnos. En lugar de eso, tenemos que cambiar de actitud rápidamente y pedir a Dios que nos enseñe algo valioso mientras atravesamos esa situación. Según Santiago 1:2-3, Dios utiliza las pruebas y la presión para producir buenos resultados en nuestras vidas. Él siempre quiere bendecirnos. A veces sus bendiciones vienen a través de circunstancias inesperadas que podemos ver como negativas, pero si mantenemos actitudes positivas en medio de esas situaciones, experimentaremos los resultados positivos que Dios quiere brindarnos.

Si estás atravesando un momento difícil ahora mismo, permíteme recordarte que probablemente no sea el primer reto al que te enfrentas. Sobreviviste al más reciente (y es posible que aprendieras algunas lecciones valiosas), y sobrevivirás a este también. Tus pruebas son temporales; no durarán para siempre. Ya vendrán días mejores. Mantén una actitud positiva en lugar de una negativa y recuerda que solo se trata de una temporada. También pasará.

DECLARO: *Mantengo una actitud positiva aun cuando atravieso experiencias negativas.*

DÍA 70

EL AMOR DE DIOS TRAE CONSUELO

Así manifestó Dios su amor entre nosotros: en que envió a su Hijo único al mundo para que vivamos por medio de él. En esto consiste el amor: no en que nosotros hayamos amado a Dios, sino en que él nos amó y envió a su Hijo para que fuera ofrecido como sacrificio por el perdón de nuestros pecados. Queridos hermanos, ya que Dios nos ha amado así, también nosotros debemos amarnos los unos a los otros.

1 JUAN 4:9-11

Cada vez que necesitamos que nos animen o consuelen, es útil recordar cuánto nos ama Dios. Todos en el mundo queremos ser amados y Dios nos ama incondicionalmente y en todo momento. Nos amó cuando aún estábamos en pecado (Ro 58). No podemos ganar o merecer su amor; solo podemos recibirlo como un regalo. Tómate un tiempo ahora mismo y repite una y otra vez en tu mente que Dios te ama.

El amor perfecto de Dios echa fuera el temor (1 Jn 4:18). Si sabemos que Dios nos ama, podemos vivir sin temor porque creemos que Él siempre cuidará de nosotros. Si tienes hijos, ¿no los ayudarías siempre si estuvieran en problemas? Sí, les ayudarías; pues, Dios siente lo mismo por nosotros. ¿Estás enfrentando un problema desalentador en tu vida en este momento? Si es así, medita en cuánto te ama Dios. Creo que esto te animará y te reconfortará.

DECLARO: *Creo que Dios me ama con un amor perfecto y que siempre me ayudará aunque no lo merezca.*

DÍA 71

LIBRARSE DE PREOCUPACIONES

Humíllense, pues, bajo la poderosa mano de Dios para que él los exalte a su debido tiempo. Depositen en él toda ansiedad, porque él cuida de ustedes.

1 PEDRO 5:6-7

Podemos preocuparnos si queremos, pero no sirve de nada. De hecho, hace muchísimo daño. Nos hace infelices y nos causa estrés, lo que puede llevarnos a enfermar. Nos distrae y nos hace difíciles de llevar. Pero si ponemos nuestra preocupación en el Señor, Él cuidará de nosotros.

La preocupación es trabajo. Es nuestra forma de intentar averiguar cómo resolver nuestros problemas. Pero no ayuda. Me parece interesante que los versículos de la Escritura de hoy digan que hay una conexión entre la humildad y el no preocuparse. Poner nuestra preocupación en Dios es una forma de humillarnos. No podemos resolver nuestros propios problemas. Dios quiere que nos apoyemos en Él y confiemos en que nos dará las respuestas que necesitamos. Sin embargo, hay algo que podemos hacer para reemplazar la preocupación: orar. Una oración sincera puede lograr más que un año entero de preocupación.

DECLARO: *No me preocuparé, sino que me humillaré bajo la poderosa mano de Dios, echaré toda mi preocupación sobre Él y confiaré en que Él cuidará de mí.*

DÍA 72

SOLO TIENES UNA VIDA

Que acuda tu mano en mi ayuda, porque he escogido tus preceptos.

SALMOS 119:173

Cuando empieces el día hoy, recuerda que muchas personas viven sus vidas sin hacer mucho de lo que se proponen, porque se ocupan con cosas que no consiguen lo que es verdaderamente importante para ellos. "Estoy ocupado" se ha convertido en la excusa estándar para todo lo que deberíamos haber hecho y no hicimos. Si te encuentras con personas de las que antes oías hablar con regularidad, pero que ya no te devuelven las llamadas, probablemente te dirán: "Siento no haberte llamado de vuelta. Es que he estado muy ocupado".

¿Y si Dios nunca nos respondiera y nos diera como excusa el estar demasiado ocupado?

Realmente me pregunto cuántas personas, al final de sus vidas, sienten que vivieron la vida que debían vivir. ¿Cuántos no tienen más que remordimientos por lo que hicieron o dejaron de hacer durante su estancia en la Tierra? Solo tienes una vida y, si no va como quieres, ahora es el momento de hacer cambios.

Cuando vivimos vidas improductivas, debemos responsabilizarnos por ellas. Dios nos da libre albedrío. Esto significa que tenemos la capacidad de tomar decisiones en todas las áreas de nuestras vidas. Si no seguimos la guía del Espíritu Santo en nuestras elecciones, terminaremos arrepintiéndonos. La escritura de hoy es una oración para que Dios nos ayude cuando elegimos vivir de acuerdo con Su voluntad.

Dios tiene una voluntad y un propósito para ti. Usa tu libre albedrío para elegir Su voluntad y disfrutar de la mejor vida posible.

DECLARO: *Pido al Espíritu Santo que me ayude a tomar las mejores decisiones sobre a qué dedico cada día y sigo Su guía.*

DÍA 73

HOY ES EL DÍA DE HACER LO QUE DEBES

Quien vigila al viento no siembra; quien contempla las nubes no cosecha.

ECLESIASTÉS 11:4

La Escritura de hoy nos recuerda que debemos ser diligentes en hacer las cosas. La mayoría de nosotros tiene mucho que hacer. El deseo de cumplir con todo lo que tenemos que hacer es noble, pero la procrastinación nos tienta y es muy engañosa. Cuando procrastinamos, nunca nos decimos: "¡No voy a hacer esto que debo hacer!". Simplemente nos decimos que lo haremos más tarde. Pero ese "más tarde" suele convertirse en más y más tarde, hasta que la tarea nunca se concluye. Es natural querer posponer las cosas menos agradables en favor de las que sí nos gustan, pero éste no es el hábito de la gente exitosa. Las personas de éxito se mantienen enfocadas y finalizan sus tareas.

Todos procrastinamos en algún grado y esto indica una lucha con la disciplina y el autocontrol. Hacer lo que tenemos hacer en el momento en que tenemos que hacerlo requiere disciplina. Hebreos 12:11 dice: "Ciertamente, ninguna disciplina, en el momento de recibirla, parece agradable, sino más bien dolorosa; sin embargo, después produce una cosecha de justicia y paz para quienes han sido entrenados por ella". Tenemos que concentrarnos en que la disciplina trae un beneficio y no en que parece desagradable.

La gente puede pensar que está ganando tiempo al procrastinar, pero aplazar las cosas es como utilizar una tarjeta de crédito: es divertido hasta que te llega la factura. En última instancia, los que posponen las cosas tendrán que enfrentarse a los problemas derivados de no hacerlas a tiempo.

DECLARO: *Hago todo en su momento y no procrastino.*

DÍA 74

ESTE MUNDO NO ES NUESTRO HOGAR

En el hogar de mi Padre hay muchas viviendas. Si no fuera así, ¿les habría dicho yo a ustedes que voy a prepararles un lugar allí?

JUAN 14:2

Es fácil quedar tan atrapado en las realidades de la vida cotidiana que olvidamos la más importante de todas: Este mundo no es nuestro hogar. Primera de Pedro 2:11 afirma que somos "extranjeros, forasteros y desterrados [en este mundo]". Aunque tenemos una ciudadanía terrenal temporal, nuestro verdadero hogar está en el cielo, donde Jesús ha preparado un lugar para nosotros.

La gente de la Iglesia primitiva creía que Jesús volvería pronto. Esta era una de las razones por las que querían asegurarse de que empleaban su tiempo en lo que era verdaderamente importante y tenía un valor duradero. El recuerdo de que Jesús volvería pronto también les ayudaba a tomar buenas decisiones en cuanto a su comportamiento. Por ejemplo, Pablo escribe: "Que su amabilidad sea evidente a todos. El Señor está cerca" (Fil 4:5). Creo que todos sabemos que, si creyéramos que Jesús volverá dentro de una semana, haríamos muchos cambios en nuestras vidas. Entonces, ¿por qué no vivir como si Él pudiera venir la semana próxima? Según Mateo 24:36, nadie sabe el día ni la hora del regreso de Cristo.

Nuestra vida actual no es el último capítulo, sino el de apertura. Simplemente nos estamos preparando para la maravillosa vida venidera. Disfruta de esta vida en la tierra, pero asegúrate de estar preparado para la próxima, que es eterna.

DECLARO: *Vivo como si Jesús pudiera volver en cualquier momento sabiendo que este mundo no es mi hogar.*

DÍA 75

INOCENTE

Él fue traspasado por nuestras rebeliones y molido por nuestras iniquidades. Sobre él recayó el castigo, precio de nuestra paz y gracias a sus heridas fuimos sanados. Todos andábamos perdidos, como ovejas; cada uno seguía su propio camino, pero el Señor hizo recaer sobre él la iniquidad de todos nosotros.

ISAÍAS 53:5-6

Hasta que llegué a los cincuenta padecí un continuo sentimiento de culpa. Incluso me sentía culpable de sentirme culpable, porque sabía que no era lo que Dios deseaba para mí. ¡No me sentía bien si no me sentía mal! Mi sentimiento de culpa comenzó cuando era muy joven y mi padre comenzó a abusar sexualmente de mí y a advertirme que no se lo contara a nadie. Asumí que si no podía contárselo a nadie era porque estaba mal, lo que dio inicio en mi mente a un atormentador ciclo de culpa.

Cuando la gente se siente culpable, no puede disfrutar realmente de nada. Dios quiere que disfrutemos de nuestras vidas, pero no podemos hacerlo si no sabemos disfrutar de nosotros mismos y si nos sentimos continuamente en falta. Dios ha provisto el perdón total y la vida libre de culpa en Jesús. Nuestras deudas han sido pagadas. Nuestro pecado y la culpa que viene con él han sido eliminados. El diablo usa la culpa para engañarnos y evitar que recibamos la plenitud del amor de Dios.

Dios me ayudó a liberarme del tormento de la culpa enseñándome lo que Su Palabra dice al respecto y ayudándome a creer en Su Palabra más de lo que creía en mis sentimientos. Aunque la liberación completa tomó algunos años, progresé continuamente y tú también lo harás si crees más en la Palabra de Dios que en tu sentimiento de culpa.

DECLARO: *Estoy de acuerdo con Dios y me proclamo "inocente".*

DÍA 76

NO TE PREOCUPES, SIGUE EN PAZ

Luego dijo Jesús a sus discípulos: —Por eso les digo: No se preocupen por su vida, qué comerán; ni por su cuerpo, cómo se vestirán.

LUCAS 12:22

Jesús nos ha dado Su paz (Jn 14:27), de modo que es lo que tenemos en realidad, pero, para experimentarla, tenemos que obligarnos a no ceder a la alteración. ¿Cómo hacemos? A mí me ayuda hablar conmigo misma. Mi conversación podría ser algo así: "Joyce, estar disgustada y preocupada no te servirá de nada. No solucionará nada, así que ¿por qué pierdes el tiempo en eso? Cálmate y confía en que Dios resolverá esta situación". Puede que tenga que hacer esto una y otra vez si la preocupación persiste en volver. Pero me funciona.

Por supuesto, deberíamos sustituir nuestra preocupación por la oración. La oración libera el poder de Dios en cualquier situación y, si realmente creemos en el poder de la oración, esta quita nuestras cargas y las pone en manos de Dios. Aprende a disfrutar de una vida de paz que solo es posible cuando aprendemos a no preocuparnos.

DECLARO: *Tengo paz dentro de mí y, cuando la preocupación intenta robármela, me resisto y me mantengo en calma. Dios tiene todas mis respuestas y me ayudará porque me ama.*

DÍA 77

QUÉ HACER MIENTRAS ESPERAS EN DIOS

Pon tu esperanza en el Señor; cobra ánimo y ármate de valor, ¡pon tu esperanza en el Señor!

SALMOS 27:14

Nos resulta difícil no hacer nada cuando estamos esperando que Dios se ocupe de nuestros problemas o nos muestre qué hacer con ellos. Cuando tenemos que esperar, deseamos hacer algo. ¿Estás esperando que Dios haga algo en tu vida en este momento? Aquí tienes algunas cosas que puedes hacer mientras esperas:

- Ora.
- Mantén una buena confesión. Habla la Palabra de Dios y deja que tu conversación concuerde con tu oración.
- Sé positivo. Expresa tu agradecimiento por todo lo que Dios hace por ti y no te quejes.
- Sé paciente. Continúa siendo amable con los demás incluso cuando estés sufriendo.
- No sientas celos, envidia ni resentimiento hacia las personas que no tienen problemas.
- Aún mientras sufres, si es posible cumple con tus obligaciones.
- Confía en Dios y declara tu confianza en Él.

Mientras esperas, recuerda también las veces que has necesitado que Dios interviniera en tus circunstancias y lo hizo. Dios es fiel y mientras esperes en Él, no quedarás decepcionado.

DECLARO: *Espero en Dios para resolver mis problemas y Él no me decepcionará.*

DÍA 78

SÉ GENEROSO

Y Dios puede hacer que toda gracia abunde para ustedes, de manera que siempre, en toda circunstancia, tengan todo lo necesario y toda buena obra abunde en ustedes.

2 CORINTIOS 9:8

Dios quiere que Su pueblo sea extremadamente bendecido para que siempre pueda tener lo que es necesario para ayudar a otros y para brindar a las buenas obras. Dios no nos bendice para que seamos egoístas y simplemente acumulemos más y más bienes para nosotros mismos, o para ver cuán grande puede llegar a ser nuestra cuenta bancaria.

Es prudente ahorrar dinero para el futuro y también es bueno gastar parte del dinero en uno mismo. Pero dar a los demás y ser una persona generosa es el deseo de Dios para cada uno de nosotros. Dave ha dicho por años con respecto a las finanzas "ahorra un poco, gasta un poco y da un poco" dentro de tus límites.

Entonces, Dios estirará tus límites para que tengas más para distribuir en cada categoría. Proverbios habla mucho acerca de la *prudencia*, que significa: buena administración. Somos mayordomos, administrando las finanzas de Dios. No somos los dueños y debemos recordarlo siempre. Estamos cuidando el dinero de Dios para Él y siempre debemos hacer lo que Él quiere que hagamos con él.

DECLARO: *Me encanta dar a toda buena obra y Dios me permite hacerlo en abundancia. Soy un buen administrador de los recursos de Dios.*

DÍA 79

COMO PENSAMOS, ASÍ SOMOS

Porque cual es su pensamiento en su alma, tal es él.

PROVERBIOS 23:7(RVA)

Cuanto más estudio la Palabra de Dios, más me percato de la importancia de nuestros pensamientos. La escritura de hoy es una que he mencionado muchas veces y que es muy importante que entiendas. Nos enseña que lo que pensamos determina en quiénes nos convertiremos. Es alentador saberlo, porque nos dice que podemos cambiar nuestras vidas simplemente cambiando nuestra forma de pensar. Romanos 8:5 también nos ayuda a entender esto:

Los que viven conforme a la carne fijan la mente en los deseos de la carne; en cambio, los que viven conforme al Espíritu fijan la mente en los deseos del Espíritu.

La mente es la precursora de nuestras acciones. En otras palabras, las decisiones que tomamos y las acciones que emprendemos son el resultado directo de nuestros pensamientos. Si nuestros pensamientos son negativos no nos irá bien en la vida, porque la consideraremos negativa y no seremos felices ni optimistas. En cambio, si nuestros pensamientos son positivos, podemos esperar que muchas cosas nos vayan bien y, cuando no sea así, encontraremos la manera de utilizarlo para mejor. Cuando pensamos en positivo, somos personas más felices y disfrutamos de la vida mucho más que quienes son negativos. Se trata de un principio muy simple pero que es importante recordar cada día, sobre todo cuando sentimos la tentación de desesperarnos.

DECLARO: *Tengo pensamientos positivos y vivo una vida positiva.*

DÍA 80

TIENES TODA BENDICIÓN ESPIRITUAL

Bendito sea Dios, Padre de nuestro Señor Jesucristo, que nos ha bendecido en las regiones celestiales con toda bendición espiritual en Cristo.

EFESIOS 1:3

El versículo de hoy nos da la buena noticia de que ya hemos sido bendecidos con todas las bendiciones espirituales que Dios pone a nuestra disposición. Las bendiciones espirituales son diferentes de las bendiciones materiales. Una persona puede tener una gran riqueza material y estar en el pináculo del éxito mundano y, sin embargo, estar en bancarrota en términos de bendiciones espirituales: la salvación, la paz, la alegría, la satisfacción, la sabiduría, la comunión con Dios y el verdadero poder espiritual.

A menudo perdemos años tratando de obtener cosas que significan mucho menos que las bendiciones espirituales que Él ya nos ha dado porque somos sus hijos. Cuanto más nos damos cuenta de lo que Dios ya ha hecho por nosotros a través de Jesús y cuanto más lo recibimos por fe, más capaces somos de encontrar verdadera alegría en cada día. Nuestra verdadera vida no se encuentra en nuestras circunstancias, sino en nuestro interior. Jesús dice que el reino de Dios está dentro de nosotros (Lc 17:21). Esto significa que nunca accederemos a las bendiciones espirituales y a las cosas de Dios buscando en entornos o recursos externos; las encontraremos en nuestro corazón.

Descubrirás que este tipo de pensamiento es mucho mejor que intentar continuamente encontrar algo que te haga feliz y luego desilusionarte porque, de alguna manera, lo que creías que querías se te ha escapado una vez más; o has conseguido lo que querías, pero no te ha hecho tan feliz como pensabas.

DECLARO: *Tengo todas las bendiciones para tener hoy un gran día.*

DÍA 81

ORA CON VALENTÍA

Así que acerquémonos confiadamente al trono de la gracia para recibir la misericordia y encontrar la gracia que nos ayuden oportunamente.

HEBREOS 4:16

Si hay algo en tu vida en este momento que te hace necesitar consuelo y aliento, la escritura de hoy debería ofrecértelos. Es maravilloso saber que aun cuando hemos pecado, podemos ir al trono de Dios y pedir la ayuda que necesitamos debido a la asombrosa gracia y magnífica misericordia de Dios.

Siempre tenemos que pedir a Dios que nos ayude a resistir la tentación, porque no podemos hacerlo solos. Pero cuando pecamos, debemos arrepentirnos rápidamente. Esto significa que debemos admitir nuestros pecados, estar dispuestos a alejarnos completamente de ellos y seguir la dirección correcta. El perdón es un don maravilloso y deberíamos estar agradecidos cada día por él. Nos permite acudir a Dios sin remordimientos de conciencia y con valentía pedirle que nos ayude en nuestros momentos de necesidad. La amplificación de la escritura de hoy dice que tendremos ayuda oportuna, que vendrá justo cuando la necesitemos.

DECLARO: *Cuando peco, me arrepiento rápidamente y pido a Dios que me ayude a resistir en el futuro la tentación. Por la misericordia de Dios rezo con valentía, pidiendo a Dios que me ayude.*

DÍA 82

EL AMOR DE DIOS NUNCA CESA

Por el gran amor del Señor no hemos sido consumidos y su compasión jamás se agota.

Cada mañana se renuevan sus bondades; ¡muy grande es su fidelidad!

LAMENTACIONES 3:22-23

Siempre nos anima saber que Dios nos ama. Pero es *poderoso* pensar que nunca hay un momento en tu vida en el que Dios no te ame y que Su misericordia nunca cesa.

Dios quiere que disfrutes tu vida y que no vivas con el temor de que se enfade contigo por cada pequeño error que cometas. Aprende a recibir la misericordia de Dios y no seas tan duro contigo mismo. Dios es fiel y podemos confiar en todo lo que dice en Su Palabra. No medites en todo lo que está mal en ti y en lo lejos que tienes que llegar para alcanzar el estándar de Dios. En lugar de eso, piensa en lo lejos que has llegado y celebra tu progreso.

DECLARO: *Dios me ama siempre y su misericordia nunca cesa.*

DÍA 83

DISFRUTA DEL HOY Y NO TE PREOCUPES POR EL MAÑANA

Más bien, busquen primeramente el reino de Dios y su justicia, entonces todas estas cosas les serán añadidas. Por lo tanto, no se preocupen por el mañana, el cual tendrá sus propios afanes. Cada día tiene ya sus problemas.

MATEO 6:33-34

Si buscamos a Dios y sus caminos primero —antes que cualquier otra cosa en la vida— entonces Él promete añadirnos las otras cosas que necesitamos. Por eso no tenemos que preocuparnos por el mañana. La ansiedad nos hace perder el tiempo preocupándonos por lo que pasará en el futuro. Pero, así como Dios les dio a los israelitas el maná un día a la vez (Éx 16:4), Él nos da lo que necesitamos cada día. Dios quiere que confíes hoy en Él, de modo que te provea con lo que necesitas para mañana.

La preocupación causa mucho estrés y eso puede incluso enfermarnos. La preocupación es una pérdida total de tiempo. ¿Se te ocurre algún problema que hayas resuelto preocupándote? Yo no. Dios quiere nuestra fe, no nuestra preocupación. Tal vez nunca lo hayas pensado así, pero la preocupación es orgullo, porque cuando nos preocupamos, estamos diciendo: "Si pienso en esto el tiempo suficiente, puedo encontrar la manera de resolver mi propio problema". Dios se opone a los orgullosos y ayuda a los humildes (Stg 4:6). Deposita tu preocupación en el Señor, disfruta del hoy y confía en Él para las necesidades del mañana.

DECLARO: *Pongo a Dios primero en mi vida y Él provee todo lo demás que necesito, así que no pierdo mi tiempo preocupándome.*

DÍA 84

PÍDELE A DIOS GRANDES COSAS

Al que puede hacer muchísimo más que todo lo que podamos imaginarnos o pedir, por el poder que obra eficazmente en nosotros.

EFESIOS 3:20

La escritura de hoy nos invita a pedirle a Dios grandes cosas. Prefiero pedirle a Dios mucho y recibir la mitad, que pedirle poco y recibirlo todo. El primer pensamiento que tenemos cuando se trata de pedir a Dios algo grande es: "No lo merezco". Y eso es correcto; no lo merecemos. Pero pedimos en el nombre de Jesús y, cuando lo hacemos, presentamos a Dios todo lo que Jesús es, no lo que nosotros somos.

La escritura de hoy nos permite soñar grandes sueños y pedir a Dios que se asocie con nosotros para hacerlos realidad. Una vez le pedí a Dios que me permitiera ayudar a todas las personas del planeta con Su Palabra. Esta petición me pareció una tontería incluso a mí misma cuando la hice, pero ahora nuestro ministerio llega a millones de personas a través de diversos medios de comunicación. ¿Y si le hubiera pedido a Dios que me dejara ayudar a diez mil personas? Si lo hubiera hecho, tal vez hoy estaría ayudando solamente a diez mil.

Mientras nuestras oraciones estén en línea con la voluntad de Dios y no sean egoístas, podemos pedir más de lo que podemos imaginar y ver a Dios hacer grandes cosas.

DECLARO: *No tengo miedo de pedirle a Dios cosas grandes, porque Él es un Dios grande y es capaz de hacer más de lo que yo puedo imaginar.*

DÍA 85

CON LA AYUDA DE DIOS PUEDO HACER CUALQUIER COSA

Todo lo puedo en Cristo que me fortalece.

FILIPENSES 4:13

No importa a lo que te enfrentes, puedes hacerlo. No tienes que vivir con miedo o temor, porque Dios te dará el poder. Vive con la actitud de que estás listo para cualquier cosa e igual a todo a través de Cristo.

El miedo y el temor agotan. Pero la fe y la valentía dan poder. Piensa con fortaleza y serás fuerte; piensa débil e incapaz y así serás. Dios nunca nos pide que hagamos algo sin darnos el poder y la habilidad para ello. Añade tu fe a Su promesa y seguro tendrás una victoria. Estoy segura de que has enfrentado situaciones en el pasado en las que pensaste que no lo lograrías, pero lo hiciste. Recuerda esas experiencias cuando las situaciones que se avecinen en el futuro parezcan requerir más de lo que eres capaz. Tienes lo que se necesita para hacer lo que tengas que hacer porque tienes a Jesús de tu lado.

DECLARO: *Puedo hacer todo lo que necesito hacer en la vida a través de Cristo que me fortalece.*

DÍA 86

ANÍMATE

Yo les he dicho estas cosas para que en mí hallen paz. En este mundo afrontarán aflicciones, pero ¡anímense! Yo he vencido al mundo.

JUAN 16:33

En la escritura de hoy, Jesús nos dice que nos alegremos si tenemos tribulaciones, pruebas o angustias. Puede parecer extraño que le diga eso a alguien que está sufriendo, pero lo dijo porque la alegría tiene poder. La alegría del Señor es nuestra fuerza (Neh 8:10). A veces, cuando tenemos problemas, Satanás los trae con el único propósito de robarnos el gozo. Una vez escuché a un predicador decir: "El diablo no quiere tus cosas; quiere tu alegría".

Quizá te preguntes cómo puedes tener alegría cuando tus circunstancias son dolorosas o problemáticas. Sé que es más difícil que cuando las circunstancias son buenas. Una de las maneras de tener alegría en todo momento es pensar en lo que tenemos en Jesús. Esta tierra no es nuestro hogar; estamos simplemente de paso. Dentro de poco estaremos en el cielo viviendo en la manifiesta presencia de Dios, un lugar donde no hay lágrimas ni dolor, ni circunstancias miserables, ni muerte, ni duelo ni luto. El dolor sufres ahora no durará para siempre, pero permanecer alegre puede ayudarte a superarlo.

DECLARO: *Mi alegría está en el Señor. Él me da una alegría que nada me puede quitar.*

DÍA 87

REZA CUANDO ENFRENTES LA TENTACIÓN

Jesús salió de la ciudad y, como de costumbre, se dirigió al monte de los Olivos y sus discípulos lo siguieron. Cuando llegaron al lugar, les dijo: "Oren para que no caigan en tentación". Entonces se separó de ellos a una buena distancia, se arrodilló y empezó a orar.

LUCAS 22:39-41

Todos seremos tentados de diversas maneras alguna vez. La Biblia dice que es necesario que vengan las tentaciones, pero ¡ay de aquel por quien vienen! ¿Por qué tiene que venir la tentación? Una razón es que nuestra fe se fortalece cuando resistimos la tentación. Satanás intenta apartarnos de Dios tentándonos a pecar. Puede atacarnos directamente o puede hacerlo a través de una persona o de las circunstancias.

Jesús nos da una sencilla instrucción en el pasaje de las escrituras de hoy: Orar para no caer en tentación. Fíjense que no dice que oremos para no ser tentados, porque, como dije, todos seremos tentados. Incluso Jesús fue tentado para tratar de evitar ir a la cruz. Tres veces le pidió a Su Padre que apartara la copa si era posible (Mt 26:39-43). Pero también dijo: "Pero no sea lo que yo quiero, sino lo que quieres tú" (v. 39). Cada vez que Él se alejó y oró, estoy segura de que rezaba pidiendo fuerzas para resistir la tentación. La tentación es parte de la vida, pero puedes resistirla con la fuerza de Dios. Si sabes cuáles son tus puntos débiles, te recomiendo que reces por ellos con regularidad, no solo cuando te sientas tentado.

DECLARO: *Puedo resistir la tentación orando y recibiendo la fuerza de Dios para resistir.*

DÍA 88

DIOS SATISFARÁ TODAS TUS NECESIDADES

Así que mi Dios les proveerá de todo lo que necesiten, conforme a las gloriosas riquezas que tiene en Cristo Jesús.

FILIPENSES 4:19

En la escritura de hoy, Pablo hace una promesa a las personas que le acompañaban en el ministerio; y resulta tan relevante para nosotros hoy, como lo fue entonces para ellos. En Filipenses 4:15-18, les dice que eran los únicos que habían recibido de él y también los que le habían devuelto. Quería que supieran que no pretendía su ofrenda, sino el fruto que se multiplicaría para ellos.

A menudo oímos citar esta escritura como si Dios fuera a satisfacer todas nuestras necesidades, sin darnos cuenta de que tenemos que ser fieles en la ofrenda hacia Él. Puedo decir sinceramente que, en más de cuarenta y cinco años de ministerio, Dios ha satisfecho todas nuestras necesidades. Ha habido épocas de vacas flacas, pero nunca se ha dejado de pagar una factura. Creo que es imposible dar más a Dios. Lo que damos para la obra de Su reino y para ayudar a otras personas con una actitud alegre y un motivo correcto, Él nos lo multiplica.

Recuerda siempre que, si haces la parte que Dios te pide, Él nunca dejará de hacer la suya.

DECLARO: *Creo que Dios satisfará todas mis necesidades y apoyo a quienes me ministran.*

DÍA 89

SABER QUIÉN ERES EN CRISTO

En él tenemos la redención mediante su sangre, el perdón de nuestros pecados, conforme a las riquezas de su gracia la cual Dios nos dio en abundancia con toda sabiduría y entendimiento. Él nos hizo conocer el misterio de su voluntad conforme al buen propósito que de antemano estableció en Cristo, para llevarlo a cabo cuando se cumpliera el tiempo, esto es, reunir en él todas las cosas, tanto las del cielo como las de la tierra.

EFESIOS 1:7-10

Muchos cristianos se pasan la vida intentando conseguir cosas que ya les pertenecen en Cristo. Por ejemplo, pueden tratar de obtener la posición correcta con Dios a través de buenas obras y comportamiento, pero terminan decepcionados porque fracasan repetidamente. Sin embargo, cuando ven la verdad del evangelio, y se dan cuenta de que porque están en Cristo Dios ya los ve como si estuvieran en una relación correcta con Él, según 2 Corintios 5:21 su lucha cesa y el gozo aumenta. Pueden aprender a descansar en la obra consumada de Cristo en el Calvario. Mientras colgaba de la cruz, Jesús dijo: "Todo se ha cumplido" (Jn 19:30), queriendo decir que se había convertido en el "sacrificio expiatorio" (pago) por todos nuestros pecados, pasados, presentes y futuros (1 Jan 2:2; 4:10). Él cumplió la ley y ahora la puerta estaba abierta para que cualquiera que creyera pudiera disfrutar de una relación íntima y personal con Dios.

Creces en el conocimiento de quién eres en Cristo estudiando la Palabra de Dios y permitiendo que transforme tu pensamiento.

DECLARO: *Recibo libremente la justicia por la que Jesús murió para brindarme.*

DÍA 90

SIGUE PIDIENDO

Porque todo el que pide, recibe; el que busca, encuentra y al que llama, se le abre.

MATEO 7:8

Si hay una promesa en la Palabra de Dios, no dejes de pedir para recibirla. Deja que la escritura de hoy te anime a negarte a rendirte. Continúa pidiendo, buscando y llamando, y recibirás, encontrarás y verás puertas abiertas para ti.

Oré por la salvación de mi padre durante más de cuarenta años. Finalmente, a la edad de ochenta años, recibió a Cristo y fue bautizado. Parecía que nunca iba a suceder, pero sucedió.

Incluso Jesús, que siempre obtenía respuesta a sus oraciones, tuvo que orar dos veces para que a un ciego se le abrieran los ojos:

Cuando llegaron a Betsaida, algunas personas llevaron un ciego a Jesús y rogaron que lo tocara. Él tomó de la mano al ciego y lo sacó fuera del pueblo. Después de escupir en sus ojos y de poner las manos sobre él, preguntó:

—¿Puedes ver algo?

El hombre alzó los ojos y dijo:

—Veo gente; parecen árboles que caminan.

Entonces le puso de nuevo las manos sobre los ojos, y el ciego fue curado; recobró la vista y comenzó a ver todo con claridad (Mar 8:22-25).

Deja que este pasaje de las Escrituras te anime a no renunciar nunca a recibir las promesas de Dios.

DECLARO: *Dios cumple Su Palabra y no me rendiré hasta que experimente sus promesas en mi vida.*

DÍA 91

MANTÉN TU LIBERTAD EN CRISTO

Cristo nos libertó para que vivamos en libertad. Por lo tanto, manténganse firmes y no se sometan nuevamente al yugo de esclavitud.

GÁLATAS 5:1

¿Alguna vez has experimentado la libertad en un área determinada de tu vida y más tarde te encontraste atrapado de nuevo en la misma situación? Quizá una vez estuviste atado a una deuda que finalmente pagaste por completo y un año más tarde la deuda se había acumulado otra vez. O tal vez pasaste años esclavizado por el comer emocional y terminaste con sobrepeso. Te esforzaste por dejar de comer cuando tenías miedo o estabas disgustado, perdiste peso y te sentiste mucho mejor. Pero entonces ocurrió algo extremadamente estresante y tus emociones te llevaron de nuevo a comer en exceso.

La libertad puede ser difícil de conseguir y, a veces, aún más difícil de mantener. El pasaje de la Escritura de hoy pretende fortalecernos y animarnos a mantener la libertad que Dios nos dio.

Si queremos permanecer libres después de haber sido liberados, tenemos que trabajar en ello. Es por eso que Pablo dice que "permanezcamos firmes". Significa que tendremos la tentación de dejar escapar nuestra libertad, por lo que debemos guardarnos intencionadamente de ello. Ya no estamos bajo la ley, pero tenemos el gran privilegio de ser invitados a seguir al Espíritu Santo, en lugar de hacer lo que nos plazca según nuestros deseos carnales. A través del poder del Espíritu Santo, podemos vivir vidas santas, justas y glorificar a Dios. Cuando somos libres de la esclavitud, podemos vivir en paz y alegría.

DECLARO: *Soy libre porque Cristo me ha liberado y mantendré la libertad que Él me ha dado.*

DÍA 92

NO RENUNCIES A HACER EL BIEN

No nos cansemos de hacer el bien, porque a su debido tiempo cosecharemos si no nos damos por vencidos. Por lo tanto, siempre que tengamos la oportunidad, hagamos bien a todos y en especial a los de la familia de la fe.

GÁLATAS 6:9-10

Cuando hacemos lo correcto mucho tiempo y creemos que estamos sembrando buena semilla, pero no recogemos una buena cosecha, podemos sentirnos frustrados. Pero Pablo nos exhorta a no cansarnos de hacer el bien. No debemos hacerlo solo para recibir una recompensa, sino porque es lo correcto. Esto puede significar tratar bien a alguien durante mucho tiempo, antes de que empiece a tratarnos bien a cambio. Puede que nunca nos traten bien, pero nuestra recompensa viene de Dios, no de otros seres humanos. Cuando nos orientamos hacia la gente en busca de aprecio o aceptación podemos sentirnos decepcionados, pero Dios nunca olvida lo que hemos hecho y sabe exactamente cómo bendecirnos.

Parte del versículo 10 de la Escritura de hoy, pero en la versión de la Biblia Amplificada, Edición Clásica en inglés, ofrece una instrucción que ha cambiado mi vida. Dice así: "Sé consciente de ser una bendición". Ser consciente significa tener la mente ocupada en algo o pensar intencionadamente respecto a algo.

Desarrollar el hábito de pensar de forma intencionada en maneras de bendecir a otras personas ha aumentado enormemente mi alegría. Te animo a que le pidas a Dios que te muestre cómo puedes bendecir a personas específicas en tu vida. Creo que Él lo hará. Aprende a escuchar a la gente, porque a menudo mencionan en la conversación lo que necesitan, les gusta o quieren. Si puedes, intenta hacerlo por ellos.

DECLARO: *No renuncio a hacer el bien y pienso en maneras de bendecir a la gente.*

DÍA 93 EL CONSOLADOR

Y yo pediré al Padre y él les dará otro Consolador para que los acompañe siempre.

JUAN 14:16

En la escritura de hoy Jesús está hablando del Espíritu Santo, a quien el Padre enviaría una vez que Jesús hubiera ascendido al cielo. El Espíritu Santo fue enviado para tomar el lugar de Jesús en la tierra. Jesús incluso les dijo a los discípulos que estarían mejor cuando Él se fuera porque entonces vendría el Espíritu Santo (Jn 16:7). ¿Por qué estarían mejor?

Jesús solo podía estar en un lugar a la vez porque estaba limitado por un cuerpo humano, como nosotros. Pero el Espíritu Santo puede estar en todas partes al mismo tiempo y Jesús prometió que no solo estaría con nosotros que creemos en Jesús, sino que estaría en nosotros.

Nunca tenemos que ir lejos en busca de ayuda, consuelo, guía o enseñanza, porque Aquel que proporciona esas cosas vive en nosotros. El que te da fuerzas vive en ti. Hoy puedes estar animado porque tienes toda la ayuda que necesitas a través del Espíritu Santo, así que apóyate en Él y recurre a Su provisión en todo momento.

DECLARO: *El Espíritu Santo vive dentro de mí y me ayuda, fortalece, guía y enseña; me ayuda a orar y me conforta cuando necesito consuelo.*

DÍA 94

PIDE SABIDURÍA

Si a alguno de ustedes le falta sabiduría, pídasela a Dios y él se la dará, pues Dios da a todos generosamente sin menospreciar a nadie.

SANTIAGO 1:5

Santiago 1 comienza hablando de las diversas pruebas que enfrentamos. Me parece que la escritura de hoy, versículo 5, indica que incluso si hemos sido los causantes de nuestra prueba o problema, podemos pedir a Dios sabiduría para arreglar la situación y Él lo hará sin condenarnos o reprocharnos. Dios es tan bueno que incluso está dispuesto a ayudarnos cuando nuestra propia insensatez nos ha metido en dificultades.

Creo que, en general, dudamos en pedir ayuda a Dios cuando nos hemos portado mal. Pero Él nos invita a acercarnos y recibir la ayuda que necesitamos. Debemos aprender de nuestros errores, no seguir cometiéndolos repetidamente y también arrepentirnos.

Así como nosotros estamos siempre dispuestos a ayudar a nuestros hijos, Dios está dispuesto a ayudarnos siempre. Incluso si tiene que disciplinarnos de alguna manera, lo hará por amor y con la intención de hacernos aprender una lección importante.

Busca siempre a Dios y nunca te alejes de Él.

DECLARO: *Dios me ayuda incluso cuando no lo merezco.*

DÍA 95

DEJAR ATRÁS EL PASADO

Más bien, una cosa hago: olvidando lo que queda atrás y esforzándome por alcanzar lo que está delante, sigo avanzando hacia la meta para ganar el premio que Dios ofrece mediante su llamamiento celestial en Cristo Jesús.

FILIPENSES 3:13-14

Si queremos disfrutar de un futuro brillante y satisfactorio, debemos dejar atrás el pasado. Empieza cada día como si fuera el primer día de tu vida. No podemos ver el buen plan de Dios para hoy o mañana, si nuestro enfoque está fijado en el ayer. Podemos aprender de los errores de ayer, pero no podemos volver atrás y hacer las cosas de nuevo. Cuando Abram y Lot tomaron caminos separados, Lot escogió la mejor tierra para él, dejando a Abram con la tierra menos deseable y con menos propiedades de las que tenía antes (Gn 131-12). Abram podría haber sentido lástima de sí mismo o estar resentido con Lot, pero en lugar de eso, confió en Dios quien le dijo: "Abram, levanta la vista desde el lugar donde estás. Mira hacia el norte y hacia el sur, hacia el este y hacia el oeste. Yo te daré a ti y a tu descendencia, para siempre, toda la tierra que abarca tu mirada" (Gn 13:14-15). Dios le estaba diciendo a Abram que levantara la vista y mirara a su alrededor.

Es un buen consejo para nosotros. Tenemos que mirar hacia arriba y alrededor en vez de hacia abajo y detrás. Deja de pensar en lo que quedó atrás y empieza a mirar hacia delante. Dios tiene un plan maravilloso para tu vida; puedes confiar en las cosas buenas que Él tiene reservadas para ti. No te pases la vida lamentándote por lo que has perdido. En lugar de eso, haz un inventario de lo que te queda, da gracias por ello y sigue adelante, un paso de fe a la vez.

DECLARO: *Miro hacia el gran futuro que Dios ha planeado para mí.*

DÍA 96

DEJA QUE DIOS SE OCUPE DE LOS DEMÁS

En realidad, Dios colocó cada miembro del cuerpo como mejor le pareció.

1 CORINTIOS 12:18

Intentar convertir a los demás en lo que queremos que sean en lugar de dejarles ser ellos mismos complica las relaciones. A menudo nos gusta la gente al principio porque trae novedad y variedad a nuestras vidas, pero al final sus defectos y sus diferencias con nosotros puede molestarnos. Entonces intentamos que se parezcan más a nosotros. Esto no funciona, porque Dios crea a las personas distintas a propósito. Como todas las partes del cuerpo humano no pueden ser cabeza o pie, en el cuerpo de Cristo, cada persona tiene una función diferente y rasgos diferentes, y todos nos necesitamos mutuamente. Aprende a amar a las personas tal como son, no como tú quieres que sean.

Muchas personas se sienten atraídas por alguien —quizá un amigo o incluso su cónyuge— que parece ser su opuesto en muchos aspectos importantes. Tendemos a sentirnos atraídos por personas que nos complementan (nos completan), no por personas que nos copian. Tienen lo que a nosotros nos falta. Esto puede ser maravilloso hasta que surge un problema en la relación y olvidamos lo que nos atrajo en un principio de esa persona. Es entonces cuando empezamos a intentar cambiarlas.

Solo Dios puede cambiar a las personas y estas solo cambian cuando están dispuestas a ser cambiadas. Si quieres que alguien en tu vida cambie, recuerda que tú no puedes hacerlo. Ora sobre la situación y confía en Dios para que haga lo que sea necesario en la vida de esa persona, mientras dejas que Él trabaje para hacer los cambios que quiere hacer en ti.

DECLARO: *Confío a Dios las personas de mi vida sin intentar cambiarlas yo mismo.*

DÍA 97

DIOS SIEMPRE PROPORCIONA UNA SALIDA

Ustedes no han sufrido ninguna tentación que no sea común al género humano. Pero Dios es fiel y no permitirá que ustedes sean tentados más allá de lo que puedan aguantar. Más bien, cuando llegue la tentación, él les dará también una salida a fin de que puedan resistir.

1 CORINTIOS 10:13

Es tan reconfortante saber que Dios nunca permitirá que nos sobrevenga más de lo que podemos soportar sin importar lo sombrías que parezcan las cosas, Él siempre nos proporcionará una salida. Es posible que ahora mismo estés pasando por algo que te parece imposible de soportar y que estés desesperado. Deja que esta escritura te consuele hoy. Sabes que Dios no te dejará abandonado y desamparado.

Puede que sientas la tentación de rendirte, enojarte o compadecerte de ti mismo, pero todas estas tentaciones proceden de Satanás. Dios quiere que permanezcas fuerte y mantengas tu fe en Él. Puede que no llegue temprano, pero nunca llegará tarde a traerte la ayuda que necesitas.

Su tiempo en nuestras vidas es perfecto.

DECLARO: *Creo que Dios está obrando en mi vida y Él siempre proveerá una salida a cualquier dificultad en la que me encuentre.*

DÍA 98

LAS COSAS BUENAS VIENEN HACIA TI

El Señor es sol y escudo; Dios nos concede honor y gloria. El Señor no niega sus bondades a los que se conducen con integridad.

SALMOS 84:11

Sabemos que todos cometemos errores, pero si nos esforzamos por llevar una vida recta y nos arrepentimos cuando pecamos, Dios no negará nada bueno. Creo que te esperan cosas buenas y que tu futuro es brillante.

El profeta Jeremías dice en Jeremías 29:11 que Dios tiene buenos planes para nosotros: "Porque yo conozco los planes que tengo para ustedes —afirma el Señor—, planes de bienestar y no de calamidad, a fin de darles un futuro y una esperanza". No importa lo que haya sucedido en el pasado, la misericordia de Dios es nueva cada día y en Cristo siempre podemos tener un nuevo comienzo. No dejes que el diablo te convenza de que es demasiado tarde para ti, porque nunca lo es para empezar de nuevo. Dios se deleita en las personas que no se dan por vencidas. Él será bueno contigo no porque tú seas bueno, sino porque Él es bueno.

DECLARO: *Miro hacia el futuro porque me esperan cosas buenas.*

DÍA 99

SIEMBRA Y COSECHA

No se engañen: de Dios nadie se burla. Cada uno cosecha lo que siembra.

GÁLATAS 6:7

Nacemos egoístas por naturaleza, pero volvemos a nacer generosos. Y seguiremos siendo egoístas a menos que trabajemos con el Espíritu Santo mientras Él nos ayuda a crecer, madurar espiritualmente y aprender a caminar con Él. Es imposible ser feliz y egoísta, porque Dios nos ha creado para ser dadores, no tomadores.

Me encanta el principio de sembrar y recoger porque creo me da cierto control sobre mi vida. Si me siento sola, sembrar semillas de amistad y recoger la cosecha de más amigos. Si tengo necesidades económicas, puedo sembrar semillas financieras para que alguien pueda ser bendecido y cosecharé abundancia en mi vida.

Las palabras que pronunciamos son semillas, igual que nuestras actitudes, pensamientos y acciones. Si no estás satisfecho con la cosecha de tu vida, tómate un tiempo para examinar tu semilla. Por ejemplo, si alguien te juzga, pregúntate si has sembrado semillas de juicio. Si necesitas misericordia, ¿siembras semillas de misericordia hacia los demás? Si necesitas perdón, ¿siembras semillas de perdón hacia los que te han hecho daño? Siembra buena semilla y recogerás buena cosecha.

DECLARO: *Siembro buena semilla y recojo una cosecha de cosas buenas para mi vida.*

DÍA 100

SÉ MISERICORDIOSO, AMABLE Y GENEROSO

El que hace bien a otros se beneficia a sí mismo; el que es cruel, a sí mismo se perjudica.

PROVERBIOS 11:17

Las personas generosas son felices porque Dios nos ha creado para tender la mano a los demás en lugar de pensar únicamente en nosotros. Los actos de los generosos regresan para bendecirlos. Siempre tendrán sus necesidades cubiertas y abundancia para compartir con los demás.

Si las personas son crueles e insensibles a las necesidades de los demás, solo se traen miseria a sí mismas. También están sembrando una semilla que no traerá una buena cosecha a sus vidas. Es muy posible que algún día se vean necesitados, sin nadie que les ayude.

Te animo a practicar la bondad y la misericordia con los débiles y frágiles. Sé extremadamente generoso y haz siempre un esfuerzo adicional. Haz más de lo necesario y espera un desbordamiento de alegría, paz, poder y provisión en tu propia vida.

DECLARO: *Soy una persona generosa. Soy misericordioso y bondadoso, y mis obras regresan a bendecirme.*

DÍA 101

CAMBIA TU ACTITUD, CAMBIA TU VIDA

La actitud de ustedes debe ser como la de Cristo Jesús.

FILIPENSES 2:5

Tu actitud es producto de tu vida mental. La gente puede ver cómo piensas cuando observa tu actitud. Si tenemos una actitud positiva, tendremos una buena vida independientemente de nuestras circunstancias; si tenemos una actitud negativa, no disfrutaremos de la vida por muy buena que sea.

Tu actitud te pertenece y nadie puede obligarte a tener una mala si no quieres. Del mismo modo, nadie puede obligarte a tener una buena si no es lo que deseas. Es fácil tener una buena actitud cuando todo va como queremos, pero es importante aprender, como hizo Pablo, a vivir contentos también cuando estamos necesitados (Fil 4:11-12). Si el diablo sabe que puede manipular nuestra actitud con las circunstancias, lo hará, de modo que nuestras emociones siempre estarán arriba y abajo como un yo-yo.

La postura mental que adoptas ante las circunstancias desagradables determina si puedes o no disfrutar de tu vida mientras Dios resuelve tus problemas. No tienes que sentirte desgraciado por tener un problema. De hecho, como cristianos, tenemos el privilegio de tener el gozo del Señor y la paz que sobrepasa todo entendimiento, al margen de nuestras circunstancias. Decide ahora mismo que tendrás una actitud de "arriba" para que puedas tener una vida por encima del promedio.

DECLARO: *Tengo una actitud positiva en todo momento. Ser negativo es inútil y me niego a perder el tiempo con esa actitud. Creo que Dios es bueno y que obrará el bien a partir de cualquier dificultad que encuentre.*

DÍA 102

VIVIR CON LA CONCIENCIA TRANQUILA

Pero si los ojos son malos, todo tu ser estará en oscuridad. Si la luz que hay en ti es oscuridad, ¡qué densa será esa oscuridad!

MATEO 6:23

Nada complica tanto la vida como la conciencia de culpa. Nos presiona y nos impide vivir de verdad. Podemos ignorarla, pero nos susurra constantemente recordándonos que no hemos hecho lo correcto. Debemos esforzarnos siempre por mantener nuestra conciencia libre de ofensas hacia Dios y hacia los demás.

Solo hay dos maneras de vivir con la conciencia tranquila. La primera es hacer lo correcto. Si no lo hacemos, pasamos a la segunda opción, que consiste en arrepentirnos rápidamente, admitir nuestros pecados y pedir perdón a Dios y a los demás si es necesario. Una conciencia culpable obstaculiza nuestra fe y adoración, poniendo un obstáculo entre nosotros y Dios hasta que tratamos con nuestros sentimientos de culpa de una manera piadosa. Si pecamos contra otras personas, nos sentiremos culpables cuando estemos con ellas hasta que resolvamos la situación disculpándonos. No hay almohada más dura que una conciencia culpable. Daremos vueltas en la cama por la noche si nuestra conciencia nos condena y tratamos de ignorarla.

Tómate hoy un tiempo para examinar tu corazón. ¿Hay personas con las que no hablas? ¿Le has hecho daño a alguien?

¿Hay malentendidos o resentimientos que necesitas aclarar con algún amigo? Trabaja para remediar estas relaciones rotas. Tu conciencia estará limpia y tu libre y fácil comunión con Dios será restaurada.

DECLARO: *Cuando me siento culpable, me arrepiento rápidamente y pido perdón a Dios y a otras personas.*

DÍA 103

EL DIOS DE LA RESTAURACIÓN

Me infunde nuevas fuerzas. Me guía por sendas de justicia haciendo honor a su nombre.

SALMOS 23:3

Hoy puedes alegrarte de que nuestro Dios restaura lo que se ha perdido o dañado en nuestras vidas. Muchas cosas dañan nuestras almas a medida que pasamos por la vida, cosas como el abuso, el rechazo, la intimidación, la falta de respeto, la crítica y otras experiencias negativas. Yo sufrí abusos sexuales por parte de mi padre durante muchos años y fui abandonada por mi madre, que años después me dijo que simplemente no era capaz de afrontar el escándalo que habría resultado si alguien se enteraba de lo que mi padre hacía. Mi alma estaba magullada y herida por esto y otras cosas que me ocurrieron. Me veía como una víctima y me sentía amargada y resentida. Pensaba que estos sentimientos representaban mi suerte en la vida y no veía salida.

Pero Dios me reveló a través de Su Palabra que Él quería restaurar mi alma y hacerla como nueva. Quería liberarme de todos los efectos del abuso que había sufrido. Mientras confiaba en Él y trabajaba con el Espíritu Santo, con el tiempo eso fue exactamente lo que hizo. Quiero que sepas, sin duda alguna, que Él hará lo mismo por ti.

Cualquier área dañada de tu vida será restaurada y renovada al estudiar la Palabra de Dios, y confiar en que Él cumplirá sus promesas para ti. Él te dará belleza en vez de cenizas (Isa 61:3) y no serás víctima sino vencedor.

DECLARO: *Dios está restaurando mi alma y haciéndome una nueva criatura en Jesús.*

DÍA 104

ERES QUIEN ERES

En cualquier caso, cada uno debe vivir conforme a la condición que el Señor le asignó y a la cual Dios lo ha llamado. Esta es la norma que establezco en todas las iglesias.

1 CORINTIOS 7:17

Espero que en este momento te estés aceptando tal como Dios te diseñó y que no vuelvas a luchar contra ti mismo. En lugar de empezar el día con pensamientos y palabras negativas sobre ti, reconoce: "Soy lo que soy y no puedo hacer nada para lo que Dios no me ha diseñado, pero puedo hacer todo lo que Él ha propuesto para mí. Me acepto como creación de Dios. Él me ama y tiene un propósito para mi vida". Aunque no estás seguro de cuál es ese propósito, esto te ayudará a avanzar hacia su descubrimiento. Siempre estamos cambiando y mejorando. No tenemos por qué sentirnos culpables y rechazarnos a nosotros mismos mientras tiene lugar ese proceso de crecimiento.

Relájate. Estás vivo y por eso tienes un propósito. Creo que Dios nos utilizaría a diario si se lo pedimos. Hay muchas cosas que Dios hace a través de nosotros sin que nos demos cuenta. Podemos hacer un simple cumplido sin darnos cuenta de cuánto lo necesita alguien. Una sonrisa puede reconfortar a alguien que está pasando por una prueba estresante. De esta manera, cumplimos el propósito que Dios tiene para nosotros en ciertos momentos.

Dios utiliza las cosas pequeñas tanto como las grandes para cumplir Su propósito para ti. Recuerda que lo que a ti te parece pequeño e insignificante puede cambiar la vida de otra persona.

DECLARO: *Me acepto a mí mismo y creo que Dios me está usando para cumplir Su propósito para mi vida y para bendecir a otras personas.*

DÍA 105

ACTITUDES BIENAVENTURADAS

Cuando vio a las multitudes, subió a la ladera de una montaña y se sentó. sus discípulos se le acercaron, tomó él la palabra y comenzó a enseñarles.

MATEO 5:1-2

Me refiero a las "bienaventuranzas" (Mt 5:1-12) como "actitudes bienaventuradas" porque creo que nos enseñan cómo debemos vivir.

Dichosos los pobres en espíritu, porque el reino de los cielos les pertenece. Dichosos los que sufren, porque serán consolados. Dichosos los humildes, porque recibirán la tierra como herencia. Dichosos los que tienen hambre y sed de justicia, porque serán saciados. Dichosos los compasivos, porque serán tratados con compasión. Dichosos los de corazón limpio, porque ellos verán a Dios. Dichosos los que trabajan por la paz, porque serán llamados hijos de Dios. Dichosos los perseguidos por causa de la justicia, porque el reino de los cielos les pertenece. Dichosos serán ustedes cuando por mi causa la gente los insulte, los persiga y levante contra ustedes toda clase de calumnias. Alégrense y llénense de júbilo, porque les espera una gran recompensa en el cielo. Así también persiguieron a los profetas que los precedieron a ustedes (Mat 3:12).

Son actitudes semejantes a las de Cristo a las que debemos aspirar. Estúdialas y pídele al Espíritu Santo que te ayude a seguir creciendo en ellas.

DECLARO: *El Espíritu Santo me ayuda a desarrollar actitudes semejantes a las de Cristo.*

DÍA 106

PRUEBAS Y PROBLEMAS FORMAN PARTE DE LA VIDA

Yo les he dicho estas cosas para que en mí hallen paz. En este mundo afrontarán aflicciones, pero ¡anímense! Yo he vencido al mundo.

JUAN 16:33

En numerosos lugares de la Palabra de Dios leemos sobre cómo comportarnos durante las pruebas, pero la Biblia nunca nos dice que podemos esperar vivir sin ellas. Tenemos fe para los momentos en que la vida es difícil. Permanecer firmes durante esos momentos hace que nuestra fe crezca. El mundo necesita ver la luz del cielo en nuestros rostros para creer que nuestra religión es real. Nuestro comportamiento en las dificultades revela quiénes somos y cuánto hemos avanzado en nuestro camino con Dios.

Dios nos promete consuelo y también aliento en la ampliación de 2 Corintios 1:3-5. Nos promete fortaleza para soportar (Ro 15:5) y promete que nunca permitirá que nos sobrevenga más de lo que podamos soportar (1 Co 10:13). Especialmente durante los momentos de prueba y angustia, el Confortador, el Espíritu Santo, nos consuela y derrama Su amor sobre nosotros.

Sepan que son amados y que Dios siempre cuidará de ustedes.

DECLARO: *No tengo miedo de las pruebas ni de las dificultades, porque sé que Dios me dará la fuerza para resistir y siempre cuidará de mí.*

DÍA 107

EL ESPÍRITU DE PAZ

Al de carácter firme lo guardarás en perfecta paz, porque en ti confía.

ISAÍAS 26:3

La paz es una de las cosas más benditas que podemos tener. La escritura de hoy nos dice que estaremos en paz si mantenemos nuestra mente en el Señor. Esto es fácil de hacer cuando todo va bien, pero no lo es tanto cuando tenemos que afrontar pruebas y tribulaciones. Tenemos la tentación de pensar en nuestros problemas y preocuparnos por cómo resolverlos.

En lugar de preocuparnos, debemos orar y dar gracias a Dios por sus bendiciones en nuestras vidas y Su paz será nuestra (Fi 4:6-7). Efesios 6 nos enseña cómo vencer al diablo usando la armadura espiritual que Dios nos ha dado y una pieza de esa armadura son los "zapatos" de paz (Ef 6:15). Se nos dice que nos los pongamos, lo que significa que debemos caminar en paz. Cuando el diablo nos ve en paz y se da cuenta de que no puede perturbarnos, lo hemos vencido.

Se nos ofrece una doble paz: la paz con Dios y la paz de Dios. La paz con Dios llega cuando nuestros pecados son perdonados y la paz de Dios es nuestra cuando nuestra voluntad se rinde a la suya. Jesús dice: "No se angustien" (Jn 14:1). Si tenemos la seguridad de que Dios nos ama y siempre cuidará de nosotros, podremos disfrutar de la vida en medio de las tormentas que a veces afrontamos.

DECLARO: *Disfruto de la paz en todo momento. Durante las dificultades, me pongo los zapatos de la paz y mantengo mi mente fija en el Señor.*

DÍA 108

CREER

—Esto es lo que Dios quiere que hagan: que crean en aquel a quien él envió —respondió Jesús.

JUAN 6:29

Muchas veces al día nos enfrentamos a la elección de creer en las promesas de Dios o dudar de ellas. Jesús dice que la obra que Él requiere de nosotros es que creamos en Jesús. Recientemente he estado pensando en lo pacífico y poderoso que sería vivir continuamente creyendo en Dios en cada situación.

Cuando necesito hacer algo, puedo creer que Dios me ayudará. Cuando tengo problemas, puedo creer que Dios me librará. Cuando tengo una necesidad, puedo creer que Dios la cubrirá. Cuando estoy enferma, puedo creer que Dios me sanará. Cuando estoy cansada, puedo creer que Dios me refrescará y me restaurará.

Hay cientos, quizás miles, de oportunidades para que mantengamos nuestra paz simplemente creyendo en la bondad de Dios cada día. Por supuesto, también podemos dudar, pero no tenemos por qué hacerlo. En lugar de eso, podemos dudar de nuestras dudas y cuando intenten robarnos la fe y la confianza en Dios, podemos ahuyentarlas simplemente volviendo a creer.

DECLARO: *Creo en las promesas de Dios y ese es el trabajo que Él requiere de mí. Dudo de mis dudas y me doy cuenta de que son mentiras de Satanás diseñadas para robar mi fe y mi paz.*

DÍA 109

TOMA CONTROL DE TUS SENTIMIENTOS

Más vale ser paciente que valiente; más vale el dominio propio que conquistar ciudades.

PROVERBIOS 16:32

Nuestras emociones fluyen y refluyen como las olas del mar. Hacen lo que quieren y sin previo aviso. Desear que nuestras emociones fueran diferentes no cambiará nada, así que tenemos que hacer algo más que desearlo. Tenemos que hacer todo lo posible por controlarlas. Si hacemos el esfuerzo de observarnos a nosotros mismos, percibiremos cuán rápido cambian nuestros sentimientos.

Un niño rebelde hace muchas cosas sin el permiso de sus padres y el mero hecho de desear que no las haga no hará que deje de hacerlo. Los padres deben disciplinar al niño para que cambie. El mismo principio se aplica a nuestras emociones. A menudo son como niños rebeldes, y cuanto más tiempo se les permite hacer lo que deseen, más difícil es controlarlas. Todos tenemos cambios frecuentes en nuestras emociones, pero podemos aprender a gestionarlas y vivir más allá de ellas. Pasé los primeros quince años de mi vida en una casa donde las emociones eran volátiles y para mí era normal permitir que gobernaran. Mientras crecía, aprendí que si no conseguías lo que querías gritabas, discutías y te enfadabas hasta salirte con la tuya. Por suerte, ahora sé que está mal.

Te animo a controlarte a ti mismo y enseñar a tus hijos desde pequeños a hacer lo mismo. Segunda de Timoteo 1:7 nos dice que Dios nos ha dado poder, amor y dominio propio, así que en Él sí tenemos la capacidad de controlar nuestras emociones.

DECLARO: *Disciplino mis emociones y no dejo que me controlen.*

DÍA 110

CALCULA EL COSTO ANTES DE COMPROMETERTE

Dichoso es quien no sigue el consejo de los malvados, ni se detiene en la senda de los pecadores, ni se sienta en la reunión de los burladores.

SALMOS 1:1

La escritura de hoy dice que no debemos tomar consejo de los impíos. Creo que aceptar consejos de nuestros sentimientos entra en la categoría de "impíos" y es un gran error. Los sentimientos son volubles, cambian con frecuencia y no se puede confiar en ellos.

Podemos oír a un buen orador hablar de los voluntarios que se necesitan en la iglesia y sentirnos tan inspirados que nos enlistemos para ayudar. Pero eso no significa que tengamos deseos de presentarnos cuando nos toque trabajar. Si nos inscribimos y luego no nos presentamos porque no tenemos ganas, nuestras acciones no tienen integridad ni honran a Dios. Cuando no cumplimos nuestra palabra, sabemos que no está bien. Y no importa cuántas excusas pongamos, no haber sido confiables se asienta en nuestra conciencia como un peso.

Si deseamos seguir al Espíritu Santo, nuestras acciones deben regirse por principios: una norma precisa de lo que está bien y lo que está mal. Lo que sentimos no altera esa norma. Antes de empezar algo, siempre debemos calcular el costo para ver si tenemos lo que se necesita para terminarlo (Lc 14:28). Si comenzamos y nos damos cuenta de que no podemos terminar, debemos comunicarnos abierta y honestamente con todas las partes. Nuestras emociones nos ayudarán a comprometernos, pero las personas que honran sus compromisos y terminan el trabajo finalmente deben seguir adelante sin sentimientos que los soporten.

DECLARO: *Me tomo el tiempo necesario para calcular el costo antes de comprometerme y termino lo que empiezo independientemente de cómo me sienta.*

DÍA 111

ESPÍRITU DE AMOR

Y este es su mandamiento: que creamos en el nombre de su Hijo Jesucristo y que nos amemos los unos a los otros, pues así lo ha dispuesto.

1 JUAN 3:23

Dios nos ama y nos ordena que nos amemos unos a otros. En *The Spirit of Love* [El espíritu del amor], A. B. Simpson comparte la leyenda de que cuando el apóstol Juan era anciano y esperaba que el Señor lo llamara a casa, iba a la iglesia de Éfeso cada Día del Señor. Subía al púlpito y decía simplemente: "Niñitos, amaos los unos a los otros" y se sentaba. Cuando le preguntaron por qué no decía nada más, respondió: "No hay nada más que decir; eso es todo lo que hay, porque el que habita en el amor habita en Dios y Dios en él"[5].

Jesús nos dio un mandamiento nuevo: que nos amemos unos a otros como Él nos ha amado (Jn 13:34). Es importante comprender que el tipo de amor del que habla Jesús no se basa en los sentimientos. Es el mismo tipo de amor que Dios tiene. El amor romántico puede basarse en los sentimientos, pero este amor, al que estamos llamados como creyentes, no. Se ve en cómo tratamos a la gente, no solo a nuestros amigos sino incluso a nuestros enemigos.

Recuerda siempre ser rápido para perdonar, misericordioso y siempre dispuesto a ayudar a los necesitados. El amor no es una teoría ni una palabra; es una acción. "Porque tanto amó Dios al mundo que dio a su Hijo único" (Jn 3:16). El amor da y no espera nada a cambio. Te animo a que estudies el amor tan a menudo como te sea posible.

DECLARO: *Estoy aprendiendo a amar a todas las personas como Cristo me ama.*

DÍA 112 LA MENTE DE CRISTO

¿Quién ha conocido la mente del Señor para que pueda instruirlo? Nosotros, por nuestra parte, tenemos la mente de Cristo.

1 CORINTIOS 2:16

La manera en que pensamos es extremadamente importante, porque nuestros pensamientos afectan nuestras palabras y acciones. Debemos tener pensamientos que estén de acuerdo con la Palabra de Dios y Su voluntad. Para asegurar que somos capaces de hacer esto, Dios nos ha dado la mente de Cristo. Tenemos los pensamientos, intenciones y propósitos de Su corazón.

"¿Qué haría Jesús en esta situación?". Es una buena pregunta que podemos hacernos cuando tenemos que tomar una decisión sobre un asunto de nuestra vida. Cuando la gente lo maltrataba, ¿cómo pensaba Jesús? Mantenía un espíritu pacífico, así que debía de pensar en cosas que promovieran la paz. Confiaba en Su Padre en todo momento y en toda situación. Él creía lo mejor de cada uno y sus pensamientos siempre estaban puestos en hacer la voluntad de Dios.

Como creyente, tienes la mente de Cristo en ti debido a la morada del Espíritu Santo. Piensa con la mente de Cristo y tendrás una vida que puedes disfrutar con la que agradas a Dios.

DECLARO: *Tengo la mente de Cristo y pienso igual que Él.*

DÍA 113

DIOS SUPLE MIS NECESIDADES

El que es generoso será bendecido, pues comparte su comida con los pobres.

PROVERBIOS 22:9

La Escritura de hoy es un versículo maravilloso y reconfortante. No tenemos que preocuparnos por si nuestras necesidades serán satisfechas si somos generosos con los demás; eso es porque la Palabra de Dios nos dice que así será.

Es importante ser sabios con nuestras finanzas, tanto al dar como al gastar. Si nos endeudamos tontamente comprando cosas que no podemos permitirnos y que tal vez ni siquiera necesitamos, es posible que pasemos necesidad (Pr 22:7). Pero como creyentes, Dios nos da sabiduría (Stg 1:5), de modo que asegúrate de pedírsela y de usarla. Su Palabra también nos instruye a dar a aquellos que necesitan ayuda. Cuando consideres cómo usarás tus recursos financieros, ten siempre en mente la instrucción de Dios de ayudar a los necesitados y recuerda que hacerlo trae bendiciones.

La presión financiera es una tensión terrible que nos roba la paz y la alegría. Te animo a que uses la sabiduría y seas prudente con tus finanzas. En lugar de endeudarte para conseguir lo que quieres al instante, elige esperar y ahorrar para poder pagarlo al contado o cubrir el costo con tus ahorros. Esperar puede ser duro, pero es más fácil que verse presionado por las deudas. Además, asegúrate de reservar dinero y utilizarlo para ayudar a otras personas.

DECLARO: *Soy un dador. Uso sabiduría con mis finanzas y Dios siempre satisface todas mis necesidades.*

DÍA 114

SOY EMBAJADOR DE CRISTO

Así que somos embajadores de Cristo, como si Dios los exhortara a ustedes por medio de nosotros: "En nombre de Cristo les rogamos que se reconcilien con Dios".

2 CORINTIOS 5:20

Como hijos de Dios, lo representamos dondequiera que vayamos y es importante que lo representemos bien. Jesús dice que somos luces en el mundo (Mt 5:14). La única manera de que algunas personas vean a Jesús es a través de personas que están en relación con Él. Esta es una gran responsabilidad, una que debemos trabajar con el Espíritu Santo para cumplir.

Podemos guiar a la gente a una relación con Cristo mediante un comportamiento que glorifique a Dios y muestre a la gente cómo es Él. Por ejemplo, podemos ser pacientes con la gente, perdonarlos, ser misericordiosos, amables, amarlos incondicionalmente y estar llenos de gozo y paz. Estas son cualidades que la gente en el mundo quiere y está buscando y que pueden verlas a través de nosotros si seguimos el liderazgo del Espíritu Santo.

Piensa en lo maravilloso y asombroso que es que seamos los representantes personales de Cristo y que Él haga su llamamiento personal a otras personas a través de nosotros. Qué privilegio y responsabilidad tan asombrosos.

DECLARO: *Soy embajador de Cristo, por lo tanto, lo represento y creo que tengo el privilegio y la alegría de llevar a la gente a seguirlo.*

DÍA 115

HECHOS NUEVOS EN CRISTO

Por lo tanto, si alguno está en Cristo, es una nueva creación. ¡Lo viejo ha pasado, ha llegado ya lo nuevo!

2 CORINTIOS 5:17

Cuando nacemos otra vez, se nos hace de nuevo. Lo viejo termina y todo se renueva. Me gusta pensar en ello de esta manera: Nos convertimos en nueva arcilla espiritual y si trabajamos con Él, el Espíritu Santo nos moldeará a la imagen de Jesucristo.

Cuando permitimos que el Espíritu Santo nos haga como Jesús, todo se hace posible (Mt 19:26). Tenemos un nuevo comienzo, una segunda oportunidad para hacer las cosas bien y una relación correcta con Jesús. Todos nuestros pecados son perdonados y Dios no los recuerda más (He 8:12). Somos justificados en Cristo, lo que significa que somos hechos como si nunca hubiéramos pecado.

No todo cambia de golpe; el cambio es un proceso. Es necesario que estudiemos la Palabra de Dios y aprendamos a ser obedientes a Su voluntad. Al hacerlo, experimentaremos lo que yo llamo la *ley del crecimiento gradual.* Poco a poco, Dios nos libera de malos hábitos y comportamientos y los reemplaza por hábitos y comportamientos correctos, los cuales abren la puerta a múltiples bendiciones en nuestras vidas. Tenemos paz con Dios y la alegría del Señor se convierte en nuestra. Tenemos esperanza, y rápidamente aprendemos que Dios nunca deja de cumplir sus promesas.

DECLARO: *Soy una nueva criatura en Cristo. Las cosas viejas pasaron y todas son hechas nuevas.*

DÍA 116

SIN OPRESIÓN NI MIEDO

Serás establecida en justicia; lejos de ti estará la opresión. Nada tendrás que temer; el terror se apartará de ti, no se te acercará.

ISAÍAS 54:14

A veces en la vida ocurren cosas malas, pero no es necesario que pasemos todo el tiempo preocupándonos por ellas. Podemos confiar en que Dios estará con nosotros y nos ayudará a superarlas. Camina en la justicia que está en ti a través de tu fe en Cristo y la opresión, la destrucción, el miedo y el terror no se acercarán a ti.

Nuestro enemigo, Satanás, puede atacar, pero podemos derrotar cada uno de sus dardos de fuego levantando el escudo de la fe (Ef 6:16).

Cuando el diablo venga contra ti, no te preocupes por lo que tienes que hacer. Simplemente libera tu fe a través de la oración, pidiéndole a Dios que pelee la batalla por ti. Incluso cuando te asustes, no debes tener miedo. Estar asustado significa correr o volar. Como creyentes, somos ungidos por Dios para enfrentar cualquier situación que se nos presente sabiendo que Él está con nosotros y nos mostrará qué hacer. Vete a ti mismo como un vencedor, no como una víctima. Recuerda que eres más que vencedor por medio de Cristo que te ama (Ro 8:37).

DECLARO: *No me preocuparé ni tendré miedo cuando vengan los problemas, porque Dios está de mi lado y luchará por mí.*

DÍA 117

ERES OBRA DE DIOS

Porque somos hechura de Dios, creados en Cristo Jesús para buenas obras, las cuales Dios dispuso de antemano a fin de que las pongamos en práctica.

EFESIOS 2:10

Hemos sido creados por Dios para hacer buenas obras y vivir una buena vida. No nos salvamos por nuestras buenas obras. Pero como Dios vive en nosotros, queremos hacer buenas obras; es parte de nuestra nueva naturaleza. Dios ha preparado un buen camino para nosotros y todo lo que tenemos que hacer es caminar por él.

Cada día tomamos decenas de decisiones y cada decisión conlleva un resultado. Si tomamos buenas decisiones, viviremos una buena vida. Pero si tomamos malas decisiones no disfrutaremos de nuestra vida, aunque tengamos una buena vida a nuestro alcance.

Hacer el bien a los demás requiere a menudo sacrificio. Puede que no suene emocionante, pero nuestro espíritu se regocija cuando lo hacemos. Hechos 10:38 dice que Jesús fue ungido por el Espíritu Santo, y "anduvo haciendo el bien y sanando a todos los oprimidos por el diablo". Note que Él "anduvo haciendo el bien". Me encanta este pensamiento y creo que nosotros también podemos andar haciendo el bien. Levántate cada día y piensa en lo que puedes hacer para hacer feliz a otra persona y la felicidad que des volverá a ti multiplicada muchas veces.

DECLARO: *Soy hechura de Dios y camino por la buena senda que Él ha planeado para mí. Hago las buenas obras que Él ha dispuesto para mí.*

DÍA 118

UTILIZA TU VOLUNTAD PARA ELEGIR LA VOLUNTAD DE DIOS

Hoy pongo al cielo y a la tierra por testigos contra ti, de que te he dado a elegir entre la vida y la muerte, entre la bendición y la maldición. Elige, pues, la vida, para que vivan tú y tus descendientes.

DEUTERONOMIO 30:19

Para vivir la vida que Dios quiere que vivamos, es vital que comprendamos nuestro libre albedrío; nuestra capacidad de tomar decisiones. Dios nos creó con libre albedrío, y Su deseo era (y sigue siendo) que usáramos nuestro libre albedrío para elegir Su voluntad.

El libre albedrío es una gran responsabilidad, además de un privilegio. Nos da libertad. Dios siempre nos guiará para que tomemos las decisiones que más nos convengan y nos conduzcan a Su plan para nosotros, pero nunca nos forzará ni nos manipulará para que tomemos esas decisiones.

Cada día que Dios nos da es un regalo y tenemos la oportunidad de valorarlo. Una forma de hacerlo es utilizando ese día con dedicación, sin perder tiempo ni dejarnos manipular por circunstancias que no podemos controlar. Cada día puede contar si aprendemos a vivirlo con propósito en lugar de ir a la deriva pasivamente, dejando que el viento de las circunstancias y las distracciones tome nuestras decisiones por nosotros. Podemos recordar en todo momento que somos hijos de Dios y que Él nos permite tomar nuestras propias decisiones en todo momento. Pídele hoy que te ayude a tomar decisiones que te orienten hacia Su propósito para tu vida.

DECLARO: *Valoro el libre albedrío que Dios me ha dado y pido que me ayude a usarlo para tomar decisiones que me lleven a cumplir Su propósito para mi vida.*

DÍA 119

TÚ ERES LA CASA DE DIOS

¿Acaso no saben que su cuerpo es templo del Espíritu Santo, quien está en ustedes y al que han recibido de parte de Dios? Ustedes no son sus propios dueños.

1 CORINTIOS 6:19

Nunca tienes que ir lejos en busca de Dios. Porque eres un creyente, Él vive en ti. Según la escritura de hoy, el Espíritu Santo vive en nosotros. Es asombroso pensar en esto. Dios nos compró con la sangre de Jesús y no somos nuestros, le pertenecemos a Él.

Como nuestro cuerpo es la casa de Dios, es importante que lo cuidemos. Algunas personas abusan de sus cuerpos por no dormir lo suficiente o no ejercitarse; por no beber suficiente agua o por comer demasiada comida chatarra. Ya que el mundo observa a los cristianos, debemos hacer todo lo posible por lucir lo mejor que se pueda en todo momento. Representamos a Jesús y Él está haciendo Su llamado al mundo a través de nosotros (2 Co 5:20).

Dios no puede estar más cerca de ti que dentro de ti; así que cuando te sientas solo, recuerda que nunca lo estás. Él está en ti en todo momento.

DECLARO: *Dios vive en mí y yo soy su hogar.*

DÍA 120

TIENES DERECHO ANTE DIOS

Al que no cometió pecado alguno, por nosotros Dios lo trató como pecador, para que en él recibiéramos la justicia de Dios.

2 CORINTIOS 5:21

La escritura de hoy me ha cambiado la vida. Durante años, tuve la vaga sensación de que Dios estaba enfadado conmigo por algo que no había hecho bien. Sé que me sentía así porque mi padre terrenal casi siempre estaba enojado conmigo. Descubrir que Dios me había hecho justa para Él a través de Jesús, lo cambió todo. Tuve que meditar en esto y estudiar durante mucho, mucho tiempo antes de que finalmente se convirtiera en revelación para mí. Pero una vez que lo fue, ya no tuve que sentirme mal conmigo misma ni preocuparme de que Dios pudiera estar enojado conmigo.

Has de verte como la justicia de Dios. Pecamos y debemos arrepentirnos y recibir perdón, pero lo que hacemos es diferente de lo que somos. Somos hijos de Dios y somos hechos justos con Él. Cuanto más entendamos que tenemos justicia en nosotros, más tomaremos las decisiones correctas y haremos las cosas bien. Lo que está en nosotros se expresará a través de nosotros a su debido tiempo.

DECLARO: *Soy la justicia de Dios en Cristo.*

DÍA 121

TUS DEBILIDADES NO SON UN PROBLEMA

Pero él me dijo: "Te basta con mi gracia, pues mi poder se perfecciona en la debilidad". Por lo tanto, gustosamente presumiré más bien de mis debilidades, para que permanezca sobre mí el poder de Cristo.

2 CORINTIOS 12:9

No tenemos que preocuparnos por nuestras debilidades ni luchar contra ellas, porque la fuerza y el poder de Dios se manifiestan más eficazmente a través de ellas. El apóstol Pablo se preocupaba por una de sus debilidades —una espina en la carne— hasta que Dios le habló como dice el versículo de hoy. Después de eso, parece que dejó de preocuparse. Incluso se vanagloriaba de sus debilidades.

Esto no significa que no hagamos ningún esfuerzo por superar nuestras deficiencias con la ayuda de Dios, pero si hacemos lo mejor que podemos y confiamos en Él, utilizará nuestra debilidad para mostrar Su fuerza. Los apóstoles tenían debilidades y tú y yo también. ¿Te preocupa que Dios no pueda usarte a causa de tus debilidades? Pablo escribe que Dios elige deliberadamente las cosas débiles y necias del mundo para confundir a los sabios (1 Co 1:27). Imagínate lo asombrados que se quedarán los que te conocen cuando vean a Dios hacer cosas poderosas a través de ti. Sabrán que tiene que ser Dios, y esto les dará esperanza para ellos mismos.

DECLARO: *La fuerza de Dios se perfecciona en mis debilidades.*

DÍA 122
CORRE HACIA JESÚS

Vengan a mí todos ustedes que están cansados y agobiados; yo les daré descanso.

MATEO 11:28

Cuando nos sentimos agobiados, como si todo en la vida se nos viniera encima, hay un lugar al que podemos acudir en busca de ayuda. Jesús nos invita a venir a Él y dejar que nos refresque y nos alivie de nuestras cargas. Ya no tenemos que llevarlas; podemos entregárselas a Él.

Cuando depositamos nuestro cuidado en Él, descubrimos que Él cuida de nosotros (1 P 5:7). Si insistimos en quedarnos con nuestras ansiedades y cargas, el Señor nos dejará aferrarnos a ellas; pero se complace en quitárnoslas si se las entregamos. A veces se las damos y luego las recuperamos, pero podemos volver a hacerlo una y otra vez si es necesario.

Jesús está esperando para ayudarte. Él ya tiene un plan para tu liberación. Aunque no veas una respuesta, eso no significa que no exista. Lo que es imposible para el hombre, es posible para Dios (Lc 18:27).

DECLARO: *Yo no llevo mis cargas; se las doy a Jesús y Él refresca mi alma y hace por mí lo que yo no puedo hacer por mí mismo.*

DÍA 123

DIOS TE DARÁ TODO LO QUE NECESITES

El que no retuvo ni escatimó [ni siquiera] a su propio Hijo, sino que lo entregó por todos nosotros, ¿no nos dará también con Él gratuita y graciosamente todas [las demás] cosas?

ROMANOS 8:32

¿Por qué nos preocupamos de que Dios no satisfaga nuestras necesidades? Seguramente, puesto que nos ha dado a su Hijo único, también nos dará todas las demás cosas. No hay mayor regalo que Jesús, así que no debemos preocuparnos por todas las demás cosas menos importantes que necesitamos.

Algunos problemas nos parecen tan grandes que pensamos que no tienen solución. Pero todos nuestros problemas son pequeños para Dios, porque no hay nada que Él no pueda hacer. Nada supone siquiera un esfuerzo para Él.

Pide la ayuda que necesites. Santiago 4:2 dice: "No tienen porque no piden". Lo que le pedimos a Dios nunca es demasiado para Él. Si no obtenemos lo que pedimos, entonces o no es el momento adecuado para que lo tengamos, o Él tiene algo mejor en mente para nosotros. No quiero nada que no sea adecuado para mí y a menudo rezo cuando pido cosas: "Dios, si lo que estoy pidiendo no es adecuado para mí, por favor no me lo des, porque siempre quiero estar en Tu voluntad".

DECLARO: *No tengo miedo de pedir algo a Dios porque Él ya me ha dado el mejor regalo de todos: Jesús.*

DÍA 124

CAMINAR EN EL ESPÍRITU

Así que les digo: vivan por el Espíritu y no sigan los deseos de la carne; porque esta desea lo que es contrario al Espíritu y a su vez el Espíritu desea lo que es contrario a ella. Los dos se oponen entre sí, de modo que ustedes no pueden hacer lo que quieren.

GÁLATAS 5:16-17

Como creyentes, debemos enfocarnos en obedecer y caminar con el Espíritu Santo y entonces no habrá lugar para las obras de carne. Normalmente, hacemos lo contrario. Nos esforzamos por dejar de gratificar la carne para poder caminar en el Espíritu; pero hemos invertido el sentido de esto. Escribí un libro titulado *Making Good Habits, Breaking Bad Habits* [Cómo crear buenos hábitos, cómo romper malos hábitos] y el mensaje del libro es que, si nos enfocamos en desarrollar buenos hábitos, no tendremos que luchar con los malos hábitos.

Ayer dije algo que hirió a una persona a la que quiero mucho. Me disculpé rápidamente y le pedí perdón. No puse excusas. Simplemente asumí el comportamiento. La persona me perdonó y hoy la situación está olvidada. Si hubiera sido demasiado orgullosa como para asumir la responsabilidad de mi error y pedir perdón, me habría sentido culpable y nuestra relación se habría deteriorado.

Nada desarma al diablo como la simple obediencia a Dios. Cuando no obedecemos, es por orgullo. Pensamos que tenemos una idea mejor o que lo que Dios nos pide es demasiado difícil. Pero nada de lo que Dios nos pide es demasiado difícil, porque Él siempre nos ayudará a través del poder del Espíritu Santo. Te animo a que te concentres en las cosas buenas hoy y todos los días y te sorprenderás de lo mejor que será tu vida.

DECLARO: *Puedo hacer todo lo que Dios me pide porque el Espíritu Santo me ayuda.*

DÍA 125

SOPORTA LOS MALOS TIEMPOS POR LA ALEGRÍA QUE TE ESPERA

Fijemos la mirada en Jesús, el iniciador y perfeccionador de nuestra fe, quien por el gozo que le esperaba, soportó la cruz, menospreciando la vergüenza que ella significaba, y ahora está sentado a la derecha del trono de Dios.

HEBREOS 12:2

Cuando nos enfrentamos a algo difícil, es fácil huir de ello o simplemente negarse a hacerlo. Pero, hay que recordar que Dios recompensa a los que le buscan con diligencia (He 11:6), nos anima a seguir adelante porque sabemos que algo nos estará esperando una vez que superemos la dificultad.

Las cosas buenas no se consiguen fácilmente. A menudo requieren sacrificio, superar las dificultades y dar pasos de fe difíciles. Huir es fácil, pero resistir nos da la victoria.

¿Enfrentas ahora algún reto y no sabes si rendirte o seguir adelante? Te recomiendo encarecidamente que sigas adelante. Cualquier cosa de la que huyamos tendremos que afrontarla en el futuro. Pero una vez que atravesamos eso que tememos, deja de tener poder sobre nosotros. Cuando llegó el momento de enfrentarme a mi padre por los abusos sexuales de mi infancia tenía miedo y no quería hacerlo, pero con la ayuda de Dios lo hice. Esto me ayudó a romper el poder sobre mí del miedo que le tenía. Cuando tenemos algo que hacer, podemos hacerlo aunque sea "con miedo".

DECLARO: *Soy obediente a Dios, aunque sea fácil o difícil. Aunque tenga miedo lo hago de todos modos.*

DÍA 126

EL CAMINO ESTRECHO

Entren por la puerta estrecha. Porque es ancha la puerta y espacioso el camino que conduce a la destrucción, y muchos entran por ella. Pero estrecha es la puerta y angosto el camino que conduce a la vida, y son pocos los que la encuentran.

MATEO 7:13-14

Cada día enfrentamos muchas responsabilidades y opciones. Mateo 22:14 afirma que "... muchos son los invitados, pero pocos los escogidos". Una vez escuché a alguien decir que esta escritura significa que muchos son llamados, pero pocos están dispuestos a asumir la responsabilidad de su llamado. Dios tiene muchas grandes oportunidades para cada uno de nosotros, pero siempre implican responsabilidad.

A lo largo de los años he visto a gente hacer cosas que yo sentía que Dios no quería que hiciera. Él me hizo saber que, si yo quería el privilegio de enseñar Su Palabra que Él estaba ofreciendo, tendría que vivir en el camino angosto, no en el camino ancho. En el camino angosto no podemos llevar nuestro equipaje carnal con nosotros. Dios no es parcial con una persona sobre otra (Ro 2:11). Las mismas directrices se aplican a todos. Las promesas de Dios son para "el que quiera" (Lc 9:24). Dios ha hecho su parte; ahora nosotros debemos hacer la nuestra. Un pariente puede generosamente pagar tu matrícula de cuatro años de universidad, pero eso no garantiza que te graduarás. Eso depende de ti.

Dios te ama mucho y tiene un gran plan para tu vida, así que te animo a permanecer en el camino estrecho de la vida.

DECLARO: *Mi meta es vivir en el camino estrecho que me ayudará a llegar al destino que Dios tiene para mí.*

DÍA 127

APRENDER A OBEDECER

Aunque era Hijo, mediante el sufrimiento aprendió a obedecer.

HEBREOS 5:8

La escritura de hoy dice que Jesús "aprendió a obedecer", pero ¿cómo pudo aprender obediencia si nunca fue desobediente? Aprendió el costo de la obediencia por experiencia cuando murió en la cruz. Esta experiencia le dio el equipo que necesitaba para ser nuestro Sumo Sacerdote (He 5:10).

He pasado por cosas muy difíciles en mi vida y tal vez tú también. Esas dificultades me han dado la experiencia que necesito para atender a otros que sufren. Puedo decirles de verdad: "Sé cómo te sientes".

La experiencia tiene un valor incalculable. Es imposible ponerle precio. No solo capacita para ayudar a los demás, sino también para confiar en Dios. Cada vez que confiamos en Dios en una situación y experimentamos Su fidelidad, nos resulta más fácil confiar en Él la próxima vez que tengamos problemas. Nuestro dolor nunca es en vano.

Es fácil hablar de obedecer a Dios, pero no es lo mismo decir y hacer. Jesús dijo que, si lo amas, lo obedecerás (Jn 14:15). No dijo: "Si me obedecen, los amaré". Él nos ama incondicionalmente y nuestra respuesta al asombroso regalo de Su amor debe ser una obediencia gozosa.

DECLARO: *Aprendo de cada experiencia que Dios me provee y me esfuerzo por ser alegremente obediente a Dios debido a Su amor incondicional.*

DÍA 128

EMOCIONES Y MADUREZ ESPIRITUAL

Pues aún son inmaduros. Mientras haya entre ustedes celos y contiendas, ¿no serán inmaduros? ¿Acaso no se están comportando según criterios meramente humanos?

1 CORINTIOS 3:3

Pablo enseña en la escritura de hoy que no somos espirituales si nos controlan los impulsos humanos ordinarios, como las emociones y los sentimientos. ¿Controlas tus emociones o son ellas las que te controlan a ti? Los sentimientos son volubles y cambiantes y, por lo tanto, poco fiables. Creo que la principal forma en que el enemigo acosa y trata de obstaculizar a los cristianos es a través de nuestras emociones.

No siempre podemos controlar lo que sentimos, pero sí lo que hacemos. Los cristianos maduros no caminan guiados por sentimientos, sino que ordenan su conducta de acuerdo con la Palabra de Dios. Las emociones son alimentadas por nuestros pensamientos y palabras, así que es necesario prestar atención a lo que pensamos y decimos si esperamos caminar por el Espíritu en vez de por nuestras emociones. Lo que es correcto no cambia solo porque no tenemos ganas de hacerlo. Las personas que son espiritualmente maduras viven más allá de sus sentimientos y hacen la voluntad de Dios sin importar cómo se sientan.

Pablo menciona específicamente los celos y las facciones (disensión o contienda) como indicadores de una falta de madurez espiritual. Pídele a Dios que te ayude en estas áreas. Conténtate con lo que tienes sin envidiar a los demás, sabiendo que Dios te dará más cuando llegue el momento. Haz todo lo posible por vivir en paz con todas las personas.

DECLARO: *No vivo de emociones sino de la Palabra de Dios.*

DÍA 129

¿ZAPEADO O TRANSFORMADO?

Así, todos nosotros, que con el rostro descubierto reflejamos como en un espejo la gloria del Señor, somos transformados a su semejanza con más y más gloria por la acción del Señor, que es el Espíritu.

2 CORINTIOS 3:18

Como cristianos, nuestro objetivo debe ser transformarnos a imagen de Jesucristo. La transformación es un proceso que toma tiempo y a menudo duele. No es posible lograr una "madurez de microondas", ser zapeado y de repente encontrarnos maduros. Un proceso tiene principio, medio y final. El principio es fácil y el final es emocionante —si es que alguna vez llegamos allí— pero el medio es difícil. Puedo orar fácilmente: "Señor, cámbiame. Quiero ser como Tú". Ni siquiera podemos saber lo que significa ser como Él a menos que entendamos la Palabra de Dios; y esto requiere un estudio diligente durante un largo período de tiempo. Primera de Pedro 2:2 dice que así como los recién nacidos desean leche, nosotros debemos desear la leche de la Palabra de Dios para que podamos nutrirnos y crecer.

Casi todo lleva más tiempo de lo que pensamos. Mientras creces en Cristo, no te concentres en lo lejos que tienes que llegar; en lugar de eso, celebra tu progreso. A menudo los cambios en nosotros son tan diminutos que ni siquiera los vemos de inmediato. Pero miramos hacia atrás dos o tres años más tarde y veremos cuánto hemos cambiado.

Dios está obrando en ti si se lo has pedido y, aunque tu viaje no sea como el de los demás, es un viaje diseñado solo para ti. Relájate y disfrútalo.

DECLARO: *Estoy creciendo cada día en Cristo. Él está trabajando en mí y cambiándome a Su imagen.*

DÍA 130

CAMBIA TU MENTE

Así fue expulsado el gran dragón, aquella serpiente antigua que se llama Diablo y Satanás que engaña al mundo entero. Junto con sus ángeles, fue arrojado a la tierra.

APOCALIPSIS 12:9

La única manera de que podamos ver y experimentar el buen plan que Dios tiene para nuestras vidas, es al tener nuestras mentes totalmente renovadas por la Palabra de Dios (Ro 12:2). Antes de recibir a Jesús como nuestro Salvador, escuchábamos las mentiras del diablo, lo que significa que la mayor parte de nuestro pensamiento era erróneo. Como nos recuerda la escritura de hoy, él es un engañador y Juan 8:44 dice claramente "¡Es el padre de la mentira!". Debido a que hemos creído sus mentiras, nuestras mentes necesitan ser cambiadas. Si queremos ser lo que Dios quiere que seamos y tener lo que Él quiere que tengamos, debemos aprender a pensar como Él piensa.

Por ejemplo, pensaba que como mi padre había abusado sexualmente de mí siempre tendría una vida de segunda clase. Pero a través del estudio de la Palabra de Dios, mi mente fue renovada y aprendí que: "Por lo tanto, si alguno está en Cristo, es una nueva creación. ¡Lo viejo ha pasado, ha llegado ya lo nuevo!" (2 Co 5:17). Ahora que conozco la verdad y he desechado la mentira, mi vida ha mejorado y es cada vez mejor. Dios nos promete muchas cosas maravillosas en Su Palabra, pero las recibimos por fe. Debemos creerlas para recibirlas.

Comienza a estudiar la Palabra de Dios, decidido a creerla sin importar lo que pienses, veas o sientas, y pronto verás cambios asombrosos y maravillosos.

DECLARO: *Ya no creo las mentiras de Satanás, porque estoy aprendiendo la verdad de la Palabra de Dios y mi mente está siendo renovada.*

DÍA 131

LA VERDAD TE HARÁ LIBRE

Pero cuando venga el Espíritu de la verdad, él los guiará a toda la verdad, porque no hablará por su propia cuenta, sino que dirá solo lo que oiga y les anunciará las cosas por venir.

JUAN 16:13

El Espíritu Santo nos revela la verdad a medida que somos capaces de recibirla. Este proceso continúa a lo largo de nuestras vidas. La Palabra de Dios es verdad y cualquier cosa que no concuerde con Su Palabra es una mentira (una falsedad o engaño). Si la Palabra de Dios me dice que perdone a mis enemigos y yo invento una excusa para no hacerlo, estoy operando en engaño. Dios no quiere nuestras excusas; Él quiere nuestra obediencia.

El simple hecho de conocer la verdad no nos hará libres, pero a medida que apliquemos la verdad a nuestras vidas, experimentaremos la libertad de las ataduras del pasado. No desobedezcas y pongas la excusa de que obedecer lo que Dios pide es demasiado difícil. Nada de lo que Dios nos pide que hagamos es demasiado difícil porque Él es nuestra Fuerza y nuestro Ayudador. Cuando hablamos de la "verdad", a menudo es la verdad sobre nosotros mismos la que debemos enfrentar para ser libres. Recé mucho tiempo para que Dave cambiara hasta que Dios me mostró que era yo la que necesitaba cambiar, no Dave. Tenía muchos problemas de los que culpaba a otras personas, incluido Dave.

Una vez que empecé a responsabilizarme de mi comportamiento, Dios empezó a cambiarme. No fue fácil, pero fue más fácil que permanecer en la esclavitud.

DECLARO: *Estudiaré la Palabra de Dios para aprender la verdad y con la ayuda de Dios aplicaré la verdad a mi vida.*

DÍA 132

NO TENGAS PRISA

Espero al Señor, lo espero con toda el alma; en su palabra he puesto mi esperanza.

SALMOS 130:5

Dios funciona más como una olla de cocción lenta que como un microondas. Las cosas que son muy valiosas tardan más tiempo en desarrollarse que las que son menos valiosas. Cuanto más tiempo se cocina la carne, más tierna se vuelve. Durante años, tuve el corazón duro porque me habían maltratado y me convirtió en una persona amargada. Necesitaba ablandarme mucho antes de que Dios pudiera usarme. Los cristianos de corazón duro, rudos, mezquinos, amargados, resentidos, celosos o egoístas no son vasos aptos para el uso del Maestro.

Nuestros tiempos están en las manos de Dios (Sal 31:15). Podemos pensar que Él tarda en hacer ciertas cosas, pero Él se moverá en nuestras vidas en el momento oportuno. Él actúa en el tiempo señalado; el tiempo en que Él sabe que estamos listos, no el tiempo en que pensamos que estamos listos.

Empecé en el ministerio en 1976 y el ministerio creció a medida que yo crecía. Yo quería un ministerio grande de inmediato, pero Dios sabía que yo no estaba lista para ello todavía. Él tenía mucho trabajo que hacer en mí antes de que pudiera hacer algo a través de mí. Lo mismo vale para ti. Deja que Dios tome la delantera, porque Él nunca se contentara con seguirte.

Ríndete y entrega todo en tu vida al Espíritu Santo y deja que Él te enseñe. Él te instruirá toda la verdad (Jn 16:13) y te hará ver claramente lo que necesita ser hecho en ti para que Él pueda hacer grandes cosas a través de ti.

DECLARO: *Me entrego a mí mismo y todo lo que tengo al Señor. Quiero que Él haga conmigo lo que le plazca.*

DÍA 133

PROFUNDIZAR EN DIOS

Cuando acabó de hablar, dijo a Simón: —Lleva la barca hacia aguas más profundas y echen allí las redes para pescar.

LUCAS 5:4

Pedro y los discípulos habían estado pescando toda la noche y no habían conseguido nada. Debían de estar desgastados y decepcionados. Cuando obedecieron las instrucciones de Jesús de volver a pescar, esta vez en aguas profundas, sacaron tantos peces que necesitaron otras barcas para ayudarles a recoger la pesca.

Todos necesitamos profundizar en Dios. El apóstol Pablo lo comprendió. Escribe:

Lo he perdido todo a fin de conocer a Cristo, experimentar el poder que se manifestó en su resurrección, participar en sus sufrimientos y llegar a ser semejante a él en su muerte. Así espero alcanzar la resurrección de entre los muertos (Fil 3:10-11).

Si las cosas no funcionan bien en tu vida, quizá necesites menos de ti mismo y más de Dios. No seas un cristiano superficial, sino uno que tiene una relación profunda con el Señor.

DECLARO: *Soy obediente a Dios y tengo una relación profunda y personal con Él.*

DÍA 134

VIVIR SEGÚN EL ESPÍRITU

Los que viven conforme a la carne fijan la mente en los deseos de la carne; en cambio, los que viven conforme al Espíritu fijan la mente en los deseos del Espíritu.

ROMANOS 8:5

Si queremos vivir según el Espíritu, debemos poner nuestra mente en las cosas del Espíritu. En términos prácticos, esto significa que debemos estudiar la Palabra de Dios y asegurarnos de que nuestros pensamientos están en línea con lo que Él dice. Por ejemplo, debemos hablar la Palabra de Dios en voz alta, pasar tiempo en oración y comunión con Él, y amarlo con todo nuestro corazón. También debemos pensar en lo que podemos hacer por los demás, lo que podemos hacer por Dios, cómo podemos dar más y cómo podemos ser más obedientes al Señor.

Nuestros pensamientos se convierten en palabras y los pensamientos y las palabras preceden a las acciones. Me gusta pensar en lo que puedo hacer por los demás. ¿Qué tengo que pueda utilizar para bendecir a otra persona? ¿Cuántas cosas tienes que no utilizas, cosas que podrían ser una respuesta a las oraciones de otra persona?

Dios es dador y nosotros también deberíamos ser dadores generosos. Sé una bendición para tanta gente como puedas. Dales elogios, ánimo, ayuda y asistencia financiera si la necesitan y tú puedes satisfacerla. Creo que la generosidad es la clave de nuestra felicidad personal. Te animo a que vivas según el Espíritu y seas tan generoso como puedas.

DECLARO: *Mantengo mi mente en las cosas espirituales, no en las cosas de la carne. Vivo según el Espíritu y soy generoso con todo lo que Dios me ha dado.*

DÍA 135
DIOS TE DARÁ PAZ

Que el Señor de paz les conceda su paz siempre y en todas las circunstancias. El Señor sea con todos ustedes.

2 TESALONICENSES 3:16

Dios nos ofrece la paz que sobrepasa todo nuestro entendimiento (Fil 4:7). Se refiere a tener paz en medio de los problemas. Afortunadamente no tenemos que preocuparnos ni tener miedo, porque si oramos y le entregamos nuestros problemas a Él, Él nos dará la paz.

Jesús dijo que nos dejaba Su paz; no la misma paz que tiene el mundo sino Su propia paz especial, y que dejáramos de permitirnos estar alterados y perturbados, temerosos e intimidados (Jn 14:27).

Ninguno de nosotros sabe lo que nos puede deparar el día. Siempre esperamos cosas buenas, pero pueden surgir tormentas inesperadas. Cuando esas tormentas repentinas de la vida vengan, solo recuerda que la paz de Dios está disponible para ti si oras en lugar de estar ansioso. Puede que no conozcamos el camino, pero Jesús es el camino y Él te guiará hacia un lugar seguro.

DECLARO: *Incluso cuando surgen tormentas inesperadas en mi vida, permanezco en paz.*

DÍA 136

MANTENTE PROFUNDAMENTE ARRAIGADO EN EL AMOR DE DIOS

Para que por fe Cristo habite en sus corazones. Y pido que, arraigados y cimentados en amor, puedan comprender, junto con todos los creyentes, cuán ancho y largo, alto y profundo es el amor de Cristo.

EFESIOS 3:17-18

Un árbol que tiene raíces profundas no será desarraigado por las tormentas. Del mismo modo, si estamos profundamente arraigados en el amor de Dios y estamos plenamente seguros de Su amor por nosotros, no nos conmoverán las tormentas de la vida.

A veces, cuando las personas tienen problemas o les ocurre algo doloroso, comienzan a pensar que Dios no las ama. Esto no podría estar más lejos de la verdad. Dios nos ama incondicionalmente en todo momento y no permitirá que nada nos separe de ese amor (Ro 8:38-39). El amor de Dios es un don que nos pertenece si lo recibimos. Cuanto más medites en que Dios te ama, más seguro estarás y menos temor tendrás. "El amor perfecto echa fuera el temor" (1 Jn 4:18).

Te animo a que pienses a menudo en lo que dice la Biblia sobre el amor de Dios por ti. Medítalo y di en voz alta: "Dios me ama". La ampliación de 1 Juan 4:16 dice que debemos ser conscientes del amor de Dios y reconocerlo. Dios nos muestra Su amor de diversas maneras, pero si no lo buscamos nos lo perderemos. Estar atento al amor de Dios y añadirá a tu vida un entusiasmo que antes no tenías.

DECLARO: *Dios me ama en todo momento, incondicionalmente.*

DÍA 137

DECLARA LA GUERRA AL EGOÍSMO

La gente estará llena de egoísmo y avaricia; serán jactanciosos, arrogantes, blasfemos, desobedientes a los padres, ingratos, impíos, insensibles, implacables, calumniadores, libertinos, despiadados, enemigos de todo lo bueno, traicioneros, impetuosos, vanidosos y más amigos del placer que de Dios.

2 TIMOTEO 3:2-4

La Escritura de hoy describe muy bien el mundo actual. Jesús dice que, para ser sus discípulos, debemos olvidarnos de nosotros mismos, perder de vista nuestros propios intereses, tomar nuestra cruz y seguirle (Mr 8:34). Creo que la cruz que llevamos es vivir una vida desinteresada. Nacemos egoístas, pero cuando nacemos de nuevo, Dios nos capacita para ser generosos. Sin embargo, la generosidad no se da automáticamente; debemos elegir la generosidad y expresarla una y otra vez.

La verdadera alegría viene de dar, no de recibir. Hay más dicha en dar que en recibir (Hch 20:35). Prepárate cada mañana preguntándole a Dios qué puedes hacer por los demás ese día. Luego espera en Su presencia para ver qué ideas vienen a tu corazón.

Ayer por la mañana no dejaba de pensar en una mujer que conozco. Su marido murió hace unos meses y sentí que debía enviarle un simple mensaje diciéndole que mucha gente la quiere y que pensaba en ella. Fue algo fácil de hacer y significó mucho para ella.

Asegúrate de seguir los susurros que percibes de Dios porque nunca sabes lo importantes que pueden ser para otra persona.

DECLARO: *Declaro la guerra al egoísmo y pido a Dios que me muestre cuándo estoy siendo egoísta y me ayude a rechazarlo y a elegir la generosidad en su lugar.*

DÍA 138

ACTÚA

Y uno de ustedes le dice: "Vaya en paz; abríguese y coma hasta saciarse", pero no le da lo necesario para el cuerpo. ¿De qué servirá eso?

SANTIAGO 2:16

Cuando oímos hablar de alguien que lucha o tiene necesidad, es fácil decir "oraré por ti". Pero si tenemos la capacidad de satisfacer su necesidad de manera tangible, eso es lo que debemos hacer. Orar es bueno, pero hace varios años Dios me llevó a dejar de pedirle que hiciera cosas que yo misma podía hacer fácilmente, pero que no hacía porque no quería hacer el sacrificio que requerían.

El amor no son solo palabras o teoría; es acción. Cuando alguien te dice que te quiere, las palabras tienen sentido, pero puede que sigas sin sentirte querido. Sin embargo, si alguien hace algo por ti para satisfacer una necesidad práctica, como ayudarte con un proyecto, cuidar de tus hijos o llevarte a trabajar en su coche, te sientes querido.

La gente no siempre recuerda lo que le dices, pero sí cómo le haces sentir. Hagamos todo lo posible para que todos se sientan valiosos e importantes. ¿Y si nos atreviéramos de verdad y en lugar de decir simplemente: "Oraré por ti", preguntáramos "¿Hay algo que pueda hacer para ayudar?". A menudo tenemos miedo de preguntar porque la respuesta puede implicar algo que no queremos hacer. Sé una bendición para la gente cada día y tus días estarán llenos de alegría.

DECLARO: *Hago todo lo posible para que todas las personas con las que me encuentro se sientan valiosas e importantes y haré todo lo que pueda para satisfacer las necesidades de la gente de forma tangible.*

DÍA 139

EL PODER DE UNO

Porque así como por la desobediencia de uno solo muchos fueron hechos pecadores, también por la obediencia de uno solo muchos serán hechos justos.

ROMANOS 5:19

La desobediencia de Adán trajo el pecado a toda la humanidad y la obediencia de Cristo trajo la justicia a todos los que creen en Él. Adolf Hitler estaba comprometido con una causa que causó increíble destrucción. William Wilberforce estaba comprometido con una causa que puso fin a la esclavitud en Inglaterra y una mayor igualdad para todos.

Una persona comprometida puede hacer cosas increíbles con Dios de su lado. La historia está llena de relatos de los cambios logrados por una sola persona. ¿Serás tú una de ellas? Puede que pienses que no tienes ningún talento especial y que no podrías hacer nada que marcara una gran diferencia, pero perfectamente puedes estar equivocado.

Yo era —y soy— la persona menos indicada para dirigir un ministerio que cubre el globo con la Palabra de Dios. Pero dije sí a Dios cuando me llamó al ministerio y su poder sumado a mi compromiso ha traído el cambio a muchas vidas. Todos podemos hacer algo, pero lo único que nunca debemos hacer es nada.

DECLARO: *Seré obediente a Dios y daré un paso en fe para todo lo que Él me pida. Quiero ayudar a la gente y me niego a no hacer nada.*

DÍA 140

SIN CONFUSIÓN

Me buscarán y me encontrarán cuando me busquen de todo corazón.

JEREMÍAS 29:13

Buscar a Dios parece ser el requisito previo para disfrutar de una buena vida. Buscar es una palabra fuerte que significa ir tras algo con todas tus fuerzas y seguir buscando hasta encontrar lo que buscas. Hay cosas de las que podemos prescindir y hay cosas vitales de las que no podemos. Debemos buscar a Dios como una necesidad vital en la vida.

Cuando una persona es trasladada a un hospital, lo primero que hacen los profesionales médicos es comprobar sus constantes vitales. Esto les da una buena idea de la gravedad de la situación. He aprendido que es vital para mí buscar a Dios cada mañana antes de intentar hacer cualquier otra cosa. Lo necesitamos y buscarle pronto es de sabios.

Aquellos que buscan a Dios con diligencia tendrán guía y claridad de parte de Él y no vivirán confundidos acerca de las decisiones que necesitan tomar. Buscar a Dios significa simplemente pasar tiempo con Él, hablar con Él (orar) y estudiar Su Palabra. Dedica tiempo a hacer esto con regularidad y te darás cuenta de que es tiempo bien empleado.

DECLARO: *Dios es una necesidad vital en mi vida, y dedico tiempo a buscarle regularmente.*

DÍA 141

¿POR QUÉ HACES LO QUE HACES?

Cuídense de no hacer sus obras de justicia delante de la gente para llamar la atención. Si actúan así, su Padre que está en el cielo no les dará ninguna recompensa.

MATEO 6:1

Dios está más interesado en por qué hacemos las cosas que en lo que hacemos. Para Él es muy importante que nuestros motivos sean correctos. En 1 Corintios 3:13-15 Pablo dice que cuando llegue el día del regreso de Cristo, todos compareceremos ante el tribunal de Dios y nuestras obras serán juzgadas para ver si eran puras o no. Las que no se hayan hecho con motivos rectos se quemarán y perderemos toda nuestra recompensa por ellas, aunque nosotros mismos nos salvaremos.

No nos salvamos por nuestras obras, pero nuestras obras hechas con motivos correctos recibirán una recompensa. Tómate tiempo para preguntarte por qué haces las cosas que haces. No debemos hacer algo simplemente para complacer a la gente, especialmente si nos molesta hacerlo. No debemos hacer las cosas para que nos vean, se fijen en nosotros o piensen bien de nosotros. Cuando hacemos algo bueno, debe ser porque amamos a Dios y estamos siendo obedientes a Él.

Estoy deseando recibir mis recompensas y espero que tú también estés deseando recibir las tuyas. Tómate tiempo de vez en cuando para comprobar tus motivos y eliminar de tu vida cualquier cosa que no estés haciendo con motivos puros. Descubrirás que tienes más tiempo y menos estrés.

DECLARO: *Hago lo que hago con motivos puros y porque amo a Dios y quiero serle obediente.*

DÍA 142

CONFÍA EN DIOS PARA TODO

Cuando proferían insultos contra él, no replicaba con insultos; cuando padecía, no amenazaba, sino que confiaba en aquel que juzga con justicia.

1 PEDRO 2:23

Solo tenemos dos opciones en la vida: confiar en Dios o ser desgraciados. Nadie fue más maltratado que Jesús y, sin embargo, la Escritura de hoy nos dice que cuando fue maltratado y sufrió, se confió a sí mismo y todo lo demás a Dios. ¿Puedes confiar en Dios en lo que te sucede y en todas tus circunstancias?

Es más importante que representemos bien a Jesús en el mundo que nos rodea que conseguir lo que queremos todo el tiempo. Cualquiera puede ser feliz cuando no sufre y todo va como quiere. Pero Dios quiere que tengamos alegría todo el tiempo, incluso cuando nuestras circunstancias no parecen correctas o justas y estamos esperando que Él nos libre de ellas.

¿Qué está pasando en tu vida? ¿Cómo necesitas confiar en Dios en medio de ello? Si no confías en Él, probablemente estés preocupado, ansioso, negativo y sin alegría. Pero puedes tomar ahora mismo la decisión de confiar en Dios. Isaías 12:2 dice: "¡Dios es mi salvación! *Confiaré en él* y no temeré. El Señor es mi fuerza, el Señor es mi canción; ¡él es mi salvación!" (la cursiva es mía). Confiar en Dios trae paz y alegría a nuestras vidas, incluso en medio de circunstancias difíciles. Deja de intentar controlarlo todo, de esforzarte por resolver los problemas por tu cuenta y de frustrarte porque nada de lo que haces parece funcionar. Confía en Dios.

DECLARO: *Cada día tomo la decisión de poner mi confianza en Dios.*

DÍA 143

CÓMO CONSEGUIR LO QUE QUIERES

Deléitate en el Señor y él te concederá los deseos de tu corazón.

SALMOS 37:4

Todos tenemos cosas que queremos y solemos intentar conseguirlas. Nos esforzamos, pensamos en cómo podemos conseguirlas, nos enfadamos y nos ponemos celosos de los demás que tienen lo que nosotros queremos, todo en vano. Solo acabamos frustrados y a menudo confundidos.

Dios quiere que lo busquemos a Él, no a las cosas. Mateo 6:33 nos dice que busquemos primero el reino de Dios y Su justicia y Él nos dará todas las demás cosas. Lo mejor es pedirle a Dios lo que quieres y confiar en que Él te lo dará si es lo correcto para ti y que lo hará a Su manera y en Su tiempo. A veces las cosas que pensamos que queremos no serían buenas para nosotros si las obtuviéramos.

Pídele a Dios lo que quieres y dedica tu tiempo a bendecir a los demás, a orar por ellos y a estudiar la Palabra de Dios. Conténtate con lo que tienes ahora y agradece todas tus bendiciones actuales. Confía en que Dios sabe lo que es mejor para ti.

Si ahora te sientes frustrado e infeliz, probablemente es porque quieres algo que estás luchando por conseguir y nada de lo que haces funciona. Entrégale la situación a Dios y pídele que te dé lo que Él sabe que es mejor.

DECLARO: *Quiero la voluntad de Dios, no la mía. Buscaré a Dios, no las cosas, y Él me dará lo que es mejor para mí.*

DÍA 144 BUSCAR LA EXCELENCIA

En cuanto a los dones espirituales, hermanos, quiero que entiendan bien este asunto.

1 CORINTIOS 12:1

En el versículo de hoy, Pablo escribe sobre la importancia de los dones del Espíritu Santo. Lo explica en los versículos 4-10. Al final de su lección, escribe: "Ahora les voy a mostrar un camino más excelente" (1 Co 12:31). En el versículo siguiente, que da comienzo a 1 Corintios 13, comienza su instrucción sobre el amor y sus características. Quiero que nos centremos en una frase de 1 Corintios 13:5, que dice que el amor "no insiste en su propio camino". El amor no es egoísta.

El amor da y se centra en hacer felices a los demás; no es egoísta. Como he mencionado, es imposible ser feliz y egoísta al mismo tiempo, así que, si eres infeliz, tal vez quieras hacer un chequeo de corazón para ver si el problema es el egoísmo.

Dios nos ha creado para tender la mano a los demás y trabajar por lo que les beneficiará, no para centrarnos en nosotros mismos y pensar solo en el beneficio propio. El amor es algo que se puede ver y sentir, que es lo que necesitan todas las personas del mundo. Si lo damos, veremos que vuelve a nosotros (Gá 6:7).

Cada día tómate un tiempo para pensar qué puedes hacer por alguien. Si no se te ocurre nada, pide a Dios que te muestre algo. Puede que no responda inmediatamente, pero lo hará a su debido tiempo. Decide estar preparado para cuando Él te llame y ten por seguro que tu felicidad aumentará.

DECLARO: *Busco maneras de ser una bendición y ayudar a otras personas, y Dios cuida de mí.*

DÍA 145

LIBERARSE DE LOS ENREDOS

Ningún soldado que quiera agradar a su superior se enreda en cuestiones civiles.

2 TIMOTEO 2:4

Todos tenemos un propósito en la vida y debemos saber cuál es y concentrarnos en él. Cuidado con enredarte en cosas que te alejen de tu propósito o incluso de poder pasar tiempo con Dios.

Podemos enredarnos en los problemas de los demás y dedicar mucho tiempo a intentar ayudarlos. Pero si no quieren ayudarse a sí mismos, perdemos el tiempo. Mi hermano era adicto a las drogas y al alcohol y Dave y yo intentamos ayudarle. Vivió con nosotros durante cuatro años durante los cuales hicimos todo lo posible por ayudarle. Pero seguía haciendo lo mismo, lo ocultaba y mentía al respecto. Me di cuenta de que, si no habíamos podido ayudarle en cuatro años, era porque realmente no quería ayuda, así que le pedimos que se mudara a su propio apartamento. Para algunos esto podría sonar poco afectuoso, cuando en realidad estábamos aplicando un poco de "amor con mano dura". Le dimos todas las herramientas que necesitaba para construirse una buena vida, pero solo él podía aprovechar la ayuda que le ofrecíamos. Me había enredado en sus problemas y eso me impedía realizar aquello para lo que Dios me había llamado.

Si estás enredado en algo que no da buen fruto, te animo a que te desenredes y vuelvas a cumplir tu propósito.

DECLARO: *No me permitiré enredarme en cosas que me alejen de Dios y de Su propósito para mí.*

DÍA 146
MANTÉN LA CALMA

Dichoso aquel a quien tú, Señor, corriges; aquel a quien instruyes en tu Ley, para que enfrente tranquilo los días malos, mientras al impío se le cava una fosa.

SALMOS 94:12-13

Dios disciplina a los que ama (Pr 3:12) y nosotros debemos apreciarlo y someternos a Su disciplina. La disciplina no es algo malo; es nuestra amiga porque nos enseña la manera correcta de vivir para que podamos disfrutar de las bendiciones por las que Jesús murió para darnos.

Nuestra escritura de hoy dice que Dios seguirá trabajando con nosotros a través de la disciplina y la instrucción hasta que aprendamos a mantener la calma en la adversidad, mientras esperamos que Dios se ocupe de nuestros enemigos.

Durante años tuve altibajos emocionales. Si mis circunstancias eran buenas, estaba arriba, y si eran malas, estaba abajo. Esto era muy agotador y no era un buen ejemplo para nadie a mi alrededor. Finalmente aprendí que desanimarse o deprimirse ante los problemas y las dificultades no sirve de nada. Nunca resuelve el problema. Pero si ponemos nuestra confianza en Dios y seguimos disfrutando de la vida en medio de nuestros problemas, derrotamos al diablo y llega nuestro avance. En lugar de sentirte culpable o enojado cuando Dios te disciplina e instruya, agradece que Él te ama lo suficiente como para tomarse el tiempo de hacerlo.

DECLARO: *Estoy agradecido cuando Dios me disciplina e instruye porque me está ayudando a aprender a estar tranquilo en la adversidad.*

DÍA 147

OFRÉCELE TODO DE TI A DIOS

Así que, hermanos, yo les ruego, por las misericordias de Dios, que se presenten ustedes mismos como un sacrificio vivo, santo y agradable a Dios. ¡Así es como se debe adorar a Dios! Y no adopten las costumbres de este mundo, sino transfórmense por medio de la renovación de su mente, para que comprueben cuál es la voluntad de Dios, lo que es bueno, agradable y perfecto.

ROMANOS 12:1-2 (RVC)

Ofrécete cada día a Dios para que te use. Entrégale todas tus facultades, es decir, tu mente, tu boca, tu voluntad, tus emociones, tus deseos, tus manos, tus pies, tus ojos y todo lo que te rodea. Según la escritura de hoy, "¡Así es como se debe adorar a Dios!". Vive enteramente para Dios porque eres importante para Su plan y Él te necesita.

Las personas que pertenecen al mundo viven para sí mismas. Son egoístas y egocéntricas. Cuando rezan, sus oraciones suelen ser peticiones, pidiendo a Dios que les dé algo que desean. En lugar de hacer esto, pregúntale a Dios qué puedes hacer por Él y para quién puedes ser una bendición cada día. A medida que te deleites en el Señor, Él te dará las cosas que deseas (Sal 37:4).

Dios te ama mucho y tiene un buen plan para tu vida, uno que es productivo para Su reino y te da gran alegría y paz.

DECLARO: *Me ofrezco a Ti, Señor, para Tu uso. No guardo nada y todo lo que soy y todo lo que tengo te pertenece.*

DÍA 148

AGRESIVOS ACTOS DE BONDAD

Este mandamiento nuevo les doy: que se amen los unos a los otros. Así como yo los he amado, también ustedes deben amarse los unos a los otros. De este modo todos sabrán que son mis discípulos, si se aman los unos a los otros.

JUAN 13:34-35

Mucha gente en el mundo no sabe lo que es el verdadero amor. Cuando me casé con Dave, yo era una de esas personas. Todas las personas que decían amarme me habían hecho daño o habían abusado de mí, y las palabras "te amo" no significaban nada para mí. El amor es más que una teoría, un sermón o meras palabras: es acción. Los actos agresivos de bondad comunican más que las palabras de amor sin acción que las respalde.

Haz cosas para demostrar a la gente que la quieres. Usa tu tiempo, dinero y energía para bendecirles. Al hacerlo estás bendiciendo a Dios. Jesús dice que todo lo que hagamos por "uno de mis hermanos, aun por el más pequeño", lo hacemos por Él (Mt 25:40). Servir a los demás es la mejor manera de servir a Dios. Él ama a Su pueblo y se regocija cuando hacemos cosas que bendicen a los demás. Los actos de bondad al azar —hacer cosas por personas que ni siquiera conoces sin ninguna razón excepto mostrarles el amor de Dios— son poderosos.

Cuando he hecho esto a menudo me han dicho: "Nadie ha hecho nunca algo así por mí". Yo suelo responder: "Dios ha sido bueno conmigo y solo quería bendecir a alguien". Estas oportunidades me permiten bendecir a la gente a la vez que soy un ejemplo de la bondad de Dios. Al bendecir a otros tu gozo aumentará.

DECLARO: *Me encanta hacer cosas por los demás y ayudarles a sentirse queridos.*

DÍA 149

SÉ AMABLE Y GENEROSO

No se olviden de hacer el bien y de compartir con otros lo que tienen, porque esos son los sacrificios que agradan a Dios.

HEBREOS 13:16

El Nuevo Testamento contiene más de cincuenta referencias al hecho de que la fe y el amor deben ir de la mano. ¿Qué le has pedido a Dios —con fe— que haga por ti? Mi siguiente pregunta es: ¿Caminas intencionadamente en el amor? Colosenses 3:14 nos dice que, por encima de todo, debemos "vestirnos de amor". Las palabras *vestirse de* son intencionales y requieren una acción decidida. Nunca he entrado en mi armario y mi ropa ha saltado sobre mi cuerpo. La elijo con cuidado para asegurarme de que es cómoda y me queda bien.

No solo llevamos ropa física; también llevamos ropa espiritual. Llevamos nuestras actitudes y otras cualidades espirituales como la bondad, la misericordia, el perdón, la paciencia y la mansedumbre (Col 3:12-13). No saldríamos de casa desnudos físicamente, por lo que deberíamos asegurarnos de que tampoco salimos desnudos espiritualmente. Cada mañana, decide que vas a mostrar bondad, ser misericordioso, caminar en amor, perdonar a cualquiera que pueda herirte u ofenderte y estar alegre. En lugar de esperar a ver cómo te sientes, decide cómo vas a comportarte y tus sentimientos te seguirán.

Tienes el poder de cambiar el día de alguien y ayudarle a ser feliz. Vive para dar, no para recibir y Dios te dará más de lo que puedas imaginar.

DECLARO: *No olvidaré ni descuidaré ser amable con las personas y mostrarles misericordia y amor.*

DÍA 150

AYUDA A LOS QUE NO PUEDEN AYUDARSE A SÍ MISMOS

La religión pura y sin mancha delante de Dios nuestro Padre es esta: atender a los huérfanos y a las viudas en sus aflicciones y conservarse limpio de la corrupción del mundo.

SANTIAGO 1:27

Dedica hoy un tiempo a pensar en todas las personas del mundo que son demasiado jóvenes o mayores para cuidar de sí mismas. Ora sobre lo que Dios quiere que hagas para ayudarles. Quizá conozcas a una viuda a la que podrías invitar a cenar a tu casa. O tal vez necesite ayuda económica y podrías pagarle una factura ocasionalmente o darle un cheque de regalo para comida o ropa.

Puedes ponerte en contacto con los orfanatos de tu ciudad para acoger o adoptar a un niño o formar parte de un programa de hermanos mayores. Podrías enviar regalos en Navidad a los niños del programa o simplemente ir a visitarlos.

Nuestro ministerio apoya y contribuye con muchos orfanatos diferentes y damos de comer a niños hambrientos de todo el mundo. Quiero que mi religión sea real y no solo una rutina que incluye ir a la iglesia con regularidad, pero sin hacer realmente nada para ayudar a nadie. Puede que tú sientas lo mismo.

Si no sabes qué hacer para ayudar a alguien, pídele a Dios que te lo muestre. Espera que Él te dé una tarea que ayude a otra persona y también aumente tu alegría.

DECLARO: *Ayudo a los desamparados y es mi alegría hacerlo.*

DÍA 151

CUANDO LA VIDA SE PONE DIFÍCIL

Por la ruta del monte Seír hay once días de camino entre Horeb y Cades Barnea.

DEUTERONOMIO 1:2

A veces la vida es dura cuando desearíamos que fuera fácil. A veces Dios nos guía por el camino largo y difícil, como hizo con los israelitas cuando salieron de Egipto y se dirigieron a la Tierra Prometida. Los llevó a través del desierto y, aunque una ruta más corta habría tomado solo once días, su viaje les llevó cuarenta años. ¿Por qué? Porque su actitud era mala y no estaban preparados para la guerra que enfrentarían cuando entraran en la Tierra Prometida. Además, no estaban dispuestos a confiar en que Dios les ayudaría a derrotar a sus enemigos cuando entraran a la Tierra Prometida. Enfrentaron dificultades en el desierto, pero creo que esos desafíos estaban diseñados para prepararlos para las batallas que librarían en la Tierra Prometida.

Es importante confiar en Dios, no importa cómo te guíe. Tanto si el camino es fácil como si es difícil, confía en Él. Después de que los israelitas cruzaron el río Jordán y entraron en la Tierra Prometida, lucharon una batalla tras otra mientras tomaban el territorio que Dios les había prometido. Aprendieron a luchar con la fuerza de Dios. Si sabes que Dios te ha pedido que hagas algo, no te eches atrás solo porque sea difícil. Él está contigo y te ayudará a ganar cada batalla.

DECLARO: *Confío en Dios tanto si me guía por el camino difícil como por el fácil, porque sé que sea como sea que me guíe, será lo mejor para mí.*

DÍA 152
DALE A DIOS LA GLORIA

Pero por la gracia de Dios soy lo que soy y la gracia que él me concedió no se quedó sin fruto. Al contrario, he trabajado con más tesón que todos ellos, aunque no yo, sino la gracia de Dios que está conmigo.

1 CORINTIOS 15:10

¿Quieres estar más cerca de Dios? Una forma de hacerlo es asegurarte de darle a Él el crédito y la gloria por cualquier cosa buena que hagas. Pablo trabajó duro en el ministerio, pero lo hizo por la gracia de Dios. Dijo que por la gracia de Dios "soy lo que soy". Una cosa que no debemos hacer es tratar de tomar la gloria de Dios para nosotros mismos, porque Isaías 42:8 dice que Él no la compartirá con nadie.

El evangelista inglés Henry Varley le dijo a D. L. Moody: "El mundo todavía tiene que ver lo que Dios puede hacer a través de un hombre que está totalmente rendido a Él"[6]. Creo que es igualmente cierto que el mundo todavía tiene que ver lo que Dios puede hacer a través de un hombre o una mujer que le den todo el crédito y la gloria. Cuanto más confiamos y dependemos de Dios, más cerca nos sentimos de Él. Debes saber sin lugar a dudas que lo necesitas en todo lo que haces, incluso en cosas que has hecho muchas veces antes.

Dios es nuestra fuerza y nuestra capacidad. Jesús dice: "Separados de mí no pueden ustedes hacer nada" (Jn 15:5). Y Pablo escribe: "Yo sé que en mí, es decir, en mi carne, nada bueno habita" (Ro 7:18). El Espíritu de Dios está en nosotros como creyentes en Jesús. Debido a esto, podemos hacer cualquier cosa que necesitemos hacer. Antes de cada cosa que hagas, pídele que te ayude y dale gracias cuando esté hecha.

DECLARO: *Me apoyo y confío en Dios todo el tiempo. No puedo hacer nada sin Él, y le doy la gloria por todo lo bueno que hago.*

DÍA 153

NO DEJES A TUS EMOCIONES VOTAR

Precisamente por eso, esfuércense por añadir a su fe, virtud; a su virtud, conocimiento; al conocimiento, dominio propio; al dominio propio, constancia; a la constancia, devoción a Dios.

2 PEDRO 1:5-6

Aprende a no preguntarte cómo te sientes sobre las cosas, si hacer o no hacer algo es lo correcto para ti. En Estados Unidos no permitimos que la gente vote hasta los dieciocho años porque suponemos que son demasiado inmaduros para saber lo que hacen. ¿Por qué no considerar tus emociones de la misma manera? Siempre han formado parte de ti, pero son muy inmaduras. Carecen de sabiduría y no se puede confiar en que hagan lo correcto, así que no les dejes votar. A veces, las personas crecen físicamente, pero sus emociones no. Si no se controlan sus emociones, sus vidas serán una serie de aventuras inconclusas y decepcionantes.

Las personas con frecuencia me preguntan cómo me siento con respecto a viajar tanto en mi ministerio. Simplemente he aprendido a decir: "No me pregunto cómo me siento al respecto". Si me lo preguntara con demasiada frecuencia, me daría cuenta de que no me gusta mucho y podría sentir la tentación de dejar de hacer algo que creo que Dios quiere que haga. Alguien me preguntó si estaba entusiasmada con una próxima conferencia y le respondí: "Tengo algo mejor que entusiasmo: Estoy comprometida". Por lo tanto, no me guío por la emoción o la falta de ella; simplemente voy a donde creo que Dios me llama a ir. Entonces, me siento realizada y satisfecha al saber que he obedecido a Dios y he ayudado a otras personas. La pérdida de la emoción no significa que ya no debamos hacer ciertas cosas. Las emociones no tienen voto.

DECLARO: *Cuando tengo que tomar una decisión, no dejo que mis emociones voten.*

DÍA 154

RESPONDER CON AMOR

Ustedes, por el contrario, amen a sus enemigos, háganles bien y denles prestado sin esperar nada a cambio. Así tendrán una gran recompensa y serán hijos del Altísimo, porque él es bondadoso con los ingratos y malvados.

LUCAS 6:35

¿Cómo reaccionas ante las personas que son groseras? ¿Respondes con amor como la Palabra de Dios dice que debemos hacerlo o te unes a ellos en su comportamiento impío? Cuando un empleado en una tienda es grosero conmigo, puedo sentir instantáneamente que mis emociones comienzan a elevarse. Cuando siento que eso sucede, sé que necesito tomar acción. Tengo que razonar conmigo misma y recordar que la persona que está siendo grosera probablemente tiene muchos problemas y puede que ni siquiera se dé cuenta de cómo suena.

Estoy muy agradecida de conocer la Palabra de Dios y de tener Su Espíritu en mi vida para ayudarme y confortarme. Siempre quiero que mi comportamiento sea un ejemplo de Cristo para los demás y no algo que lo avergüence de mí. Ya que ese es el caso, tengo que trabajar con el Espíritu Santo para desarrollar la habilidad de actuar de acuerdo con la Palabra de Dios cuando la gente es grosera, en lugar de simplemente reaccionar a ellos con un comportamiento que iguale o supere el de ellos.

Jesús dice que no hemos hecho nada especial si tratamos bien a la gente cuando ellos nos tratan bien, pero si somos amables con alguien que calificaría como enemigo, entonces estamos haciendo bien (Jn 6:32-34). ¿Actuarás conforme a la Palabra de Dios y amarás a las personas que no son amables o groseras contigo por amor a Él?

DECLARO: *Rezo por las personas que me tratan con rudeza y muestro el amor de Dios hacia ellas.*

DÍA 155

CONFIANZA EN TI MISMO

Porque la circuncisión somos nosotros, los que por medio del Espíritu de Dios adoramos, nos enorgullecemos en Cristo Jesús y no ponemos nuestra confianza en esfuerzos humanos.

FILIPENSES 3:3

Dios quiere que tengamos confianza, pero no solamente en nosotros mismos. Si ponemos toda nuestra confianza en otras personas, es posible que algunas nos decepcionen. Y si solamente confiamos en nosotros mismos, sin duda, en algún momento nos decepcionaremos. Pero si ponemos nuestra confianza en Dios, nunca nos decepcionará (Sal 22:5).

No estoy sugiriendo que no confiemos en la gente en absoluto, pero hay una parte de nosotros que solo pertenece a Dios y Él quiere que nos demos cuenta de que no importa quién más esté en nuestras vidas, es Él quien nos proporciona toda la fuerza. He aprendido que incluso cuando la gente me ayuda, es Dios quien lo hace a través de ellos. Él trabaja a través de las personas y, con frecuencia cuando le pedimos algo, utiliza a una persona para que nos lo dé. Debemos dar gracias a la persona, pero también debemos dar gracias a Dios por utilizarla.

Proverbios dice repetidamente que un tonto es un "necio seguro de sí mismo". Recuérdalo: Necesitamos confianza en Dios, no confianza en nosotros mismos. Solo podemos tener confianza en Su seguridad.

DECLARO: *Todo lo bueno viene de Dios, así que mi confianza está en Él y en nadie más.*

DÍA 156

NO TE SOBREESTIMES Y SUBESTIMES A OTROS

Por la gracia que se me ha dado, digo a todos ustedes: Nadie tenga un concepto de sí más alto que el que debe tener, sino más bien piense de sí mismo con moderación, según la medida de fe que Dios le haya dado.

ROMANOS 12:3

Sobrevalorarnos (pensar más de lo que deberíamos de nosotros mismos y de nuestras capacidades) desencadena una reacción en cadena de problemas. Si somos altivos y arrogantes, tenderemos a excluir a los demás y no estaremos dispuestos a relacionarnos con gente que consideramos inferior a nosotros. No tendremos capacidad para ajustarnos y adaptarnos a los demás porque sentiremos que siempre tenemos razón.

Llevarse bien con los demás requiere humildad. Los humildes reciben la ayuda de Dios, pero Él se resiste a los soberbios y altivos (Stg 4:6). Según la Biblia, no debemos confiar en nuestra propia inteligencia; cuando confiamos en el Señor con todo nuestro corazón y toda nuestra mente, Él enderezará nuestros caminos (Pr 3:5-6).

A veces, Dios permite que haya suficientes problemas en nuestras vidas para obligarnos a confiar en Él. Pablo escribe en 2 Corintios 12:2-20 que Dios se negó a quitarle la espina que tenía clavada en la carne para evitar que se enorgulleciera de la grandeza de las revelaciones que le habían sido dadas (2 Co 12:7). Mantente a salvo siendo humilde.

DECLARO: *Me humillaré bajo la poderosa mano de Dios porque sé que no soy nada sin Él.*

DÍA 157

SÍNTOMAS DE CONFIANZA EN DIOS

Muchos pueblos vendrán y dirán: "¡Vengan, subamos al monte del Señor, al Templo del Dios de Jacob! Dios mismo nos instruirá en sus caminos y así andaremos por sus sendas". Porque de Sión saldrá la Ley, de Jerusalén, la palabra del Señor.

ISAÍAS 2:3

Si tenemos confianza en Dios, nuestra mente estará centrada en Él la mayor parte del tiempo. Oraremos a lo largo del día sabiendo que necesitamos Su ayuda en todo lo que hacemos. No estaremos preocupados ni ansiosos porque confiamos en que el Señor tiene un plan para nuestra vida y siempre cuidará de nosotros. Estaremos agradecidos porque sabemos que cada pequeña y gran bendición es un regalo de Dios.

Si nuestra confianza está en Dios, verbalizaremos nuestra dependencia de Él, ante Él y ante los demás. Cuando tengamos éxito en todo lo que hacemos, no nos jactaremos ni alardearemos. La verdadera fe se apoya, depende, confía y descansa en Dios.

Nada alivia más el estrés que confiar en Dios en cada situación. Podemos agotarnos intentando resolver nuestros propios problemas y cuidar de nosotros mismos o podemos confiar en Dios. Yo he probado ambas y puedo asegurarte que confiar en Dios es la mejor opción.

DECLARO: *Pongo mi confianza en Dios y Él nunca me falla.*

DÍA 158 ¿ERES OPTIMISTA O PESIMISTA?

Pero de una cosa estoy seguro: he de ver la bondad del Señor en esta tierra de los vivientes.

SALMOS 27:13

Hoy quiero contarte la historia de dos gemelos:

Dos gemelos se parecían en todo, salvo en que uno era optimista y el otro pesimista. Los padres, preocupados, los llevaron al médico que les propuso una prueba: "Para su cumpleaños de este año, regálale al pesimista la mejor bicicleta de carreras que el dinero pueda comprar, pero regálale al optimista una caja de estiércol".

Cuando llegó el día, el pesimista fue llevado junto a su bicicleta. Dijo: "Probablemente me estrellaré y me romperé una pierna". El optimista abrió su caja de estiércol y, tras un momentáneo sobresalto, salió corriendo, mirando a su alrededor. Dijo: "No pueden engañarme; donde hay tanto estiércol, tiene que haber un poni en alguna parte".

¿Qué gemelo hubieras sido tú? Ser pesimista no agrada a Dios. No representa una actitud llena de fe y no te aporta ningún beneficio. Cuando te levantes cada día, empieza diciendo: "Este es un buen día y algo bueno me va a pasar a mí y pasará a través de mí". El pensamiento positivo es un pensamiento piadoso, porque no hay nada negativo en Dios.

DECLARO: *Soy una persona positiva y optimista. Veo cosas buenas en mi vida y hago cosas buenas por demás.*

DÍA 159

COLECCIONISTAS DE INJUSTICIAS

Anuncien su gloria entre las naciones, sus maravillas a todos los pueblos.

1 CRÓNICAS 16:24

Los que sienten lástima de sí mismos, coleccionan todos los recuerdos que pueden sobre lo maltratados que han sido y lo que la gente no ha hecho por ellos. Piensan en todas las penurias y dificultades que han sufrido. Buscan a otros que simpaticen con ellos y, si no encuentran a nadie, se compadecerse de sí mismos.

¿Y si decidiéramos ser "recolectores de bendiciones"? Podríamos hacernos felices sin importar lo que esté pasando en nuestras vidas. Nuestra perspectiva de cualquier situación es lo que nos hace felices o tristes. Algunas personas encuentran un problema en todo y otras, pueden ver el problema, pero saben que Dios es bueno y los ama. Confían en que Él resolverá el problema en el momento adecuado y de la manera correcta. Intenta ser feliz; no tienes nada que perder excepto una mala actitud.

DECLARO: *Me niego a sentir lástima por mí mismo, y creeré lo mejor de todos.*

DÍA 160

CONOCE LA NATURALEZA DE TU ENEMIGO

Ustedes son de su padre, el diablo, cuyos deseos quieren cumplir. Desde el principio este ha sido un asesino, y no se mantiene en la verdad, porque no hay verdad en él. Cuando miente, expresa su propia naturaleza, porque es un mentiroso. ¡Es el padre de la mentira!

JUAN 8:44

Todos tenemos un enemigo, el diablo (Satanás). No es solo nuestro enemigo, sino también el de Dios. Solo viene a robar, matar y destruir (Jn 10:10). Ha sido un mentiroso desde el principio, y su meta es evitar que conozcamos la verdad de la Palabra de Dios.

Culpamos a la gente de muchas cosas cuando en realidad el diablo está detrás de ellas. La buena noticia es que tenemos autoridad sobre él en el nombre de Jesús (Lc 10:19). Santiago 4:7 nos dice que nos sometamos a Dios y resistamos al diablo y él huirá. Nuestro poder para resistirlo se encuentra en someternos a Dios.

Satanás engañó a Eva en el Jardín del Edén y ella hizo lo que Dios le había dicho a Adán que no debían hacer (Gn 2:16-17; 3:1-6). Ella fue tentada por el diablo y a través de su persuasión Adán también fue tentado. Ambos pecaron al desobedecer a Dios y a través de ellos el pecado entró en el mundo. Afortunadamente, Dios envió a Su único Hijo, Jesús, para deshacer lo que el diablo había hecho y ya no tenemos que vivir esclavizados al pecado. Asegúrate de informarte sobre tu enemigo leyendo y estudiando la Palabra de Dios. Vigila y ora para que no te engañe.

DECLARO: *Por el Espíritu Santo tengo poder y autoridad sobre el diablo. Me someto a Dios; resisto al demonio y él debe huir.*

DÍA 161

INCULPACIÓN NO ES CONDENACIÓN

Por lo tanto, ya no hay ninguna condenación para los que están en Cristo Jesús, pues por medio de él la ley del Espíritu de vida te ha liberado de la ley del pecado y de la muerte.

ROMANOS 8:1-2

Hay una diferencia entre inculpación y condenación. La condenación es un sentimiento de culpa que nos oprime y nos dice que debemos pagar por lo que hemos hecho mal. La inculpación es la obra del Espíritu Santo, que nos muestra que hemos pecado y nos invita a confesar nuestros pecados para que podamos recibir el perdón de Dios y ayuda para mejorar nuestro comportamiento en el futuro. La condenación agrava el problema, pero la inculpación pretende sacarnos de él.

Cuando te sientas condenado, pregúntate si eres culpable según la Palabra de Dios. Si es así, confiesa tu pecado a Dios, apártate de ello y no vuelvas a repetirlo. Pide perdón a quien hayas podido ofender. Después, perdónate a ti mismo y olvida el asunto. Jesús compró en la cruz todo el perdón que necesitamos, así que recíbelo y experimenta la alegría de la redención.

Puede que descubras que no eres culpable según la Palabra de Dios. Por ejemplo, durante muchos años conduje incesantemente al trabajo porque me sentía bien cuando lograba algo y me sentía culpable si me divertía. Este tipo de pensamiento no concuerda con la Palabra de Dios. Cuando dejé de creer en mis sentimientos y comencé a examinarlos a la luz de la Palabra de Dios, me di cuenta de que había sido engañada y finalmente aprendí a descansar y disfrutar.

DECLARO: *No desperdicio mi vida sintiéndome culpable. Recibo la inculpación del Espíritu Santo, pero no recibo condenación.*

DÍA 162

NO TENGAS MIEDO A LA ESPERANZA

Luego Jesús dijo al centurión: —¡Ve! Que todo suceda tal como has creído. Y en esa misma hora aquel siervo quedó sano.

MATEO 8:13

La esperanza es la expectativa de que algo bueno va a suceder. Todos necesitamos esperanza. Pero algunas personas tienen miedo de tener esperanza porque han sufrido mucho en la vida. Han experimentado tantas decepciones que no creen que puedan afrontar el dolor de una más; por lo tanto, se niegan a tener esperanza para no decepcionarse. Esta forma de pensar conduce a un estilo de vida negativo.

Hace muchos años yo era extremadamente negativa. Mi filosofía era la siguiente: "Si no esperas que ocurra nada bueno, no te decepcionarás cuando no ocurra". Me había encontrado con tantas desilusiones en la vida y me habían sucedido tantas cosas devastadoras que tenía miedo de creer que algo bueno pudiera suceder. Cuando realmente empecé a estudiar la Palabra y a confiar en que Dios me restauraría, una de las primeras cosas de las que me di cuenta fue que mi negativismo tenía que desaparecer y yo tenía que creer en la Palabra de Dios.

Dios tiene un plan perfecto para cada uno de nosotros, pero debemos pensar y hablar de acuerdo con Su voluntad y plan para nosotros. Ciertamente no podemos controlarlo con nuestros pensamientos y palabras, pero podemos pensar y hablar lo que Su Palabra dice.

Practica ser positivo en cada situación y espera que Dios saque algo bueno de ella, como promete en Su Palabra (Ro 8:28).

DECLARO: *No tengo miedo de esperar, porque creo que Dios tiene buenos planes para mí.*

DÍA 163

CREE EN LAS PROMESAS DE DIOS

Todas las promesas que ha hecho Dios son "sí" en Cristo. Así que por medio de Cristo respondemos "amén" para la gloria de Dios.

2 CORINTIOS 1:20

La Escritura de hoy nos enseña que todas las promesas de Dios son nuestras en Cristo. Son dadas por Su bondad y gracia y recibidas a través de nuestra fe. La fe es la evidencia de cosas que no vemos y nos brinda la esperanza de que lo que creemos sucederá (He 11:1). Siempre hay un período de espera entre el momento en que pedimos algo a Dios y el momento en que lo recibimos. La espera requiere paciencia y, a menudo, es una prueba para nuestra fe.

Podemos decir que tenemos fe, pero no sabemos realmente que la tenemos —o cuánta tenemos— hasta que debemos hacer uso de ella. La fe agrada a Dios (He 11:6). Significa que confiamos en Él y nuestra confianza en Él lo glorifica.

Abraham quería tener un hijo, pero tanto él como su esposa ya no estaban en edad de procrear. Lo que quería era imposible en el reino natural. Pero lo que es imposible para los seres humanos es posible para Dios (Lc 18:27). Cuando Abraham no tenía ningún motivo para esperar basado en la razón humana, esperó en la fe y la promesa de Dios de darle un heredero biológico se hizo realidad. No tengas miedo de creer en Dios para cosas que parecen imposibles, porque no hay nada que Dios no pueda hacer.

DECLARO: *Confío en Dios y creo que Él puede hacer cualquier cosa. Todo es posible para Él.*

DÍA 164

EL GOZO DEL SEÑOR ES TU FORTALEZA

No estén tristes, pues el gozo del Señor es su fortaleza.

NEHEMÍAS 8:10

Aunque Satanás solo viene a traer destrucción, Jesús vino para que pudiéramos tener y disfrutar de nuestras vidas (Jn 10:10). Yo tenía por lo menos cuarenta y cinco años antes de permitirme disfrutar de mi vida. Debido a que crecí en un ambiente incestuoso y sin alegría, desarrollé el hábito de simplemente tratar de sobrevivir cada día. Nunca se me ocurrió que una de las razones por las que Jesús murió y resucitó, era para que todos pudiéramos disfrutar de nuestras vidas. Debido a los abusos sexuales, nunca llegué a experimentar realmente la infancia. Dios tuvo que enseñarme a disfrutar de la vida.

Me sentía culpable la mayor parte del tiempo. Si no era una cosa, era otra; pero todo era consecuencia de mi infancia. Tenía el alma herida y necesitaba que Jesús la sanara. Y Él lo hizo. Me dio belleza en lugar de ceniza y aceite de alegría en vez de luto (Isa 61:3).

La voluntad de Dios es que disfrutemos cada día de nuestra vida. Tengo buenas noticias para ti: Aun cuando tengas pruebas y problemas, puedes confiarlos a Dios (1 P 5:7) y seguir disfrutando de tu vida. El gozo del Señor es tu fortaleza (Neh 8:10). Satanás hace todo lo posible por robarte el gozo porque quiere que seamos débiles e impotentes. No le dejes ganar. Disfruta de la vida y ríe tan a menudo como puedas. Estoy segura de que el diablo odia escucharnos reír.

DECLARO: *Disfrutaré de mi vida y no dejaré que el diablo me robe el gozo. Puede venir contra mí, pero al final no ganará porque Dios está de mi lado.*

DÍA 165

SÉ TÚ MISMO

Tú creaste mis entrañas; me formaste en el vientre de mi madre. ¡Te alabo porque soy una creación admirable! ¡Tus obras son maravillosas y esto lo sé muy bien!

SALMOS 139:13-14

Dios nunca te ayudará a ser alguien más que tú mismo. No te ayudará a ser alguien más y no debes compararte con los demás ni competir con ellos. Sé tú mismo. Puede que no seas capaz de hacer lo que otros hacen, pero puedes hacer cosas que ellos no pueden. Durante mucho tiempo intenté ser como Dave, la mujer de mi pastor, mi vecino y otros, pero no lo conseguí. Solo me frustraba más y más. Me esforcé tanto por ser como los demás que me perdí y no supe quién era.

Dios me mostró que no me gustaba quien era y que estaba mal que me sintiera así. Él nos creó a cada uno de nosotros para ser únicos y diferentes de los demás. Puede que conozcas a alguien que sea un buen ejemplo para ti, pero aun así no puedes ser exactamente como esa persona. Acéptate a ti mismo y a tus puntos fuertes y débiles. Confía en que Dios mostrará Su fuerza a través de tus debilidades.

Dios elige las cosas débiles y necias de este mundo para confundir a los que se creen sabios (1 Co 1:27). No busca capacidad, sino disponibilidad. Ponte a disposición de Dios y te aseguro que te sorprenderás de las grandes cosas que Él hará a través de ti, tal como eres.

DECLARO: *Solo quiero ser la mejor versión de mí que pueda ser.*

DÍA 166

APRENDE A CONTROLAR TU IRA CON LA AYUDA DE DIOS

Si se enojan, no pequen. No permitan que el enojo les dure hasta la puesta del sol.

EFESIOS 4:26

¿Has batallado recientemente con que eres un cristiano que está tratando de vivir una vida piadosa, pero todavía te sientes enojado? Muchos cristianos están confundidos acerca del enojo y piensan que, como personas que quieren ser como Cristo, nunca deberían enojarse. Se preguntan por qué tienen que lidiar con la ira cuando es algo que no quieren sentir.

Debemos comprender que no toda ira es pecado, pero parte de ella sí lo es. La Biblia habla de un enojo justo que incluso Dios mismo mostró a veces en las Escrituras (Sal 7:11).

¿Cuál es la diferencia entre las emociones aparentemente inocentes que forman parte de la vida y las emociones pecaminosas? La ira inaceptable y pecaminosa es la que nos llena de rencor, resentimiento y falta de perdón y/o nos motiva a herir a otro ser humano. Cuando queremos vengarnos e infligir dolor a otros, estamos definitivamente fuera de la voluntad de Dios. Dios dice que la venganza es Suya (Dt 32:35) y nuestra postura debe ser de fe en Él, esperando paciente y amorosamente mientras Él obra justicia en nuestras vidas. Controlar la pasión de la ira, especialmente si tienes una naturaleza agresiva y franca, puede ser una de las cosas más desafiantes que enfrentarás en la vida, pero controlarla es ciertamente posible con la ayuda de Dios.

DECLARO: *Con la ayuda de Dios, no permito que la ira me controle; confío en que Dios hará justicia.*

DÍA 167

¿QUÉ ESPERAS QUE OCURRA?

Para el afligido todos los días son malos; para el que es feliz, todos son de fiesta.

PROVERBIOS 15:15

Una mañana, poco después de comenzar a estudiar la Palabra de Dios, estaba en el baño cuando sentí que algo malo iba a suceder. No era un sentimiento fuerte, solo una vaga impresión, pero lo suficiente como para ser consciente de ella. Pronto me di cuenta de que en realidad había tenido esa sensación conmigo la mayor parte de mi vida. Cuando le pregunté a Dios por ello, las palabras que me vinieron a la mente fueron *presentimientos malignos.*

Yo no sabía lo que significaban esas palabras, ni había oído hablar nunca de presentimientos malignos. Poco después de esto, encontré la frase en la ampliación de la escritura de hoy. En ese momento me di cuenta de que la mayor parte de mi vida había sido desgraciada por malos pensamientos y presentimientos. Sí, tenía circunstancias que eran muy difíciles, pero incluso cuando no las tenía, seguía siendo miserable porque mis pensamientos estaban envenenando mi perspectiva y robándome mi capacidad de disfrutar de la vida y ver los días buenos. Aunque nada malo estuviera ocurriendo en ese momento, tenía la vaga sensación de que algo malo estaba a punto de suceder. Por eso, era incapaz de disfrutar realmente de mi vida.

La Escritura de hoy nos enseña cómo vencer los malos presentimientos y eso es tener un corazón alegre al margen de nuestras circunstancias. La próxima vez que sientas que algo malo va a suceder, comienza a agradecer y alabar a Dios por todo lo bueno que ha hecho y hará en tu vida.

DECLARO: *Los malos presentimientos no me quitan la alegría.*

DÍA 168

PAZ QUE SOBREPASA TODO ENTENDIMIENTO

El Señor fortalece a su pueblo; el Señor bendice a su pueblo con la paz.

SALMOS 29:11

Cuando Jesús se fue al cielo, nos dejó Su paz (Jn 14:27). Su propia paz especial; no la paz que el mundo conoce, sino la paz que sobrepasa todo entendimiento. Podemos tener paz con respecto al pasado, al presente y al futuro. Podemos disfrutar de paz con respecto a nosotros mismos y a todos y todo lo que nos concierne. Podemos afrontar grandes problemas o desafíos en la vida y seguir teniendo paz, siempre que pongamos nuestra confianza en Dios.

Lo único que necesitamos es una fe sencilla e infantil. Dios es un Padre amoroso y Su voluntad para nosotros es justicia, paz y gozo en el Espíritu Santo (Ro 14:17). La fe no es el precio que compra las bendiciones de Dios; es simplemente la mano que las recibe expectante y agradecida. Cuando nos damos cuenta de lo mucho que Dios ha hecho por nosotros a través de Jesús, ¿cómo no estar agradecidos?

La paz tiene mucho que ver con cómo pensamos. Podemos preocuparnos o podemos pensar: "Dios está trabajando en este problema, veré mi avance en el tiempo justo". Una pieza de la armadura espiritual que tenemos como creyentes es el yelmo de la salvación y nos dice que nos lo pongamos (Ef 6:11;17). Para mí, esto significa que debemos pensar como seguidores de Cristo: de acuerdo con la Palabra de Dios. Confía en Dios y espera en Él, recibe Su paz y espera que te sucedan cosas buenas a ti y a través de ti.

DECLARO: *Confío en Dios y recibo Su paz. Espero todas las cosas buenas que Él ha planeado para mi futuro.*

DÍA 169

RENUEVA TU MENTE

No se amolden al mundo actual, sino sean transformados mediante la renovación de su mente. Así podrán comprobar cómo es la voluntad de Dios: buena, agradable y perfecta.

ROMANOS 12:2

La renovación de la mente cambia la vida porque nuestros pensamientos conducen a nuestras palabras, actitudes y acciones. Debemos mantener nuestra mente en una condición positiva y pensar y meditar en la Palabra de Dios. Cuanto más la estudiamos, escuchamos, pensamos en ella y leemos libros sobre ella, más se hace parte de lo que somos. A medida que crecemos en el conocimiento y entendimiento de la Palabra de Dios, somos cambiados dramáticamente.

Según Efesios 4:23, nuestra mente debe renovarse constantemente. Debemos poner nuestra mente y mantenerla fija en las cosas de arriba (las cosas de Dios), no en las cosas de la tierra (Col 3:2).

Puedo decir sin dudarlo que aprender la Palabra de Dios me ha cambiado completamente a mí y a mi vida. Está llena de poder. Es la verdad, la única verdad real que existe. Cualquier cosa que no concuerde con la Palabra de Dios es falsa. Cree en la Palabra de Dios sin importar lo que veas, lo que sientas o lo que pienses y declara (habla en voz alta) la Palabra de Dios diariamente. A medida que tu mente sea renovada por la Palabra de Dios, llegarás a saber por experiencia cuál es la voluntad buena y agradable de Dios.

DECLARO: *Creo que la Palabra de Dios está llena de poder. Es la verdad y cambia la vida. Creeré en la Palabra de Dios por encima de todo y basaré mi vida en ella.*

DÍA 170

CUIDADO CON LA FRUTA PROHIBIDA

La mujer vio que el fruto del árbol era bueno para comer, y que era atractivo a la vista y era deseable para adquirir sabiduría; así que tomó de su fruto y comió. Luego dio a su esposo, que estaba con ella, y él también comió. En ese momento los ojos de ambos fueron abiertos y tomaron conciencia de su desnudez. Por eso, para cubrirse entretejieron hojas de higuera. Cuando el día comenzó a refrescar, el hombre y la mujer oyeron que Dios el Señor andaba recorriendo el jardín; entonces corrieron a esconderse entre los árboles para que Dios no los viera.

GÉNESIS 3:6-8

Una mujer me dijo una vez que amaba a otro hombre, que ya no amaba a su esposo. Ella *siente* que nunca podrá ser feliz sin ese otro hombre, pero yo sé, por la Palabra de Dios y las experiencias de la vida, que tampoco será feliz con él. Cuando la emoción de tener el fruto prohibido se agote, la miseria comenzará.

En el Jardín del Edén, Satanás hizo que el fruto pareciera algo que Eva no podía rechazar. Pero en el momento en que Eva comió del fruto y le dio un pedazo a Adán y él comió, ambos perdieron algo que nunca recuperaron. Se sintieron avergonzados y culpables y se escondieron de Dios. Desobedecer a Dios, aunque parezca atractivo, no puede producir alegría duradera.

La naturaleza de la carne es desear lo que cree que no puede tener. Pero una vez que la carne consigue lo que pensaba que quería, el deseo vuelve a empezar. No importa cuánto tenga, nunca estará satisfecha. Es vital para nosotros obedecer la Palabra de Dios en vez de ser guiados por nuestras emociones.

DECLARO: *Obedezco a la Palabra de Dios, no a mis sentimientos.*

DÍA 171

ENFOCARSE EN VICTORIAS PASADAS

Porque el Señor tu Dios está contigo; él peleará en favor tuyo y te dará la victoria sobre tus enemigos.

DEUTERONOMIO 20:4

Todos enfrentamos problemas en la vida y, cuando lo hacemos, una manera muy útil que he encontrado para tratar con ellos es pensar en los problemas que he enfrentado en el pasado y que Dios ha resuelto. Hay veces en que Él nos muestra algo que debemos hacer respecto a una situación y, si lo hace, debemos hacerlo. Pero si no nos muestra nada, debemos adoptar una postura de fe y confiar en que Él hará lo que nosotros no podemos hacer.

Durante mucho tiempo intenté convertirme en la persona que creía que Dios quería que fuera, pero lo único que conseguía era frustrarme. Tenía miedo de que Dios no estuviera contento conmigo y me sentía culpable la mayor parte del tiempo porque no estaba a la altura de lo que creía que la Biblia decía que debía ser.

Finalmente me rendí, le dije a Dios que no podía cambiarme a mí misma y le pedí que me cambiara si quería. ¿Cómo podemos cambiar? Ciertamente no a través de la preocupación o el miedo a que Dios nos rechace si no cambiamos, sino estudiando Su Palabra y dejando que su poder nos transforme (Ro 12:2). Debemos mucha atención al hecho de que Dios nos cambia "de gloria en gloria" (2 Co 3:18). Esto significa que los cambios que necesitamos no vienen todos a la vez sino en pequeños niveles, para que seamos capaces de mantener esos cambios que Dios introduce en nuestras vidas.

Cuando enfrentes un problema, recuerda cómo te ha ayudado Él en el pasado y confía en que lo hará de nuevo.

DECLARO: *Recuerdo mis victorias pasadas y confío en que Dios hará lo que yo no puedo.*

DÍA 172

REZA EN TODO MOMENTO

Oren en el Espíritu en todo momento, con peticiones y ruegos. Manténganse alertas y perseveren en oración por todos los creyentes.

EFESIOS 6:18

La oración es un privilegio, no una obligación. No es algo que tengamos que hacer, sino algo que podemos hacer. Santiago 4:2 nos enseña que hay ciertas cosas que no tenemos porque no se las pedimos a Dios. ¿De cuántas cosas carecemos simplemente porque no se las pedimos?

¿Alguna vez has sentido que no mereces pedir mucho a Dios? Creo que todos lo hacemos a veces, pero Hebreos 4:15-16 nos dice que Jesús es nuestro Sumo Sacerdote, que comprende nuestras debilidades porque ha sido tentado igual que nosotros, pero sin pecar. Por lo tanto, podemos acudir con valentía al trono de la gracia y recibir la ayuda que necesitamos. Debemos acercarnos a Dios con valentía, no en debilidad pidiendo apenas lo suficiente para salir adelante. Oramos en el nombre de Jesús, lo que significa que presentamos a Dios todo lo que Jesús es, no todo lo que nosotros somos.

Te animo a que empieces a pedirle a Dios cosas más grandes y mejores que nunca. Él quiere escuchar tus oraciones audaces y está esperando para responder a ellas.

DECLARO: *Tengo el privilegio de orar; me acerco al trono de Dios con valentía y pido todo lo que necesito, porque Dios escucha y responde a mis oraciones.*

DÍA 173

EL INTERCAMBIO DIVINO

Por lo tanto, si alguno está en Cristo, es una nueva creación. ¡Lo viejo ha pasado, ha llegado ya lo nuevo!

2 CORINTIOS 5:17

Para resumir la escritura de hoy en términos simples, Dios toma todo lo malo en nuestras vidas y nos da todo lo bueno. Toma nuestro pecado y nos da Su justicia. Toma nuestro pasado y nos da un buen futuro. Él toma nuestra ansiedad y preocupación y nos da Su paz. Toma nuestro dolor y las heridas que tenemos en nuestra alma y nos da Su sanidad. Él toma nuestra inseguridad y nos da Su confianza.

No puedo entender por qué alguien no querría entregar su vida a Dios si entiende lo bueno que Él es. Recibe a Jesús como tu Señor y deja que Él sea el centro de tu vida. Basado en Hechos 17:28, digamos con el apóstol Pablo: "En Él vivimos, nos movemos y existimos".

Es fácil ser obediente a Dios cuando entiendes que lo que te pide que hagas o dejes de hacer es solo por tu bien. Déjate guiar y conducir por el Espíritu Santo. Él es tu Consolador, Ayudador, Fortalecedor, Abogado y Maestro. Él nos guía a toda la verdad. Una vida guiada por el Espíritu es una vida exitosa, poderosa y agradable.

DECLARO: *Dios es bueno y es mi vida. Soy guiado por el Espíritu Santo, que me enseña la verdad y me ayuda en todo lo que necesito realizar.*

DÍA 174

TEN CONFIANZA

Porque la circuncisión somos nosotros, los que por medio del Espíritu de Dios adoramos, nos enorgullecemos en Cristo Jesús y no ponemos nuestra confianza en esfuerzos humanos.

FILIPENSES 3:3

Sin confianza, somos como un avión sin combustible en la pista. La confianza en Dios es el combustible que necesitamos para hacer las cosas que Él quiere que hagamos. No busques confianza en ti mismo, busca en cambio tener tu confianza firmemente plantada solo en Cristo. Solo podemos confiar en Su confianza.

Dios te dará muchas oportunidades en la vida, pero necesitarás confianza para dar pasos de fe y actuar en ellos. Pablo dijo que se le abrió una gran puerta de oportunidades, pero que con ella vinieron muchos peligros (1 Co 16:9). Cuando se nos presenta una oportunidad dada por Dios, necesitamos confiar no solo en que con la ayuda de Dios podemos hacer lo que tenemos ante nosotros, sino también en que podemos vencer la oposición que el diablo utiliza para que nos rindamos.

Si ahora mismo enfrentas un nuevo reto o una nueva oportunidad, no dejes que el miedo te detenga. Sigue poniendo un pie delante del otro. No importa el tiempo que tardes, nunca te rindas.

DECLARO: *Tengo confianza en Dios y creo que Él me ayudará a todo lo que me pida. No viviré con miedo y nunca me rendiré.*

DÍA 175

TODOS HAN PECADO Y TODOS ESTÁN JUSTIFICADOS

Pues todos han pecado y están privados de la gloria de Dios, pero por su gracia son justificados gratuitamente mediante la redención que Cristo Jesús efectuó.

ROMANOS 3:23-24

La Escritura de hoy nos da una buena noticia. Jesús nos ha dado la respuesta al pecado. Ser justificado por Cristo significa ser hecho como si nunca hubieras pecado. No sé tú, pero yo probablemente necesitaría pensar en esto mucho tiempo para siquiera empezar a saber lo maravilloso que es. La Biblia dice que donde abunda el pecado, sobreabunda la gracia (Ro 5:20).

No necesitamos vivir bajo condenación (sintiéndonos culpables de nuestro pecado). El precio de nuestro pecado ya ha sido pagado. Todo pecado —pasado, presente y futuro— ya fue perdonado. Todo lo que tenemos que hacer cuando pecamos es admitirlo, arrepentirnos (apartarnos de él) y recibir libremente el don del perdón de Dios.

Recibimos la justificación de Dios a través de la fe en Jesús; ella nunca puede ser ganada a través de guardar reglas y regulaciones. De hecho, no se puede ganar de ninguna manera. Es un regalo y debe ser aceptado como tal. La justificación Divina trae paz con Dios y ambos son regalos maravillosos. Sé agradecido por todo lo que Jesús ha hecho por ti y muestra tu gratitud siendo gozosamente obediente a Él.

DECLARO: *Todos mis pecados son perdonados y soy justificado por medio de Jesucristo. He sido hecho justo con Dios y tengo paz con Él.*

DÍA 176

DIOS COMENZÓ EN TI UNA BUENA OBRA Y LA ACABARÁ

Estoy convencido de esto: el que comenzó tan buena obra en ustedes la irá perfeccionando hasta el día de Cristo Jesús.

FILIPENSES 1:6

¿Has recibido a Cristo como tu Salvador, pero no sientes que estás haciendo ningún progreso en mudar hacia la persona que Él quiere que llegues a ser? Todos nos sentimos así a veces. De vez en cuando nos frustramos y tratamos de cambiarnos a nosotros mismos. Siempre recuerda en esos momentos que Dios comenzó una buena obra en ti y con seguridad la terminará. Puede que no sea en el tiempo que esperas, pero sucederá en el momento adecuado. Jesús es el autor y el consumador de nuestra fe (He 12:2). Tratar de terminar lo que Dios comenzó es un error. Debemos hacer cualquier cosa que Él nos muestre para progresar, pero no debemos intentar una cosa tras otra con nuestras propias fuerzas. Solo nos frustrará porque no funcionará.

Dios nos cambia a medida que estudiamos Su Palabra y nos apoyamos en el Espíritu Santo para que nos enseñe a aplicarla a nuestras vidas. La Biblia dice que somos transformados constantemente a la imagen de Cristo (2 Co 3:18). No te fijes solo en la distancia que todavía tienes que recorrer; fíjate en lo lejos que has llegado.

DECLARO: *Dios me está cambiando poco a poco y terminará la obra que ha comenzado.*

DÍA 177

SI DIOS NO LO HACE, NO SE HARÁ

Pues la Ley fue dada por medio de Moisés, mientras que la gracia y la verdad nos han llegado por medio de Jesucristo.

JUAN 1:17

Dios quiere que hagamos sus obras, pero que evitemos las "obras de la carne"; es decir: que utilicemos nuestra energía humana para intentar hacer el trabajo de Dios. Me gusta decir que las obras de la carne son "obras que no funcionan". ¿Alguna vez has tratado de cambiar a otra persona; uno de tus hijos o tal vez un cónyuge? Yo sí, y puedo decirte que no funcionó. Solo Dios puede cambiar verdaderamente a las personas, porque es un trabajo que debe hacerse de adentro hacia afuera.

A mi marido le encantan los deportes y a mí no me interesa ninguno. En los primeros años de nuestro matrimonio, intenté que hiciera lo que yo quería en lugar de lo que él quería hacer. Esto fue egoísta por mi parte, pero en aquel momento estaba tan ocupada pensando que él estaba equivocado, que no podía ver mis propios defectos. En lugar de hacer que le disgustaran los deportes, creo que empezaron a gustarle más. Siempre digo: "Si rebota o rueda, a Dave le gusta". Dave y yo llevamos casados más de cincuenta y siete años y a él le siguen gustando la mayoría de los deportes.

En lugar de que Dios cambiara a Dave, me cambió a mí. Ahora me gusta que vea deportes, porque eso significa que puedo tener el otro televisor libre y ver lo que yo quiera. Cuando él juega al golf, tengo unas seis horas para mí y he aprendido a disfrutar de mi tiempo a solas. Una de las mejores cosas de nuestro matrimonio, es que nos damos libertad para ser nosotros mismos.

DECLARO: *Solo Dios puede cambiar a las personas. Oraré para que las personas sean lo que Dios quiera que sean, pero no intentaré cambiarlas. Dejaré que Dios trabaje en mí y le confiaré las otras personas.*

DÍA 178

NO TE OFENDAS FÁCILMENTE

No se comporta con rudeza, no es egoísta, no se enoja fácilmente, no guarda rencor.

1 CORINTIOS 13:5

Como dice el versículo de hoy, el amor no es susceptible ni se ofende fácilmente y siempre cree lo mejor de cada uno. En términos prácticos, caminar en el amor significa que cuando alguien hiere tus sentimientos, en lugar de pensar que lo hizo a propósito, le das el beneficio de la duda y crees que ni siquiera se dio cuenta de que te hirió. También les perdonarás, porque eso es lo que hace el amor.

Es fácil perdonar a la gente cuando recordamos con cuánta frecuencia necesitamos el perdón. Siempre tenemos elección y podemos escoger entre sentirnos heridos, ofendidos y enfadados o creer en lo mejor y seguir siendo felices. Elegir ser feliz es una de las mejores cosas que puedes hacer por ti mismo.

Dudo que mucha gente se levante cada día con la intención de hacer daño a los demás. Puede estar sufriendo y con frecuencia las personas heridas a su vez hacen daño a los demás. Si hieres u ofendes a alguien, no esperes para disculparte y pedir perdón. Hace poco herí los sentimientos de uno de mis hijos sin querer. Le pedí perdón enseguida y nuestra paz se restableció de inmediato.

DECLARO: *Creo en lo mejor de cada persona y si lastimo u ofendo a alguien, le pido de inmediato que me perdone.*

DÍA 179

LOS CONFLICTOS SE DEBEN TRATAR EN LUGAR DE CONFIAR

¿De dónde surgen las guerras y los conflictos entre ustedes? ¿No es precisamente de las pasiones que luchan dentro de ustedes mismos? Desean algo y no lo consiguen. Matan y sienten envidia y no pueden obtener lo que quieren. Riñen y se hacen la guerra. No tienen, porque no piden.

SANTIAGO 4:1-2

Las disputas surgen cuando las personas discuten o se enzarzan en acalorados desacuerdos. Es un trasfondo de ira que recorre relaciones y situaciones, del cual nuestro mundo está lleno. Las disputas acaban destruyendo muchas relaciones.

En nuestro ministerio tenemos un pastor que se ocupa de la resolución de conflictos. Si existen disputas en cualquiera de nuestros departamentos o entre cualquiera de nuestros empleados, él trabaja con ellos para resolverlas. Si no se resuelven, eventualmente no podrán trabajar para nosotros porque sabemos que la unción de Dios (presencia y poder) permanece donde hay paz.

En lugar de enfadarte cuando no consigues lo que quieres, reza. Me encanta la parte de la escritura de hoy que dice simplemente "No tienen, porque no piden". Esto es tan simple pero tan poderoso. Dios puede hacer en un momento lo que nosotros no podríamos hacer en toda una vida.

DECLARO: *Hago todo lo que puedo para evitar conflictos y cuando necesito algo confío en Dios en lugar de intentar que suceda.*

DÍA 180

¿REZAS Y PLANIFICAS? ¿O PLANIFICAS Y REZAS?

Yo te he glorificado en la tierra y he llevado a cabo la obra que me encomendaste.

JUAN 17:4

Al echar un vistazo al título del devocional de hoy, quizá no veas la diferencia de inmediato, pero es grande. No debemos hacer planes y luego orar para que Dios los haga funcionar. Debemos orar para que Él nos muestre Su plan antes de planear nada para nosotros mismos.

Debemos evitar diligentemente las obras de la carne (intentar con nuestras propias fuerzas), porque solo nos hacen miserables. Terminamos decepcionados porque no funcionan. Cuando estamos trabajando con Dios para llevar a cabo sus planes, las cosas son usualmente suaves y fáciles. Esto no significa que el diablo no trate de involucrarse y hacer las cosas difíciles. Pero, los planes de Dios finalmente funcionan, mientras que los nuestros rara vez lo hacen. Si lo hacen, nos esforzamos para que funcionen y al final fracasan de todos modos.

Permíteme animarte a orar antes de hacer nada importante. Puede que no oigas a Dios darte instrucciones específicas, pero tu oración le honrará y Él orientará tu camino.

DECLARO: *Quiero el plan de Dios, no el mío, así que rezo antes de emprender cualquier acción importante.*

DÍA 181

ELIGE BIEN A TUS AMIGOS

Dichoso es quien no sigue el consejo de los malvados, ni se detiene en la senda de los pecadores, ni se sienta en la reunión de los burladores

SALMOS 1:1

Debemos elegir con cuidado a nuestros compañeros cercanos —aquellos con los que pasamos mucho tiempo— y no aceptar consejos de personas impías. Si necesitas consejo, pregúntale a alguien que sea sabio y espiritualmente maduro y que te dé una respuesta basada en las Escrituras.

Tendemos a adoptar los rasgos de las personas con las que pasamos mucho tiempo, así que elige rodearte de gente a la que te gustaría parecerte. Por ejemplo, me gusta estar con gente generosa porque quiero ser generoso. No quiero pasar mi tiempo con gente que cotillea o que es crítica y negativa.

En el mundo hay suficientes situaciones desagradables y cosas que nos hunden emocionalmente, así que debemos pasar tiempo con gente feliz y edificante, no con quienes nos hundirán aún más. Sé amable con todo el mundo. No excluyas de tu vida a las personas que no conocen a Dios. Necesitan tu influencia. Solo asegúrate de que tú les influyes a ellos y ellos no te influyen a ti.

DECLARO: *Elijo cuidadosamente a mis amigos y socios y rezo para que Dios me rodee de personas que puedan aportar algo a mi vida.*

DÍA 182

AYUDA A LOS POBRES

Quien cierra sus oídos al clamor del pobre llorará también sin que nadie le responda.

PROVERBIOS 21:13

Cuando ayudas a los pobres, estás dando a Dios y Él te lo paga (Pr 19:17). A menudo pienso en las personas sin hogar y en lo que debe ser vivir en la calle en invierno, quizá cubierto con apenas una caja de cartón. Pienso en los niños hambrientos y en las personas que pasan apuros económicos. No solo rezo por ellos, sino que pido a Dios que me envíe a alguien necesitado para que pueda ayudarle.

Asegúrate de que las organizaciones eclesiásticas o ministeriales a las que donas económicamente destinan una parte del dinero que reciben a ayudar a los pobres. Nuestra religión es en vano si todo lo que hacemos es sentarnos en la iglesia cada semana y luego no hacer nada para ayudar a nadie. Santiago 1:27 dice que la religión que es pura y sin mácula es visitar, ayudar y cuidar a los huérfanos y a las viudas en sus aflicciones.

No basta con sentir lástima por los pobres. Tenemos que sentir "compasión", como Jesús (Mt 14:14). Cuanto más ayudes a los demás, más feliz serás.

DECLARO: *Me encanta ayudar a la gente que lo necesita. Me encanta aliviar el sufrimiento humano y rezo para que Dios ponga en mi camino oportunidades para poder ayudar a las personas.*

DÍA 183

NO TE PREOCUPES

No se angustien. Confíen en Dios y confíen también en mí.

JUAN 14:1

¿Estás preocupado hoy por algo o por alguien? Si es así, puedes aligerar tu carga rezando en lugar de preocuparte, y confiando el cuidado de tus preocupaciones a Dios (1 P 5:7). La preocupación nunca ha resuelto un problema, ni ha ayudado o hecho que alguien se sienta mejor. De hecho, la preocupación excesiva puede causarte problemas físicos: dolores de cabeza, problemas digestivos y otras afecciones.

La preocupación es nuestra forma de intentar resolver nuestros propios problemas y sencillamente no funciona. La preocupación es como mecerse todo el día en una mecedora: te mantiene ocupado, pero no te lleva a ninguna parte. Dios promete satisfacer todas nuestras necesidades, pero necesitamos confiar en Él y pedirle que nos ayude. Santiago 4:2 dice que no tenemos porque no pedimos.

Jesús nos invita a acudir a Él si estamos agobiados. La amplificación de Mateo 11:28, traducida al español (N. del T.), dice que Él nos dará descanso y refrescamiento para nuestra alma. No importa cuántos problemas tengamos, si estamos en paz por dentro, todavía podemos disfrutar de la vida.

DECLARO: *Me niego a preocuparme por nada. Dios cuida de mí, y Él satisfará mis necesidades si pongo mi confianza en Él.*

DÍA 184

LA PALABRA DE DIOS ES LA VERDAD

Santifícalos en la verdad; tu palabra es la verdad.

JUAN 17:17

Muchas personas hoy en día no quieren recibir instrucciones de nadie o que les digan lo que tienen que hacer. Y no quieren leer palabras de verdad en un libro llamado Biblia. Este tipo de independencia es responsable de muchos resultados desagradables e incluso tragedias. Estoy segura de que, si te paras a pensarlo, conoces situaciones en las que la gente se ha empeñado en seguir su propio camino y ha acabado teniendo problemas terribles. Esto no tiene por qué suceder. Dios nos ha dado instrucciones para la vida en Su Palabra. Son verdad y funcionan.

Para poder disfrutar de la vida y evitar problemas innecesarios, debemos vivir de acuerdo con la verdad que se encuentra en la Palabra de Dios y no de acuerdo con las mentiras que escuchamos de otras personas, del mundo o del enemigo. Él siempre está tratando de engañarnos tentándonos a creer cosas que no son ciertas, pero estas mentiras pueden convertirse en realidades personales si creemos lo que el enemigo dice. Cuando estamos engañados, no conocemos, disfrutamos o vivimos de acuerdo con la verdad. Pero cuando vivimos de acuerdo con la verdad, cosechamos grandes beneficios.

Debemos saber separar lo que es verdad de lo que no lo es. Podemos hacerlo, pero la batalla por la verdad tiene lugar en nuestras mentes y tenemos que luchar por ella. Debemos examinar lo que creemos y por qué lo creemos y estar firmemente convencidos de la Palabra de Dios para que, cuando el diablo nos desafíe al respecto, podamos mantenernos firmes en la verdad.

DECLARO: *Creo en la verdad de la Palabra de Dios y me niego a permitir que el enemigo me engañe.*

DÍA 185

DIOS ESTÁ CONTIGO

Aun si voy por valles tenebrosos, no temeré ningún mal porque tú estás a mi lado; tu vara y tu bastón me reconfortan.

SALMOS 23:4

En algún momento de nuestras vidas, todos caminaremos por el valle de sombra de muerte afrontando nuestra propia muerte, la muerte de un ser querido o algún otro momento extraordinariamente difícil. ¿Estás caminando por ese valle en este momento o todavía estás herido por un momento en el pasado en el que pasaste por algo similar? Recuerda que donde hay sombra, tiene que haber luz. Y la Luz del Mundo, Jesús, ha prometido estar siempre contigo. Pídele ahora mismo que te consuele, te restaure y te guíe. Y que sepas que Él nunca te dejará ni te abandonará.

Dios nunca prometió que la vida sería fácil. De hecho, Jesús dijo que en este mundo tendríamos tribulación (grandes problemas o sufrimientos). Pero también dijo: "¡Anímense! Yo he vencido al mundo" (Jn 16:33). Esto no significa que nunca tendremos que pasar por nada difícil, sino que somos más que vencedores (Ro 8:37). Sabemos que tenemos la victoria incluso antes de que empiecen los problemas. Imagínese cuánto más fácil será una época difícil si sabes desde el principio que tendrás la victoria.

DECLARO: *Aunque atraviese el valle de sombra de muerte, Dios está siempre conmigo y tengo la victoria.*

DÍA 186

AMAR A DIOS MÁS QUE A CUALQUIER PERSONA O COSA

"Ama al Señor tu Dios con todo tu corazón, con toda tu alma y con toda tu mente", respondió Jesús

MATEO 22:37

Solo podemos amar a Dios porque Él nos amó primero (1 Jn 4:19). Y solo podemos amar porque Él ha puesto Su amor en nosotros (Ro 5:5). Deja que ese amor fluya a través de ti hacia Dios y ama a los demás como te amas a ti mismo (Mr 12:31). ¿A quién más? Cuando nos aseguramos de que es a Dios, y Él es lo primero, disfrutaremos de nuestra vida mucho más que si Él no es nuestra prioridad.

Buscar a Dios primero es algo que tenemos que hacer a propósito, porque el diablo utiliza las distracciones y preocupaciones de este mundo para alejarnos de Él. "Deléitate en el Señor, y él te concederá los deseos de tu corazón" (Sal 37:4). La manera más fácil de vivir es mantener a Dios en primer lugar en tus pensamientos, conversaciones, finanzas, relaciones y cualquier otra área de tu vida.

La presencia de Dios te trae alegría (Sal 16:11). Todo lo que tienes que hacer es pensar en Él y podrás sentir Su presencia contigo. Piensa en Él a lo largo del día, pídele ayuda y dale gracias por todo lo que hace en tu vida. Dile varias veces al día que le amas. Él quiere tu amor más que cualquier otra cosa.

DECLARO: *Amo a Dios más que a nada ni a nadie y Él es siempre lo primero en mi vida.*

DÍA 187

LA BENDICIÓN DE LA DOBLE PORCIÓN

En vez de su vergüenza, mi pueblo recibirá doble porción; en vez de deshonra, se regocijará en su herencia; y así en su tierra recibirá doble herencia y su alegría será eterna.

ISAÍAS 61:7

Cuando la gente nos maltrata, a menudo sentimos que alguien debería devolvernos el dolor que hemos soportado. Cuando la gente sufre abusos, abandono o rechazo, experimenta vergüenza porque frecuentemente siente que lo que le ha ocurrido es culpa suya, pero eso no suele ser cierto. Mi padre abusó sexualmente de mí. Durante años sentí que el abuso era culpa mía y experimenté mucha vergüenza. Pero Dios es nuestro Restaurador y si te han hecho daño injustamente, Él te lo compensará.

Dios promete darnos una doble bendición por nuestras vergüenzas y desgracias pasadas y darnos gozo eterno. Yo he recibido esto en mi vida y sé que tú también puedes experimentarlo. Te animo a que dejes de intentar vengarte. Deja que Dios sea tu Vindicador. Perdona a los que te han hecho daño para que tus oraciones sean eficaces (Mr 11:23-25) y pídele a Dios que te dé la bendición de la doble porción.

DECLARO: *Al liberar a aquellos que me han lastimado y perdonarlos completamente, experimentaré la bendición de doble porción de parte de Dios.*

DÍA 188

DIOS SATISFARÁ TUS NECESIDADES

Fíjense en los cuervos: no siembran ni cosechan, ni tienen almacén ni granero; sin embargo, Dios los alimenta. ¡Cuánto más valen ustedes que las aves!

LUCAS 12:24

Eres valioso para Dios. Le perteneces y Él siempre cuida de los suyos. Tu parte es confiar en Él y la suya es proveerte. Tú puedes sembrar una semilla y apuntarla por fe directamente a tu necesidad; los pájaros no pueden hacer eso, sin embargo, Dios provee para ellos. Seguramente crees que eres más valioso que un pájaro. Si Dios cuida de ellos, ¿cuánto más cuidará de ti?

No siempre sabemos cómo o cuándo Dios satisfará nuestra necesidad, pero podemos estar seguros de que lo hará en el justo momento. Te animo a que entres en el descanso de Dios y disfrutes de tu vida mientras esperas que Él satisfaga tu necesidad. Dios sigue haciendo milagros, y el tuyo puede llegar hoy. Búscalo expectante.

DECLARO: *Soy valioso para Dios y Él satisfará mi necesidad. Pongo mi confianza en Él y continúo disfrutando de mi vida mientras Él trabaja en mi problema.*

DÍA 189

SIGUE CAMINANDO SOBRE EL AGUA

—Ven —dijo Jesús.

Pedro bajó de la barca y caminó sobre el agua en dirección a Jesús. Pero al sentir el viento fuerte, tuvo miedo y comenzó a hundirse. Entonces gritó:

—¡Señor, sálvame!

Enseguida Jesús le tendió la mano y, sujetándolo, lo reprendió:

—¡Hombre de poca fe! ¿Por qué dudaste?

Cuando subieron a la barca, el viento se calmó.

MATEO 14:29-32

La fe es una fuerza espiritual. El enemigo sabe que, si Dios pone fe en nosotros para hacer algo y desarrollamos una actitud positiva hacia ello, creyendo consistentemente que realmente podemos hacerlo, haremos un daño considerable a su reino de las tinieblas.

La Escritura de hoy nos dice que Pedro salió de la barca siguiendo la orden de Jesús, para hacer algo que nunca había hecho. Requería fe. Pero cometió un error: perdió demasiado tiempo mirando la tormenta. Cuando se asustó, empezó a hundirse. Gritó a Jesús para que lo salvara y Él lo hizo. Pero observa que la tormenta cesó en cuanto Pedro volvió a subir a la barca.

El diablo trae tormentas a tu vida para intimidarte. Durante una tormenta, ten la determinación de atravesarla con la ayuda del Espíritu Santo en lugar de volver a subirte a la barca. Me gusta decir: "*Sal* y *quédate* fuera y *descubrirás* que Dios es fiel".

DECLARO: *Salgo y me quedo fuera cuando llegan las tormentas.*

DÍA 190

ASEGÚRATE DE QUE REALMENTE AYUDAS A LA GENTE

Cada cual examine su propia conducta; y si tiene algo de qué presumir, que no se compare con nadie.

GÁLATAS 6:4

Algunas personas encuentran su autoestima en el cuidado de los demás. Sin embargo, muchas de ellas actúan como mártires, quejándose constantemente de tener que hacer tanto por las personas a las que cuidan. Pero no puedes detener a estos cuidadores. Conozco a una mujer que habla de la injusticia de tener que sacrificar su vida por los demás, pero sigue buscando gente a la que ayudar y se aferra a cualquiera que encuentra para cuidar.

Si te sientes atrapado en este comportamiento y realmente quieres salir de él, te sugiero que localices tu verdadera responsabilidad y renuncies al resto. Algunas personas se enfadarán porque ya no les ayudas, pero al menos recuperarás tu vida y tu paz. Durante cuatro años, Dave y yo dedicamos tiempo, dinero y esfuerzo a intentar ayudar a una persona herida procedente de un hogar disfuncional, deseando verle tener una oportunidad de una buena vida. Mientras hacíamos todo por él, las cosas iban bien, pero cuando llegó el momento de que se ocupara de sí mismo, volvió a las andadas.

Si has intentado ayudar a alguien durante años y sigue sin recibir ayuda, plantéate si realmente quiere ayuda. Puede que tú quieras ver un cambio en su vida, pero ellos también tienen que quererlo. Simplifícate la vida. Ayuda a todas las personas que puedas, pero no te conviertas en un cuidador profesional que se siente desgastado y quemado.

DECLARO: *A medida que Dios me da fuerzas, dejo de intentar ayudar a personas que en realidad no quieren ser ayudadas.*

DÍA 191

SIN MIEDO

Pues Dios no nos ha dado un espíritu de timidez, sino de poder, de amor y de dominio propio.

2 TIMOTEO 1:7

Si experimentas miedo en tu vida, no viene de Dios, porque Él nunca nos da un espíritu de miedo. Dios nos da valor, audacia, poder, amor, disciplina y autocontrol. Es el diablo quien trata de dominarnos con el miedo. Recibimos de Dios a través de la fe y del diablo a través del miedo. Como dice el viejo refrán: "Cuando el miedo llame a tu puerta, envía la fe a responder".

El valor no es la ausencia de miedo; es seguir adelante en presencia de él. A menudo debemos "hacerlo con miedo". No podemos huir de nuestros problemas y superarlos. Podemos enfrentarlos, sabiendo que Dios siempre está con nosotros y nos proveerá con todo lo que necesitamos para ser más que vencedores (Ro 8:37). No dejes que el miedo te robe tu destino.

El miedo es la emoción número uno que Satanás utiliza para impedirnos progresar en la vida. Resístelo cuando lo reconozcas por primera vez y no permitas que eche raíces en tu vida.

DECLARO: *Dios está de mi lado y no temeré.*

DÍA 192

CONFÍA EN DIOS Y HAZ EL BIEN

Confía en el Señor y haz el bien; establécete en la tierra y mantente fiel.

SALMOS 37:3

Cuando tenemos una necesidad, como creyentes, se nos enseña a confiar en Dios y eso es exactamente lo que debemos hacer. Pero aprendemos de la escritura de hoy que hay algo más que también debemos realizar y es "hacer el bien". Esta escritura me ha ayudado mucho porque he aprendido que cuando no puedo ayudarme a mí mismo y estoy esperando a que Dios se ocupe de mi problema, puedo ayudar a los demás. Puedo hacer el bien mientras espero y, al hacerlo, estoy sembrando semilla para mi cosecha.

Cuando sufrimos, con frecuencia nos retraemos y nos aislamos. No nos apetece cumplir nuestros compromisos e incluso podemos quedar atrapados en la autocompasión. Pero tenemos una opción mucho mejor. Podemos confiar en Dios (1 P 5:7) y seguir haciendo el bien a los demás. Ser una bendición no solo nos da alegría, sino que también es una herramienta poderosa contra el enemigo. Romanos 12:21 dice que vencemos el mal con el bien. Empieza a practicar este principio hoy y verás resultados asombrosos.

DECLARO: *Mientras espero que Dios se ocupe de mi problema, sigo confiando en Él, siendo bueno con los demás y haciendo lo correcto.*

DÍA 193

DIOS TE GUIARÁ

Por la mañana hazme saber de tu gran amor, porque en ti he puesto mi confianza. Señálame el camino que debo seguir, porque a ti elevo mi alma.

SALMOS 143:8

Las misericordias de Dios son nuevas cada mañana y su amorosa compasión nunca falla (Lm 3:22-23). Cada mañana, al despertar, recuérdate a ti mismo que Dios te ama y dile que tú le amas. Confía en que Dios se ocupará de tus problemas y te guiará en lo que debes hacer mientras esperas las soluciones. Si hay algo que puedas hacer para mejorar tu situación, confía en que Dios te lo mostrará.

Dios no siempre resuelve nuestros problemas milagrosamente. Muchas veces Él nos muestra qué hacer. Yo había estado teniendo problemas con mi estómago durante un par de años. A menudo tenía náuseas por la mañana y frecuentes problemas intestinales. Había ido al médico e incluso me habían dado medicamentos para las náuseas, pero nada me ayudaba. Continué orando sobre esto y Dios me mostró que unas pastillas de menta que comía diariamente tenían un ingrediente que irritaba mi estómago. Dejé de comerlas y mi estómago mejoró en un noventa y cinco por ciento. Pídele sabiduría al Señor para saber si hay algo que puedas hacer para resolver tu problema.

DECLARO: *Dios es mi Ayudador y Él me ofrece una visión de cómo resolver mis problemas.*

DÍA 194

NO TEMERÉ A LOS DEMÁS

Cuando siento miedo, pongo en ti mi confianza. Confío en Dios y alabo su palabra; confío en Dios y no siento miedo. ¿Qué puede hacerme un simple mortal?

SALMOS 56:3-4

El miedo a los demás es un gran temor en la vida de muchas personas, pero si realmente comprendemos cuánto nos ama Dios, eso echará fuera al miedo (1 Jn 4:18). Todos tenemos momentos en los que sentimos miedo, pero podemos decidir cómo queremos manejarlo. ¿Nos rendiremos ante él o lo resistiremos? Una de las cosas más sabias que podemos hacer, es recordarnos a nosotros mismos cuán poderoso es Dios y tener presente que Él está con nosotros todo el tiempo. Él está de tu lado y siempre lucha por ti, si pones tu confianza en Él.

Si lo piensas bien, ¿qué pueden hacerte los simples mortales? Pueden rechazarte o hablar mal de ti. Pueden quitarte algo, pero creo que Proverbios 6:31 enseña que todo lo que te quiten Dios te lo devolverá siete veces más. No dejes que el miedo a otras personas controle tu vida. Las personas que tratan de controlarte con el miedo, realmente no se preocupan por ti y te abandonarán cuando más los necesites.

DECLARO: *No dejaré que el miedo a otras personas me controle. Dios es para mí y no hay nada que un simple mortal pueda hacerme.*

DÍA 195

BIENAVENTURADOS LOS QUE CONFÍAN EN EL SEÑOR

Bendito el hombre que confía en el Señor y pone su confianza en él. Será como un árbol plantado junto al agua que extiende sus raíces hacia la corriente; no teme que llegue el calor y sus hojas están siempre verdes. En época de sequía no se angustia y nunca deja de dar fruto.

JEREMÍAS 17:7-8

Somos bendecidos cuando ponemos nuestra confianza en el Señor. Una de sus mayores bendiciones es la paz, porque cuando confiamos en Dios, no necesitamos preocuparnos. Somos como árboles profundamente arraigados que se apoyan en la fuerza de Dios en tiempos difíciles.

La escritura de hoy dice que incluso en época de sequía (tiempo de problemas) nunca tendremos que preocuparnos y seguiremos cosechando buenos frutos. Cosechar este buen fruto significa desplegar el fruto del Espíritu (Gá 5:22-23), aunque estemos sufriendo personalmente, y continuar haciendo el bien mientras estamos sufriendo. A muchas personas les resulta difícil confiar en Dios, pero es mucho más fácil que preocuparse, inquietarse y estar disgustado todo el tiempo. ¿Por qué no pruebas a confiar en Dios? Puedo prometerte que nunca resolverás ni uno solo de tus problemas preocupándote.

DECLARO: *Pongo mi confianza en el Señor e incluso en un tiempo de continuos problemas sigo dando buenos frutos.*

DÍA 196

LA PALABRA DE DIOS TIENE PODER DE AUTO CUMPLIMIENTO

Porque, así como la tierra hace que broten los retoños y el huerto hace que germinen las semillas, así el Señor y Dios hará que broten la justicia y la alabanza ante todas las naciones.

ISAÍAS 61:11

Cuando un agricultor planta una semilla en la tierra, esa semilla contiene todo lo necesario para reproducir una planta igual a aquella de la que procede la semilla. La semilla tiene poder de autorrealización. Lo único que tiene que hacer el agricultor es regar la semilla y evitar que las malas hierbas le quiten la vida, y la semilla hace el resto.

La Palabra de Dios funciona de la misma manera. Tiene poder de auto cumplimiento. Cuando es plantada en nuestros corazones y la regamos con nuestra fe y mantenemos la cizaña (el pecado) fuera de nuestras vidas, veremos cosas asombrosas desarrollarse simplemente por creer en la Palabra de Dios.

La fe es asombrosa. Es "la certeza de lo que se espera, la convicción de lo que no se ve" (He 11:1). Dios creó de la nada todo lo que vemos en el mundo y hará lo mismo por nosotros cuando creamos y confiemos en Su Palabra.

Cuando ponemos una semilla de tomate en la tierra obtendremos tomates y, del mismo modo, cuando ponemos nuestra fe en la Palabra de Dios, obtendremos lo que promete.

DECLARO: *Sigo creyendo en la Palabra de Dios, aunque no vea resultados inmediatos.*

DÍA 197

PUEDES ELEGIR TU ACTITUD

Estén siempre alegres, oren sin cesar, den gracias a Dios en toda situación, porque esta es su voluntad para ustedes en Cristo Jesús.

1 TESALONICENSES 5:16-18

Todos tenemos el privilegio y la responsabilidad de elegir nuestras actitudes, independientemente de las circunstancias o situaciones en las que nos encontremos. La palabra clave es *elegir*. Las actitudes no ocurren porque sí; son el producto de nuestras elecciones. Los patrones de pensamiento establecidos en nuestra mente pueden ponernos en "piloto automático", lo que significa que cuando se producen ciertos tipos de situaciones, estamos programados para pensar en ellas de determinadas maneras.

Así como los pilotos de avión deben mantener contacto con las torres de control de tráfico aéreo, tú y yo debemos mantenernos en contacto con Dios, el Único que ve el panorama general de nuestras vidas y orquesta todo lo que nos involucra para que cada cosa suceda en el momento adecuado, se mueva a la velocidad apropiada y nos haga llegar sanos y salvos a los "destinos" que Él ha planeado para nosotros. Si queremos mantenernos en el buen camino con Dios, tenemos que hacer de la comunicación con Él una prioridad. Él nos ayudará a navegar por los altibajos de la vida y a encontrar nuestro camino en los días en los que parezca que no podemos ver el siguiente paso que debemos dar. Comunícate con Dios frecuentemente a través de la oración, la lectura de Su Palabra, la adoración y el reconocimiento de Su presencia y guía, a lo largo de cada día.

DECLARO: *Elijo tener una buena actitud y estar en contacto regular con Dios cada día.*

DÍA 198

NO TEMAS A LAS MALAS NOTICIAS

No temerá recibir malas noticias; su corazón estará firme, confiado en el Señor.

SALMOS 112:7

Viví una vida llena de problemas, negatividad y cosas malas hasta los veintitrés años, de modo que desarrollé el hábito de esperar malas noticias. Pensaba que, si las esperaba, dolerían menos cuando llegaran. Tenía una sensación vagamente amenazadora todo el tiempo, como si algo malo fuera a ocurrir en cualquier momento. Tenía miedo de creer que podía ocurrirme algo bueno porque no quería decepcionarme.

Dios me enseñó que mis pensamientos ansiosos y mis malos presentimientos me estaban haciendo desgraciada y abrían una puerta para que el diablo trajera cosas malas a mi vida. Él quería que fuera positiva y creyera en las cosas buenas. Al principio fue muy difícil pero, a medida que avanzaba, empecé a ver que las cosas cambiaban. Ahora espero buenas noticias y que ocurran cosas buenas en mi vida. Todavía tengo problemas de vez en cuando, pero no tan a menudo como antes y Dios siempre me ayuda a resolverlos.

DECLARO: *Soy una persona positiva; espero buenas noticias y cosas todos los días.*

DÍA 199

ESPERAR EN DIOS

Pero los que confían en el Señor renovarán sus fuerzas; levantarán el vuelo como las águilas, correrán y no se fatigarán, caminarán y no se cansarán.

ISAÍAS 40:31

Esperar en Dios no significa que nos quedemos de brazos cruzados sin hacer nada. Puede que no actuemos físicamente, pero somos muy activos espiritualmente, en nuestros corazones. Me sorprendió y me encantó saber que esperar, en el contexto de la escritura de hoy, significa esperar algo bueno. Lo que esperamos es lo que atraemos hacia nosotros.

Nuestra fe o falta de fe es como un imán que atrae lo bueno o lo malo a nuestras vidas, dependiendo de lo que creamos. Dios quiere que creamos que Él siempre es bueno y que nos ama y siempre hará cosas buenas por nosotros. Puede que tengamos que esperar más de lo que quisiéramos, pero Su tiempo siempre es perfecto. Cuando esperamos, aunque Dios no esté haciendo nada en nuestras circunstancias todavía, está haciendo algo dentro de nosotros.

Nos está enseñando a tener paciencia y a confiar en Él. Con frecuencia, también pone a prueba nuestra fe. Cuando esperamos en el Señor nos fortalecemos física, mental y emocionalmente. Nuestra fe también se fortalece. Aprende a disfrutar de la espera, porque vas a pasar más tiempo esperando que recibiendo.

Esperamos una cosa, y cuando por fin la conseguimos, al poco tiempo estamos esperando otra.

DECLARO: *Al esperar en Dios, en la expectativa de que Él haga cosas asombrosas en mi vida, me fortalezco y espero con placer.*

DÍA 200

JESÚS HA VENCIDO AL MUNDO

Yo les he dicho estas cosas para que en mí hallen paz. En este mundo afrontarán aflicciones, pero ¡anímense! Yo he vencido al mundo.

JUAN 16:33

Jesús nos dice que en el mundo tendremos tribulaciones. No quiere que nos sorprendan los problemas, sino que mantengamos la paz y sigamos confiando en Él, aún en medio de ellos. De hecho, dice que, cuando lleguen los problemas debemos alegrarnos porque Él ha vencido al mundo y le ha quitado el poder de hacernos daño.

Esta es una buena noticia. Satanás puede venir contra nosotros, pero no ganará. Podemos perder una batalla de vez en cuando, pero ya hemos ganado la guerra. Yo solía pensar que la vida sería mejor si no tuviera problemas acechándome todo el tiempo. Esperaba que mis problemas desaparecieran, pero descubrí que Dios quería que aprendiera a afrontarlos con confianza, sabiendo que Él siempre cuidaría de mí. Él quiere hacer lo mismo por ti. ¿Estás preocupado por algo en este momento? Si es así, lee la Escritura de hoy una y otra vez, y deja que la realidad de lo que dice penetre en tu corazón.

DECLARO: *Sé que la vida no es perfecta y que a veces experimentaré pruebas y dificultades. Pero Jesús ha vencido al mundo y les ha quitado el poder de hacerme daño.*

DÍA 201

ENTRAR EN EL DESCANSO DE DIOS

Porque el que entra en el reposo de Dios descansa también de sus obras, así como Dios descansó de las suyas.

HEBREOS 4:10

Podemos trabajar mental y emocionalmente tratando de resolver nuestros propios problemas, o podemos poner nuestra confianza en Dios y entrar en Su descanso. Su descanso es un descanso sobrenatural que nos permite realizar lo que necesitamos hacer en la vida en paz total. Trabajé con mis problemas y conmigo misma hasta que me agoté por completo y finalmente decidí creer en la Palabra de Dios. Cuando lo hice, empecé a aprender el gozo de entrar en el descanso de Dios.

No podemos resolver nuestros propios problemas a no ser que Dios nos muestre específicamente qué hacer, así que más vale que creamos en Su Palabra. Si nunca has hecho esto, puedes intentarlo y descubrirás que funciona.

Los israelitas no pudieron entrar en el reposo de Dios debido a su incredulidad (He 3:19). Pero tú y yo todavía tenemos la oportunidad de entrar en Su reposo (He 4:1) y, según Hebreos 4:11, debemos ser diligentes para no perder la oportunidad. Hoy puedes entrar en el descanso de Dios, así que no esperes más.

DECLARO: *Me niego a vivir en la preocupación y la ansiedad. No me afanaré con mis problemas. En cambio, creo en la Palabra de Dios y entro en Su descanso.*

DÍA 202

SOSPECHA DE LA SOSPECHA

Todo lo disculpa, todo lo cree, todo lo espera, todo lo soporta.

1 CORINTIOS 13:7

Puedo decir honestamente que la obediencia a la escritura de hoy fue un desafío para mí. Me educaron para desconfiar. De hecho, me enseñaron a desconfiar de todo el mundo, especialmente si pretendían ser amables, porque debían querer algo de mí. Además de que me enseñaron a desconfiar de los demás y de sus motivos, tuve varias experiencias muy decepcionantes con la gente, no solo antes de convertirme en cristiana activa, sino después. Meditar sobre los componentes del amor y darme cuenta de que el amor siempre cree lo mejor, me ha ayudado mucho a desarrollar una nueva mentalidad.

Cuando tu mente ha sido envenenada o cuando Satanás ha ganado fortalezas en tu mente, necesita ser renovada de acuerdo a la Palabra de Dios. Tenemos el maravilloso Espíritu Santo en nosotros para recordarnos cuando nuestros pensamientos van en la dirección equivocada. Dios hace esto por mí cuando estoy teniendo pensamientos sospechosos en lugar de pensamientos amorosos. La confianza y la fe traen alegría a la vida y ayudan a que las relaciones crezcan a su máximo potencial. La sospecha paraliza toda relación y suele destruirla. La conclusión es la siguiente: Los caminos de Dios funcionan; nuestros caminos naturales y humanos no. Dios condena el juicio, la crítica y la sospecha y nosotros también deberíamos hacerlo.

La próxima vez que sientas la tentación de desconfiar, elige creer en lo mejor.

DECLARO: *Creo lo mejor de las personas.*

DÍA 203

PROPÓSITO Y AUTOACEPTACIÓN

¿Quién eres tú para pedirle cuentas a Dios? "Acaso le dirá la olla de barro al que la modeló: '¿Por qué me hiciste así?'".

ROMANOS 9:20

Dios nos da libre albedrío (la capacidad de tomar nuestras propias decisiones), pero si somos sabios, usaremos nuestro libre albedrío para elegir la voluntad de Dios para nuestras vidas. Parte de Su deseo para nosotros es que vivamos con un propósito, pero muchas personas se sienten inútiles y pierden el tiempo preguntándose por qué están vivas. "¿Quién soy? ¿Para qué estoy aquí en la tierra?", es el grito de muchos corazones. Estás aquí porque Dios disfruta de ti y te quiere vivo en este momento. Eres importante para Él y encajas en sus propósitos. No eres un accidente. Has sido diseñado personalmente por la mano de Dios y Él te ha dado habilidades que debes usar para servirle a Él y a otras personas.

Muchos nos comparamos —y lo hacemos con nuestros puntos fuertes y débiles— con los demás. Esto es un gran error. Dios nunca te ayudará a ser nadie más que tú mismo. Creo que la aceptación de uno mismo es vital si queremos encontrar y cumplir el propósito de Dios para nuestras vidas. A menos que aceptemos quiénes somos y en qué somos buenos —o no tan buenos—, tendremos dificultades en cualquier cosa que intentemos hacer. Me gusta decir: "Dale a Dios todo lo que eres y dale todo lo que no eres". Cuando nos aceptamos a nosotros mismos podemos prosperar en nuestras áreas fuertes y trabajar para mejorar nuestras debilidades o encontrar formas de compensarlas.

Te animo a que te conozcas, aprendas a valorarte y a apreciar tus puntos fuertes y cumplas el propósito que Dios tiene para ti.

DECLARO: *Me acepto a mí mismo y persigo intencionalmente el propósito de Dios para mi vida.*

DÍA 204

GASTA TUS DÍAS SABIAMENTE

Enséñanos a contar bien nuestros días, para que nuestro corazón adquiera sabiduría.

SALMOS 90:12

Cuando le pedimos a Dios que nos guíe cada mañana, probablemente no nos dará un esquema específico de lo que debería ser el día, pero podemos confiar en que nos guiará a la hora de programar y planificar nuestra jornada. Dios nos ha dado el sentido común y la sabiduría como dones y, como parte de nuestro libre albedrío, espera que los utilicemos cuando decidimos cómo emplear nuestro tiempo y energía. Tal vez no hayas pensado en necesitar sabiduría cuando piensas en cómo emplear tu tiempo, pero podemos buscar sabiduría en todas las áreas de la vida, grandes o pequeñas.

Cuando busques sabiduría para este día, plantéate estas preguntas: "¿Cuánto puedo conseguir hoy de forma realista? ¿Qué conseguir sin frustración ni estrés? ¿Qué es lo más urgente que debo hacer hoy? ¿Qué puedo dejar para mañana si es necesario? ¿Estoy planeando hacer algo que solo me hará perder el tiempo?".

Al pensar hoy en tu día, creo que la sabiduría también dejaría espacio para vivir una vida equilibrada que incluya tiempo con Dios, descanso, risas e invertir en ciertas relaciones, además de alcanzar tus objetivos.

Durante años, no siempre apliqué los principios que hoy te animo a aplicar. Aprendí de mis errores y espero que tú puedas aprender sin cometer los mismos que yo.

DECLARO: *Cada día uso la sabiduría a medida que utilizo mi tiempo.*

DÍA 205

NO MÁS REPROCHES

Luego el Señor dijo a Josué: "Hoy les he quitado de encima la vergüenza de haber sido esclavos en Egipto". Por esa razón, aquel lugar se llama Guilgal hasta el día de hoy.

JOSUÉ 5:9

La palabra *reproche* significa culpar, deshonrar o avergonzar. Así como Dios "quitó" el reproche de Egipto a los israelitas, Él quita la vergüenza y el reproche de nosotros.

En cierto momento de mi vida, me di cuenta de que tenía una naturaleza basada en la vergüenza debido a cosas que había hecho y a cosas que me habían hecho. La vergüenza había envenenado mi interior y, en el fondo, yo no me gustaba. Ahora sé que cuando recibimos para nosotros el perdón que Dios nos ofrece por nuestros pecados pasados y la limpieza que Él pone a nuestra disposición por las cosas que nos han hecho, el reproche desaparece. Somos libres de la vergüenza y la desgracia.

Nunca podemos merecer o trabajar para ganar las bendiciones de Dios. Solo podemos aceptarlas humildemente, apreciarlas y asombrarnos de la bondad y el amor de Dios por nosotros. El odio a uno mismo, el rechazo de uno mismo, la negativa a aceptar el perdón de Dios, la incomprensión de la justicia a través de la sangre de Jesús y todos los problemas relacionados nos mantendrán atados a la vergüenza y la desgracia. Pero gracias a Jesús, tenemos la esperanza de liberarnos de la vergüenza.

Hoy, recuerda que estás en buenas relaciones con Dios a través de Jesús —no a través de tus propias obras— y dale gracias por perdonarte, liberarte, sanarte y borrar toda vergüenza y reproche de tu vida.

DECLARO: *Vivo en la rectitud que Jesús obtuvo en mi favor y rechazo la vergüenza, la desgracia y el oprobio.*

DÍA 206

LOS MANDAMIENTOS DE DIOS NO SON DEMASIADO DIFÍCILES

Este mandamiento que hoy te ordeno obedecer no es superior a tus fuerzas ni está fuera de tu alcance.

DEUTERONOMIO 30:11

A menudo, cuando alguien viene a pedirme consejo y oración, cuando le digo lo que dice la Palabra de Dios o lo que creo que dice el Espíritu Santo, su respuesta es: "Sé que es así; Dios me ha estado mostrando lo mismo. *Pero es demasiado difícil*". Creo que Dios me mostró que el enemigo trata de inyectar esta frase en la mente de las personas para que se den por vencidas y me instruyó para que dejara de decir lo difícil que era todo asegurándome que, si lo hacía, las cosas serían más fáciles.

Incluso cuando estamos decididos a seguir adelante y hacer algo, pasamos tanto tiempo pensando y hablando de lo difícil que es, que el proyecto acaba siendo mucho más difícil de lo que habría sido si hubiéramos sido positivos en lugar de negativos. Cuando pensamos que las cosas van a ser difíciles, lo son.

Cuando inicialmente empecé a ver en la Palabra de Dios cómo se suponía que debía vivir y comportarme y lo comparé con donde yo estaba, siempre decía: "Quiero hacer las cosas a Tu manera, Dios, pero es tan difícil". El Señor me guio a la escritura de hoy en la cual Él dice que sus mandamientos no son ni muy difíciles ni muy lejanos.

La razón por la que los mandatos de nuestro Señor no resultan demasiado difíciles, es que Él nos da su Espíritu para que actúe en nosotros poderosamente y nos ayude en todo lo que nos pide.

DECLARO: *Creo que puedo hacer todas las cosas a través de Cristo y que, a medida que confío en Él, las cosas difíciles se vuelven más fáciles.*

DÍA 207

DIOS ES TU RECOMPENSADOR

En realidad, sin fe es imposible agradar a Dios, ya que cualquiera que se acerca a Dios tiene que creer que él existe y que recompensa a quienes lo buscan.

HEBREOS 11:6

No podemos agradar a Dios sin fe. Ninguna de nuestras obras le agrada si no se hacen con fe. Recibimos de Dios solo a través de la fe, no de ninguna otra manera. En Juan 6:28, leemos que algunas personas preguntaron qué debían hacer para agradar a Dios y Él dijo que la obra que Dios requiere es "que creáis en el que Él ha enviado" (Jn 6:29).

La escritura de hoy dice que debemos creer en que Él existe y recompensa a los que le buscan diligentemente. Por muchos años, estuve en la iglesia sin escuchar jamás que Dios quería recompensarme. ¿Ves a Dios como tu Galardonador y esperas una recompensa si lo has buscado diligentemente?

Podríamos pensar que sería un error esperar una recompensa de Dios. Después de todo, Él ya nos ha dado a Jesús, el mejor regalo de todos. Pero Él quiere que creamos porque quiere hacer muchas cosas maravillosas por nosotros y no podremos recibirlas si no creemos. No esperamos recompensas porque pensamos que las merecemos, pero como Dios nos dice que la fe le agrada, Él recompensa a quienes lo buscan diligentemente.

DECLARO: *Tengo fe en Dios y creo que Él existe. Él es mi Galardonador y lo busco diligentemente.*

DÍA 208

NO TE DEJES CONMOVER POR MALAS NOTICIAS

Sin hacer caso de la noticia, Jesús dijo al jefe de la sinagoga: —No tengas miedo; nada más cree.

MARCOS 5:36

Jesús iba de camino a curar a la hija del jefe de la sinagoga cuando unos sirvientes salieron de la casa del jefe y le dijeron que no se molestara porque la niña estaba muerta. La Escritura de hoy dice que Jesús los escuchó, pero no hizo caso. Esta es una buena manera de responder a ciertas situaciones en nuestras vidas. Cuando estamos confiando en Dios para hacer cosas increíbles o cosas que pueden parecer imposibles para otros, la gente a menudo dirá palabras desalentadoras. Lo mejor que podemos hacer es ignorar su negatividad y seguir creyendo.

Dios a menudo nos da un don de fe con respecto a algo que Él quiere hacer en nuestra vida y suena imposible para aquellos que no tienen el don de fe. Dave y yo teníamos un don de fe cuando comenzamos nuestro ministerio, mientras que la mayoría de nuestros familiares y amigos pensaban que estábamos cometiendo un gran error. Estoy muy contenta de haber escuchado a Dios y no a la gente.

En la historia de Marcos 5, Jesús alcanzó a la niña y la resucitó de entre los muertos. Si Él puede hacer eso, ciertamente puede hacer lo que sea que necesites que Él haga en tu vida hoy.

DECLARO: *No me conmueven los informes negativos sobre cosas en las que Dios me ha dado fe para que crea.*

DÍA 209

CAMINAR EN EL AMOR

Les hablo así, hermanos, porque ustedes han sido llamados a ser libres; pero no se valgan de esa libertad para dar rienda suelta a sus pasiones. Más bien sírvanse unos a otros con amor. En efecto, toda la Ley se resume en un solo mandamiento: "Ama a tu prójimo como a ti mismo".

GÁLATAS 5:13-14

Si se me permitiera enseñar solo tres mensajes durante el resto de mi vida, el primero sería que somos salvos por gracia a través de nuestra fe en Jesús y por la fe somos justificados y hechos justos con Dios. El segundo sería la importancia de pasar regularmente tiempo de calidad con Dios. La tercera sería recibir el amor de Dios, amarle a cambio y caminar en amor con los demás.

Las personas que caminan en el amor no pueden ser infelices. sus mentes no están en sí mismas, sino en lo que pueden hacer por Dios y por los demás. No podemos ser egoístas y felices al mismo tiempo; el amor es el polo opuesto al egoísmo. El amor al que me refiero no es un amor carnal (humano). No es un sentimiento, aunque pueda incluir sentimientos. Es el mismo tipo de amor que Dios da. Es incondicional, eterno y poderoso. El amor es una decisión sobre cómo trataremos a las personas. Es algo que se puede ver y sentir y se manifiesta de diversas maneras.

Cuando enseño sobre el amor, ofrezco este resumen de 1 Corintios 13:4-8: El amor es paciente con las personas, es humilde, nunca es celoso y siempre cree lo mejor de ellas. El amor ayuda a los demás, da y perdona rápidamente. Pide a Dios que te ayude a amar a los demás y a tratarlos como quieres que te traten a ti.

DECLARO: *Recibo el amor de Dios, le amo a cambio y camino en amor hacia los demás.*

DÍA 210

ESTO ACABARÁ BIEN

Ahora bien, sabemos que Dios dispone todas las cosas para el bien de quienes lo aman, los que han sido llamados de acuerdo con su propósito.

ROMANOS 8:28

La escritura de hoy es para mí una de las más reconfortantes de la Biblia. Qué emoción saber que todas las cosas ayudan para bien de los que aman a Dios y quieren Su voluntad. Cuando atravesamos momentos difíciles, es muy importante recordar esto. Vemos una escritura similar en Génesis 50:20, cuando José dijo a sus hermanos (que lo habían odiado y tratado cruelmente) que con lo que ellos querían hacerle daño, Dios lo había destinado para su bien.

Los hermanos de José lo vendieron como esclavo y le dijeron a su padre que lo había matado un animal salvaje. Pero Dios había puesto sus ojos en José y lo fue trasladando de un lugar a otro hasta que finalmente acabó en el palacio del Faraón como su ayudante número uno. No todo el viaje de José fue agradable. Pasó años en prisión por un crimen que no cometió, pero Dios usó eso para llevarlo a la presencia del Faraón y entonces le dio su favor (Génesis 41). No importa por lo que estés pasando, cree que Dios lo resolverá para bien y que te asombrarás del resultado final.

DECLARO: *Confío en Dios y creo que todas las cosas en mi vida trabajan juntas para el bien.*

DÍA 211

DIOS NO TE DEJARÁ SIN APOYO

Porque Él (Dios) mismo ha dicho: Yo no te fallaré de ninguna manera ni tampoco te abandonaré ni te dejaré sin apoyo. ¡No lo haré! ¡No lo haré! ¡Yo de ninguna manera te dejaré desamparado, abandonado o te dejaré caer! (relajaré mi agarre). [¡Ciertamente que no!] Así que nos consolamos y nos animamos y decimos con confianza y valentía: El Señor es mi ayudador; no me alarmaré (no temeré ni me aterrorizaré). ¿Qué puede hacerme el hombre?

HEBREOS 13:5-6 (AMPC)[1]

Aunque te sientas muy solo, puedo asegurarte que no lo estás. Dios está contigo y ha prometido no dejarte nunca sin apoyo. Si lees con atención los versículos de la Escritura de hoy, verás "no lo haré" cuatro veces en las palabras que Dios ha dicho. Si el Señor dice algo una vez, debemos creerlo, pero si lo repite tres veces más, creo que definitivamente está tratando de asegurarnos que seremos cuidados. Este pasaje nos asegura más allá de cualquier duda o pregunta que Dios no nos dejará desamparados o sin apoyo.

¡Dios te sostiene! Él te tiene en la palma de Su mano (Isa 49:16) y no te dejará ir. Puede que te estés enfrentando a situaciones a las que nunca te has enfrentado antes y no tengas ni idea de qué hacer. Si es así, te animo a que no dejes que el miedo se apodere de ti, porque cuando tengas necesidad de una respuesta, Dios te la dará. No tienes que temer; no hay nada que alguien pueda hacerte que Dios no pueda arreglar y cambiar para bien (Ro 8:28).

DECLARO: *Dios nunca me dejará sin apoyo. Él nunca me dejará ir o relajará Su agarre sobre mí.*

---

[1] N. del T: Texto traducido directamente del original, el cual la autora toma de la Biblia Amplificada Edición Clásica en inglés.

DÍA 212

DIOS SIEMPRE CUMPLE LO QUE PROMETE

Dios no es un simple mortal para mentir y cambiar de parecer. ¿Acaso no cumple lo que promete ni lleva a cabo lo que dice?

NÚMEROS 23:19

Es bueno saber que es imposible que Dios mienta. Él no es como los humanos, que no siempre hacen lo que dicen que harán. Dios siempre hace lo que dice que hará. No habla y luego no actúa. Él promete y luego cumple.

Nuestro problema obvio es que Dios no nos da un calendario de cuánto tiempo tendremos que esperar para ver cumplida una promesa. Nuestro trato con Dios implica un elemento de fe. Debemos confiar en que su tiempo es siempre el correcto. Nuestro tiempo es siempre "ahora", pero Dios sabe muchas cosas que nosotros no sabemos. Si Él trae ciertas cosas a nuestras vidas antes de que sea el momento adecuado para que las tengamos, en realidad pueden perjudicarnos en lugar de ayudarnos.

Con Dios todo es posible (Mt 19:26), ¡pero es imposible que mienta!

DECLARO: *Sé que Dios siempre cumple su palabra. Es imposible que mienta. Pongo mi confianza en Él en todo momento y en todas las cosas.*

DÍA 213

SÉ UN OPTIMISTA

Pero de una cosa estoy seguro: he de ver la bondad del Señor en esta tierra de los vivientes. Pon tu esperanza en el Señor; cobra ánimo y ármate de valor, ¡pon tu esperanza en el Señor!

SALMOS 27:13-14

Dios quiere que seamos positivos y optimistas, que siempre esperemos que ocurra algo bueno. Atraemos hacia nosotros lo que esperamos y creemos, así que una persona sabia no será pesimista ni negativa. Yo solía ser muy negativa y me pasaban muchas cosas negativas en la vida. Pero Dios me ha cambiado y ahora me cuesta rodearme de gente negativa.

No hay nada negativo en Dios ni en la fe. Veremos la bondad del Señor en la tierra de los vivos, no solo cuando vayamos al cielo.

Puedes adquirir el hábito de ser positivo en todo momento. Habrá momentos en los que deberás aferrarte a tu fe positiva, aunque las cosas parezcan sombrías, pero ¿qué tienes que perder?

Incluso si crees en algo bueno y no lo consigues, serás más feliz que si tienes una actitud negativa todo el tiempo. Sin embargo, las cosas buenas te sucederán si pones tu confianza en Dios y mantienes una actitud correcta.

DECLARO: *Creo que cosas buenas vienen hacia mí. Siempre soy positivo, porque ser negativo no es la voluntad de Dios y no hace bien.*

DÍA 214

PON TU TESORO EN EL CIELO

No acumulen para sí tesoros en la tierra, donde la polilla y el óxido destruyen, y donde los ladrones se meten a robar. Más bien, acumulen para sí tesoros en el cielo, donde ni la polilla ni el óxido carcomen, ni los ladrones se meten a robar.

MATEO 6:19-20

El dinero por sí solo no proporciona una vida satisfactoria y plena. La sabiduría se encuentra en saber que no estamos trabajando solo por las cosas terrenales, sino que estamos acumulando tesoros en el cielo. La sabiduría nos enseña a vivir con cuidado, recordando que esta vida terrenal es corta. Ahora es el momento de seguir a Dios, de ajustar nuestras prioridades y de centrarnos en las cosas que realmente más importan. Cuando rezamos pidiendo sabiduría, estamos pidiendo a Dios que nos muestre la mejor opción —la suya— para nuestras vidas.

El dinero y las posesiones son efímeros. La estructura financiera mundial puede derrumbarse en un día. En 1929, el mercado de valores de Estados Unidos se desplomó y de repente América entró en una depresión. En 2008, la bolsa cayó casi siete mil puntos en un día y las inversiones de la gente perdieron de repente casi la mitad de su valor. Si vivimos principalmente para el dinero y las posesiones y buscamos nuestra seguridad en ellos, situaciones como estas son amenazadoras. Pero cuando encontramos nuestra seguridad en Dios, estamos a salvo, asentados y seguros.

Disfruta del dinero que tienes y utilízalo para ayudar a los demás, pero no lo conviertas en la fuente de tu confianza, tu seguridad o tu esperanza. Pon tu esperanza solo en Cristo (Sal 6:5-7).

DECLARO: *Uso mi dinero sabiamente y ayudo a otros con él. Pero no confío en nada terrenal sino que pongo mi esperanza en el Señor.*

DÍA 215

RECIBE MISERICORDIA

Ten piedad de mí, oh Dios, conforme a tu gran amor; conforme a tu misericordia, borra mis transgresiones. Lávame de toda mi maldad y límpiame de mi pecado.

SALMOS 51:1-2

La Escritura de hoy es muy reconfortante y alentadora; es ideal para convertirla en oración cada mañana. Después de pedir misericordia, tómate un tiempo para estar en silencio ante Dios y recibir plenamente la misericordia y el perdón que has solicitado. La Biblia dice: "Pidan y recibirán para que su alegría sea completa" (Jn 16:24). Creo que mucha gente pide, pero no recibe.

Las misericordias de Dios son nuevas cada mañana, así que podemos empezar de nuevo cada día (Lm 3:22-23). Afortunadamente, no tenemos que arrastrar los errores de ayer hasta hoy. Nunca vivas con el temor de que si pecas, no serás perdonado. Dios se encargó del problema del pecado cuando Jesús pagó por nuestros pecados en la cruz. Si hoy te sientes culpable por algo que hiciste en el pasado, reza esta escritura y deja ir el pasado.

Hoy es un nuevo día y Dios quiere que seas libre para disfrutar del día que Él ha hecho y te ha dado.

DECLARO: *Cada día recibo misericordia y perdón por mis pecados pasados, y cada día empiezo de nuevo.*

DÍA 216

NO INTENTES ESCONDERTE DE DIOS

Quien encubre su pecado jamás prospera; quien lo confiesa y lo deja, alcanza la misericordia.

PROVERBIOS 28:13

Nunca intentes ocultar tus pecados a Dios. Es inútil porque Él ya sabía los pecados que cometerías antes de que los cometieras. A Dios no le sorprende tu comportamiento y te ama de todos modos. Arrepiéntete y disponte a alejarte completamente del pecado. Recibe un nuevo comienzo y, desde este día en adelante, habla con Dios acerca de todo. Cuando hablas de ello lo liberas en lugar de tratar de esconderlo en tu alma, donde puede corroer tu confianza.

Según Romanos 3:23-24, todos hemos pecado y somos privados de la gloria de Dios. Al mismo tiempo, todos hemos sido justificados gratuitamente por Su gracia a través de la redención que Jesús nos ofrece. El diablo tratará de decirte que eres peor que los demás, pero eso no es cierto. Todos pecamos, pero afortunadamente Dios ha provisto una respuesta para todos nosotros. Créela y recíbela por fe.

Cree más en la Palabra de Dios que en tus sentimientos. Que te sientas culpable no significa que lo seas. Si te has arrepentido, estás perdonado.

DECLARO: *No trataré de esconder mi pecado de Dios, en lugar de eso le diré todo. Él lo sabe de todos modos, así que estoy perdiendo el tiempo tratando de ocultarlo.*

DÍA 217

PERDONAR RÁPIDAMENTE

Porque si perdonan a otros sus ofensas, también los perdonará a ustedes su Padre celestial. Pero si no perdonan a otros sus ofensas, tampoco su Padre perdonará a ustedes las suyas.

MATEO 6:14-15

Creo que Satanás gana más terreno en la vida de un creyente a través de la falta de perdón que a través de cualquier otra cosa. Tendemos a pensar que es demasiado difícil perdonar a alguien que nos ha herido, pero aferrarse a la falta de perdón es en realidad mucho más difícil que dejarla ir. Recuerde siempre que usted puede hacer cualquier cosa que Dios le haya dicho que haga. Si Él nos dice que perdonemos, podemos perdonar.

El perdón no es un sentimiento; es cómo tratamos a las personas y cómo hablamos de ellas. Reza por quienes te han hecho daño e incluso han abusado de ti. Es difícil seguir enfadado con alguien cuando rezas por él.

Somos buenos recordando lo que otros nos han hecho, pero olvidamos fácilmente lo que nosotros hemos hecho para herir a los demás. Todos necesitamos el perdón, pero no lo obtendremos si no estamos dispuestos a perdonar a la gente. Si estás enfadado con alguien, te animo encarecidamente a que lo dejes ir hoy mismo. No pierdas más tiempo enfadándote. Entrégale la situación a Dios y deja que Él sea tu Vindicador (Ro 12:19).

DECLARO: *No guardaré rencor sino que perdonaré pronto, como Dios me perdona.*

DÍA 218

ORACIÓN CONTESTADA

Dos hombres subieron al Templo a orar; uno era fariseo, y el otro, recaudador de impuestos. El fariseo, puesto en pie y a solas, oraba: "Oh Dios, te doy gracias porque no soy como otros hombres —ladrones, malhechores, adúlteros— ni como ese recaudador de impuestos. Ayuno dos veces a la semana y doy la décima parte de todo lo que recibo". En cambio, el recaudador de impuestos, que se había quedado a cierta distancia, ni siquiera se atrevía a alzar la vista al cielo, sino que se golpeaba el pecho y decía: "¡Oh Dios, ten compasión de mí, que soy pecador!".

LUCAS 18:10-13

Dios no responde a nuestras oraciones porque seamos buenos, sino porque Él es bueno. Sé como el recaudador de impuestos mencionado en la escritura de hoy y pídele a Dios que tenga misericordia de ti a causa de tu pecado. Sé agradecido por toda la gracia que Dios te da y no lleves un registro de tus buenas obras. Recuerda todo lo bueno que alguien hace por ti, pero olvida rápidamente el bien que tú haces por los demás.

No te compares con otras personas, sobre todo no de una manera que te haga sentir que eres mejor que ellas. Pablo enseña que no debemos tener un concepto de nosotros mismos superior al que nos corresponde, sino pensar según el grado de fe que nos ha sido dado (Ro 12:3). Si somos buenos en algo, es porque Dios nos ha dado un don. Debemos estar humildemente agradecidos, no ser orgullosos, que siempre nos hace creer más de nosotros mismos de lo que deberíamos.

DECLARO: *Sé que no merezco nada de Dios, pero estoy muy agradecido por todo lo que Él hace por mí.*

DÍA 219

NO JUZGUES

No juzguen y no se les juzgará. No condenen y no se les condenará. Perdonen y se les perdonará.

LUCAS 6:37

Al diablo le encanta llenar nuestras mentes con pensamientos de juicio sobre otras personas, pero la Palabra de Dios nos advierte que no lo hagamos. La gente tiende a dar rápidamente su opinión sobre cosas de las que no tienen conocimiento real. He sido juzgada falsamente muchas veces y siempre duele. Cuando sucede, lo primero que quiero hacer es defenderme, pero Dios nos dice que se lo dejemos a Él.

Si alguna vez te han juzgado falsamente, recordar cómo te sentiste debería ayudarte a no juzgar a los demás. Reconocemos el pecado y podemos juzgar algo como pecado, pero nuestra respuesta debe ser orar por la persona, no juzgarla. Nunca sabemos lo que una persona está pasando o ha pasado en su vida. No sabemos qué le ha llevado a actuar como lo hace. Sé que después de haber sido abusada sexualmente por mi padre durante casi quince años, tuve algunos problemas en mi personalidad y por lo general no le caía bien a la gente a menos que se tomaran el tiempo de conocerme realmente.

Hoy en día, debido a la Internet, los juicios y los chismes se extienden rápidamente por todas partes. Debemos tener cuidado de no sembrar semillas de juicio a menos que queramos cosecharlas.

DECLARO: *No juzgaré ni criticaré a las personas, sino que oraré por ellas y las dejaré en las manos capaces de Dios.*

DÍA 220

ESTACIONES DE LA VIDA

Todo tiene su momento oportuno; hay tiempo para todo lo que se hace bajo el cielo.

ECLESIASTÉS 3:1

Cuando buscamos a Dios para comprender mejor Su voluntad para nosotros, la mayoría de nosotros querríamos un proyecto claro para el resto de nuestras vidas. Pero si realmente queremos hacer la voluntad de Dios, podemos confiar en que Él nos guiará un día a la vez sin mostrarnos todo al mismo tiempo. Trabajé en muchos empleos antes de tener la idea de enseñar la Palabra de Dios. Cada uno de estos trabajos fue correcto en el momento en que lo tuve, porque todavía no había llegado el momento para que yo hiciera lo que Dios finalmente tenía en mente para mí. Dios a veces tiene que pasar la primera mitad de nuestras vidas poniéndonos en posición para la segunda mitad.

En el Antiguo Testamento, Moisés fue llamado a sacar a los israelitas de la esclavitud en Egipto, pero antes se había criado en el palacio del Faraón y había vivido allí durante cuarenta años. Entonces Dios se le apareció y le dio instrucciones específicas. Los primeros ochenta años de vida le ayudaron a prepararse para el resto. Podemos ver las estaciones de la vida de Moisés y darnos cuenta de que algunas de ellas pueden haber parecido inútiles, pero, en realidad no lo fueron. Durante el tiempo que Moisés pasó en Egipto y en el desierto, se estaba convirtiendo en el hombre que Dios necesitaba que fuera.

Dios actúa de la misma manera contigo y conmigo. Nos guía a través de las estaciones de la vida y utiliza cada una de ellas para prepararnos para la siguiente.

DECLARO: *Abrazo cada estación de la vida confiando en que Dios está haciendo en mí exactamente lo que necesita hacer, para prepararme para la siguiente estación.*

DÍA 221

PREPÁRATE PARA EL CAMBIO

Pasando junto al lago de Galilea, Jesús vio a Simón y a su hermano Andrés que echaban la red al lago, pues eran pescadores. "Vengan, síganme —dijo Jesús—, y los haré pescadores de hombres". Al instante dejaron las redes y lo siguieron.

MARCOS 1:16-18

Los hombres que se convirtieron en discípulos de Jesús tenían carreras como pescadores y estaban ocupados. Pero cuando Jesús les dijo: "Síganme", dejaron inmediatamente lo que estaban haciendo y le siguieron. No preguntaron cuáles serían la paga y los beneficios, dónde dormirían o cómo sería el día de trabajo. Los discípulos de Jesús se arriesgaron a seguirle.

Si no estamos dispuestos a arriesgar lo que tenemos ahora, nunca descubriremos lo que podríamos tener en el futuro. No aconsejo ser insensato, pero creo que los discípulos debieron parecerlo cuando lo dejaron todo para seguir a Jesús. La fe nos llevará a lugares donde la razón no nos permitiría ir. Vivir por fe nos exige dar ciertos pasos sin saber siempre lo que ocurrirá.

Muchas personas tienen miedo de renunciar a lo que consideran seguro, pero con Dios podemos estar seguros en medio de un riesgo. Mientras Él guíe nuestros pasos, no estaremos en peligro.

¿Y si los primeros discípulos no hubieran seguido a su corazón, sino que se hubieran apoyado en su propio razonamiento? Se habrían perdido el mayor milagro del mundo. Hoy te animo a que no pierdas tu momento ni tu milagro. Cuando Dios te llame, dile que sí y da un paso al frente con fe.

DECLARO: *Cuando oigo a Dios pedirme que haga algo, digo que sí inmediatamente.*

DÍA 222

DIOS SATISFARÁ TODAS TUS NECESIDADES

Y Dios puede hacer que toda gracia abunde para ustedes, de manera que siempre, en toda circunstancia, tengan todo lo necesario y toda buena obra abunde en ustedes.

2 CORINTIOS 9:8

Todos tenemos necesidades que son diferentes en cada momento de nuestras vidas. La buena noticia es, que no importa qué tipo de necesidad tengamos —física, emocional, espiritual, financiera— Dios puede satisfacerla. Jesús puede sanarte dondequiera que estés herido. Uno de los grandes temores que enfrentamos en la vida es no ver satisfechas nuestras necesidades, pero Dios no nos ha dado un espíritu de temor (2 Ti 1:7). El miedo es una herramienta que Satanás usa para hacernos miserables. La Biblia dice que el amor perfecto de Dios echa fuera el temor (1 Jn 4:18). Sin embargo, necesitamos creer que Dios nos ama con un amor perfecto y recibirlo continuamente en nuestras vidas. Nos ama, tanto en los días feos como en los bonitos.

Justo cuando pensamos que hemos vencido un pecado, se nos escapa y nos sentimos avergonzados. Si no tenemos cuidado, el diablo tratará de hacernos creer que Dios está enojado con nosotros y que tal vez ya no nos ama. Pero es un mentiroso. Aun cuando hayas cometido errores, puedes ir con valentía al trono de la gracia de Dios y pedir lo que necesites; Dios te lo concederá. Pide y recibe para que tu gozo sea completo (Jn 16:24).

DECLARO: *Dios cubrirá todas mis necesidades y no me preocupo por nada.*

DÍA 223

NO ASUMAS LAS RESPONSABILIDADES DE OTROS

Así que cada uno de nosotros tendrá que dar cuentas de sí a Dios.

ROMANOS 14:12

Siempre he sido una persona responsable, por lo que las personas irresponsables tienden a irritarme. Me molestaba ser responsable de lo que otros dejaban de hacer, hasta que Dios me mostró que tenía un falso sentido de la responsabilidad y que mucho de lo que hacía era innecesario.

¿Das automáticamente un paso al frente y haces lo que sea que haya que hacer y luego te compadeces de ti mismo? Si la gente te decepciona ignorando sus responsabilidades, puedes pensar que la única manera de evitar más dolor es hacerlo todo tú mismo. Pero la experiencia me ha enseñado que ese razonamiento solo amplifica el problema. Podrías estar alimentando la irresponsabilidad de otra persona al hacer lo que debería hacer ella misma.

Amamos a las personas y queremos ayudarlas, pero a veces el amor con mano dura las ayuda más que el amor emocional. No significa ser mezquino; simplemente permite que las personas experimenten las consecuencias de sus actos en lugar de rescatarlas. Hacer el trabajo de otra persona por ella, alimenta en ella una actitud perezosa, inmadura e irresponsable. Intenta hacer solo aquello de lo que eres responsable, no de lo que es responsable otra persona; a menos que se trate de una emergencia. Examina si realmente necesitas hacer todo lo que estás haciendo. Pídele a Dios que te ayude a hacer lo que realmente necesitas hacer y a liberarte de lo que no.

DECLARO: *Me centro en mis propias responsabilidades y no me hago cargo de cosas que otros deberían hacer por sí mismos.*

DÍA 224 FORTALEZA INTERIOR

Le pido que, por medio del Espíritu y con el poder que procede de sus gloriosas riquezas, los fortalezca a ustedes en lo íntimo de su ser, para que por fe Cristo habite en sus corazones.

EFESIOS 3:16-17

La fortaleza interior es mucho más importante que la exterior. Los músculos te ayudan a levantar objetos pesados, pero no te ayudarán a atravesar un momento difícil o desafiante sin rendirte, desanimarte o desesperarte. Cuando Dios nos fortalece en nuestro interior, podemos atravesar largos periodos de dificultad y permanecer tan estables como lo haríamos si todas nuestras circunstancias fueran buenas. Pablo sabía cómo ser abatido y cómo abundar y estar contento en todas las cosas (Fil 4:11-12).

Deja de pedirle a Dios que te quite las dificultades de la vida. En lugar de eso, pídele que te ayude a afrontarlas y a mantenerte estable. Pablo nunca rezaba para que desaparecieran los problemas de la gente; en lugar de eso, rezaba por su capacidad para afrontarlos y mantener una buena actitud y buen humor. Cuando ocurre algo que nos duele o nos resulta difícil, no debemos limitarnos a intentar que no nos moleste. Necesitamos la ayuda de Dios para lidiar con ello y debemos comenzar a orar de inmediato por Su ayuda para manejar la situación de acuerdo con Su Palabra.

DECLARO: *Cuando me enfrento a dificultades en la vida, inmediatamente rezo para que Dios me ayude a lidiar con ellas de acuerdo con Su Palabra y Su voluntad.*

DÍA 225

CÓMO TRATAR A TUS ENEMIGOS

No te alegres cuando caiga tu enemigo ni se regocije tu corazón ante su desgracia, no sea que el Señor lo vea y no lo apruebe, y aparte de él su enojo.

PROVERBIOS 24:17-18

Cuando alguien te ha hecho daño o te ha maltratado y más tarde descubres que le ha pasado algo malo o difícil, ¿te alegras y piensas que se lo merecía? Reconozco que yo lo he hecho. Pero después de estudiar la escritura de hoy, me di cuenta de que esta no es la forma en que Dios quiere que seamos. No solo se nos dice que amemos a nuestros enemigos y oremos por ellos y los bendigamos (Lc 6:27-28), sino que se nos advierte que no deseemos vengarnos.

Nunca debemos pensar: "Me desquitaré por lo que me hizo" (Pr 24:29). Recuerda, Dios dice que la venganza le pertenece a Él y que Él es nuestro Vindicador (Ro 12:19). Debemos caminar en amor y orar para que la gente sea perdonada por sus pecados contra nosotros, como hizo Jesús cuando estaba siendo crucificado (Lc 23:34), o como hizo Esteban cuando estaba siendo apedreado (Hch 7:60). Se requiere una verdadera madurez espiritual para comprender que cuando la gente te hiere, en realidad se está hiriendo más a sí misma, y estar dispuestos a perdonar y orar por ellos.

DECLARO: *Si alguien me hace daño no tendré una actitud de venganza, sino que confiaré en que Dios arreglará la situación.*

DÍA 226

ACABAR CON EL MAL

Por lo tanto, abandonando toda maldad y todo engaño, hipocresía, envidias y toda calumnia.

1 PEDRO 2:1

Basados en la escritura de hoy, tenemos decisiones que tomar para ser la clase de personas que Dios quiere que seamos. Esto no sucede sin una decisión y la aplicación de autocontrol. Dios quiere que terminemos con toda hipocresía y pretensión. Quiere que seamos auténticos, que seamos sinceros con nosotros mismos y con los demás, y que no pretendamos ser algo distinto de lo que somos. No quiere que guardemos rencor, sino que perdonemos como Él nos perdona. Una de las mejores cosas que podemos hacer por nosotros mismos es desprendernos diariamente de lo que queda atrás y disfrutar del día que el Señor nos regala.

Termina con los celos y confía en que Dios tiene un plan para tu vida y que te dará lo que es correcto para ti en el momento adecuado. Estar celoso de alguien nunca te dará lo que quieres; incluso puede retrasarlo. No digas cosas malas de los demás. Si crees que ves un defecto en alguien, reza por ello en lugar de comentarlo. La malicia del tipo que sea no agrada a Dios y cuando hacemos uso de ella, acabamos sintiéndonos mal. Hemos sido creados para amarnos los unos a los otros, no para criticarnos. Si necesitas ajustar tu forma de sentir y actuar, no hay mejor momento que el presente. Dios te ayudará a seguir adelante si estás dispuesto a poner de tu parte.

DECLARO: *No calumniaré, no tendré celos, no guardaré rencor ni hablaré mal de o hacia nadie. Oraré y dejaré que Dios juzgue.*

DÍA 227 LA VIDA INTERIOR

Que la belleza de ustedes no sea la externa, que consiste en adornos tales como peinados ostentosos, joyas de oro y vestidos lujosos. Más bien, que la belleza de ustedes sea la incorruptible, la que procede de lo íntimo del corazón y consiste en un espíritu humilde y apacible. Esta sí que tiene mucho valor delante de Dios.

1 PEDRO 3:3-4

En realidad, vivimos dos vidas: la exterior (la que mostramos al mundo) y la interior (la que está llena de secretos que solo nosotros y Dios conocemos). La vida interior o "la persona oculta del corazón" es la más importante para Dios, porque es nuestro verdadero yo. Podemos fingir y mostrar a los demás todo lo que queramos, pero nuestros pensamientos, actitudes e intenciones residen en nuestra persona interior y ésta es la parte más importante de nosotros.

Nuestra actitud tiene mucho que ver con el tipo de vida que tendremos. Zig Ziglar dijo que "Tu actitud, no tu aptitud, determinará tu altitud"[7]. Una buena actitud puede llevarte muy lejos, pero por mucho talento o inteligencia que tengas, si tienes una mala actitud, al final la gente no querrá trabajar contigo. Otra parte importante de tener una buena actitud es ser considerado con los demás e interesarte por sus sueños y objetivos, en lugar de esperar que sacrifiquen su vida para servirte.

Dios se deleita en una mente y una actitud hermosas. Haz tu mejor esfuerzo para mantener la tuya en línea con Su Palabra y pídele que ayude con tus debilidades.

DECLARO: *Haré todo lo posible para mantener mi vida interior en línea con la Palabra de Dios. Sé que mi actitud es muy importante y elijo tener una buena en todas las situaciones.*

DÍA 228

BÚSQUEDAS APASIONADAS

Por tanto, celebro la alegría, pues no hay para el ser humano nada mejor bajo el sol que comer, beber y alegrarse. Solo eso le queda de tanto afanarse en esta vida que Dios le ha dado bajo el sol.

ECLESIASTÉS 8:15

Ser apasionado significa sentirse impulsado a hacer algo por sentimientos fuertes e intensos. Pero para tener pasión, debemos disfrutar con lo que hacemos. Quiero hacer lo que hago; me encanta y no puedo imaginarme haciendo otra cosa. Te sugiero que te preguntes qué amas, con qué disfrutas y qué te hace sentir vivo, porque es difícil entregar tu vida a algo y volcar tu corazón en ello a menos que te apasione.

No creo que un Dios amoroso nos haga hacer algo durante un período prolongado de tiempo si detestamos hacerlo. Algunas personas siguen carreras simplemente porque pagan bien, pero se sienten miserables toda su vida. ¿Puedo sugerir que el dinero no es tan importante como la alegría y el disfrute? Haz algo que te guste. Esto no significa vivir egoístamente. La verdadera alegría no debe confundirse con el entretenimiento. El entretenimiento es temporal y nos da una experiencia divertida en la superficie, pero la verdadera alegría es profunda y duradera.

Me entristece ver cómo la gente va por la vida sintiéndose miserable porque le disgusta profundamente lo que hace cada día. Te animo: No tengas miedo de hacer cambios o arriesgarte. Nunca sabes lo que puedes encontrar al otro lado de lo que crees que es seguro. Encuentra algo con lo que puedas comprometerte y hazlo de todo corazón.

DECLARO: *Persigo las pasiones que Dios ha puesto en mi corazón.*

DÍA 229

ESTÁ ALERTA Y ACTIVO

Has visto bien —dijo el Señor— porque yo estoy vigilando para que se cumpla mi palabra.

JEREMÍAS 1:12

En la escritura de hoy Dios se describe a sí mismo como "alerta y activo". Es una noticia maravillosa porque nos enseña que Él siempre está velando por nosotros y trabajando en nuestro favor. Puesto que hemos sido creados a imagen de Dios (Gn 1:27) y se nos ha dicho que le imitemos (Efe 5:1), es razonable suponer que también podemos estar alerta y activos a lo largo de nuestras vidas.

Ser activo y estar alerta es lo contrario de ser pasivo. Adán se mostró pasivo en el Jardín del Edén cuando Eva le dio el fruto prohibido. Sin oponerse a su sugerencia, lo comió (Gn 3:1-6). Dios le había ordenado específicamente a Adán que no comiera del fruto de ese árbol en particular y también que si lo comía el resultado de su desobediencia sería severo (Gn 2:16-17). Adán tuvo la oportunidad dada por Dios de elegir entre obedecer a Dios o ceder a la tentación y eso fue lo que hizo.

La pasividad es la no acción o la no resistencia. Las personas pasivas son guiadas por sus sentimientos o falta de ellos, en lugar de seguir la guía del Espíritu Santo. Tienen libre albedrío o poder de elegir, pero no lo usan. La pasividad no conduce a resultados deseables. Afecta a las personas pasivas de manera negativa y puede tener consecuencias indeseables también para los demás.

Dios ha preparado una vida maravillosa para cada uno de nosotros. Seamos activos y estemos alerta para que podamos tomar decisiones de acuerdo con Su voluntad a fin de disfrutarla.

DECLARO: *Estoy activo y alerta. Elijo hacer la voluntad de Dios.*

DÍA 230

EL DIABLO ES UN MENTIROSO

Ustedes son de su padre, el diablo, cuyos deseos quieren cumplir. Desde el principio este ha sido un asesino, y no se mantiene en la verdad, porque no hay verdad en él. Cuando miente, expresa su propia naturaleza, porque es un mentiroso. ¡Es el padre de la mentira!

JUAN 8:44

Una de las mentiras favoritas del diablo es decirnos que no tenemos valor y que somos inservibles. Le encanta hacernos sentir culpables, condenados, inseguros y sin confianza. Pero la verdad está en la Palabra de Dios.

Lo que hacemos no es lo que somos. Dave y yo tenemos cuatro hijos adultos. Cuando hacen algo que no nos gusta, no dejan de ser nuestros hijos ni nosotros dejamos de amarlos. Del mismo modo, Dios es nuestro Padre y nunca deja de amarnos. Él nos ve a través de nuestra fe en Jesús. Si has recibido a Jesús como tu Salvador, entonces se considera que estás "en Cristo" y Él está en ti. En Cristo, nos convertimos en nuevas criaturas; las cosas viejas pasan, todas son hechas nuevas y somos justificados con Dios (2 Co 5:17; 21). El ladrón (el enemigo) solo viene a robar, matar y destruir, pero Jesús vino para que tengamos y disfrutemos de nuestra vida en plenitud (Jn 10:10).

Una de las lecciones que más me han cambiado la existencia es que no puedes disfrutar de tu vida si no disfrutas de ti mismo. Estás contigo mismo todo el tiempo y, si no te gustas, amas y disfrutas de ti mismo, serás miserable. Hoy, empieza a amar la creación que Dios te hizo ser con Su propia mano mientras estabas en el vientre de tu madre (Sal 139:13).

DECLARO: *Valgo y tengo mérito para Dios, por eso puedo disfrutar de mí mismo y de mi vida.*

DÍA 231

SÉ FUERTE EN RESISTIR A LA PREOCUPACIÓN

¿Quién de ustedes, por mucho que se preocupe, puede añadir una sola hora al curso de su vida?

LUCAS 12:25

Solo una profunda confianza en Dios puede ayudarnos a evitar esa emoción inútil llamada preocupación. Nuestra confianza en Dios aumenta a medida que tenemos experiencia con Él y vemos Su fidelidad en nuestras vidas. Dios es bueno y siempre cuida de nosotros. Puede que no haga exactamente lo que preferiríamos y también puede que no siempre entendamos por qué actúa como lo hace, pero es bueno y es fiel.

Entonces, ¿por qué nos preocupamos? Puede ser algo difícil de afrontar, pero creo que nos preocupamos simplemente porque tenemos miedo a no conseguir lo que queremos. Si podemos decir: "Que se haga tu voluntad, Señor, y no la mía" y decirlo en serio, eliminaremos la mayor parte de nuestra preocupación. Todo temor es el resultado de no comprender plenamente el amor incondicional de Dios y de no confiar en que, porque Él nos ama, siempre hará lo que es mejor para nosotros. "El amor perfecto echa fuera el temor" y el amor de Dios es el único amor verdaderamente perfecto (1 Jn 4:18).

Una vez leí que un día de preocupación es más agotador que una semana de trabajo. Esta es otra buena razón para no preocuparse. A la mayoría de nosotros no nos sobra energía, así que la próxima vez que sientas la tentación de preocuparte, recuerda que si lo haces será una pérdida de tiempo. Corrie ten Boom dijo: "La preocupación no vacía el mañana de su dolor"[8]. Sé fuerte hoy resistiendo la tentación de preocuparte.

DECLARO: *Me mantengo fuerte negándome a preocuparme cuando me siento tentado a hacerlo.*

DÍA 232

NO TE DEJES ENGAÑAR

—Tengan cuidado de que nadie los engañe —les advirtió Jesús—.

MATEO 24:4

Ser engañado significa creer una mentira. Debemos orar para que no seamos engañados y para que el Espíritu Santo nos guíe continuamente a la verdad. El problema de creer mentiras es que, si creemos algo aunque no sea verdad, se convierte en verdad para nosotros. Nos afecta como si fuera verdad. Por ejemplo, si creo que no tengo valor y que soy un fracaso entonces fracasaré, estaré deprimida y no tendré confianza. La única manera de conocer la verdad es conocer la Palabra de Dios. El Espíritu Santo es el Espíritu de Verdad y Él nos guiará a toda la verdad si lo escuchamos (Jn 16:13).

Si estás empezando a estudiar la Palabra de Dios, puedes sentirte abrumado y desesperanzado. Pero si sigues estudiando, leyendo y escuchando la Palabra, a medida que vayas aprendiendo lo que dice, poco a poco superarás el miedo y la desesperación y te llenarás de esperanza. Aprender la verdad es muy divertido y nos produce alegría. Si simplemente estudias la Palabra de Dios treinta minutos cada día durante treinta días, te sorprenderás de lo que aprenderás: que Dios te ama (1 Juan 4:16), que tus pecados son perdonados y Dios los ha olvidado (He 8:12) y que Dios tiene un buen plan para tu vida (Jeremías 29, 11). También aprenderás que Él recompensa a quienes lo buscan diligentemente (He 11:6) y siempre está contigo (Jos 1:9), que Él proveerá lo que necesites (Fil 4:19) y miles de otras maravillosas verdades.

DECLARO: *El diablo es un mentiroso, pero la Palabra de Dios es verdad. Estudiaré la Palabra de Dios, la escucharé, la leeré y meditaré en ella hasta que la tenga en mi corazón todo el tiempo.*

DÍA 233

PUEDE QUE TENGAS LA RESPUESTA QUE NECESITAS

El ser humano hace planes, pero la palabra final la tiene el Señor.

PROVERBIOS 16:1

A veces Dios nos habla con nuestra propia boca. Aprendí esto hace años cuando me encontraba en una situación difícil y no sabía qué hacer. Mis propios pensamientos me dejaban confundida y en conflicto y, aunque oraba diligentemente sobre las circunstancias, no avanzaba hasta un día que salí a caminar con una amiga.

Esta amiga y yo discutimos el tema durante una hora mientras disfrutábamos del buen día y de nuestra mutua compañía. Hablamos de varias opciones y analizamos los resultados de cada una de ellas. De repente, una solución concreta al problema se instaló en mi corazón. Mientras hablaba de la situación, una sabia respuesta salió de repente de mi boca y supe en mi corazón que venía del Señor.

Lo que Dios me estaba guiando a hacer con respecto a la situación no era algo que yo estuviera naturalmente inclinada a hacer. Luché con Su guía porque quería convencer a Dios de que mi situación debía ser tratada de manera diferente a como Él me estaba guiando. Me di cuenta de que había tenido problemas para escuchar Su voz porque mi mente estaba en contra del plan que Él me había revelado. Al final, sin embargo, obedecí y el plan de Dios resultó ser la mejor solución.

DECLARO: *Confío en que Dios me dará las respuestas a mis problemas y sé que a veces me las enviará a través de palabras de mi propia boca.*

DÍA 234

¿CUÁLES SON TUS PRIORIDADES?

Porque donde esté tu tesoro, allí estará también tu corazón.

LUCAS 12:34

Lo que la Escritura de hoy quiere decir, es que nos dedicamos a lo que valoramos o creemos prioritario. Una prioridad es algo que consideramos más importante que otra cosa. Cuando decimos: "No tengo tiempo", lo que en realidad estamos diciendo es: "No es mi prioridad". Afortunadamente, la mayoría de nosotros creemos que lo que hacemos es importante o no dedicaríamos tiempo a ello, pero ciertas cosas deben ser siempre más importantes que otras. Debemos ser capaces de saber qué cosas son más importantes para nosotros y dedicarles tiempo. Si no lo hacemos, nos pasaremos la vida haciendo lo urgente en lugar de lo importante.

Solemos hacer lo que realmente queremos hacer, pero rara vez lo admitimos. Si no estamos haciendo lo que en nuestro corazón sabemos que deberíamos, con frecuencia excusamos nuestro comportamiento diciendo que no teníamos tiempo. Solo he oído a una persona decir "no hago ejercicio porque no quiero", pero he oído a cientos decir que no tienen tiempo para dar una caminata o ir al gimnasio. Nuestro tiempo nos pertenece y podemos priorizarlo sabiamente si realmente queremos. El apóstol Pablo oró para que los primeros seguidores de Jesús aprendieran a percibir lo que era vital y a aprobar lo que era excelente y de verdadero valor (Fil 1:9-10). Aunque lo que estamos haciendo pueda ser bueno, es posible que no sea la mejor manera de emplear nuestro tiempo. Si le pedimos a Dios que nos ayude y nos guíe mientras establecemos nuestras prioridades, Él lo hará.

DECLARO: *Con la ayuda de Dios, establezco prioridades claras y vivo mi vida de acuerdo con ellas.*

DÍA 235

LA ARMADURA DE DIOS

Pónganse toda la armadura de Dios para que puedan hacer frente a las artimañas del diablo.

EFESIOS 6:11

Satanás nos ha estudiado toda la vida, así que sabe lo que nos molesta. Me gusta decir que "nos tiende una trampa para que nos enfademos". Nos tienta en el punto de nuestra mayor debilidad, pero podemos pedir a Dios que nos fortalezca en esas debilidades y nos ayude a resistir al enemigo.

Dios nos ha dado una armadura espiritual para protegernos, pero tenemos que ponérnosla, es decir, creer que tiene poder espiritual y aplicarla a nuestras vidas. Efesios 6:12-18 enseña que nuestra armadura incluye la coraza de justicia, el cinturón de la verdad, el calzado de la paz, el escudo de la fe, la espada del Espíritu y el yelmo de la salvación. Además, aprendemos que debemos cubrirlo todo con la oración. En términos prácticos, ponernos nuestra armadura espiritual significa que debemos saber que hemos sido justificados con Dios por medio de Jesús (Ro 3:22), debemos conocer la verdad y aferrarnos siempre a ella y levantar el escudo de la fe con el que podemos apagar todos los dardos encendidos del enemigo. Asegúrate de que tus pensamientos estén alineados con la Palabra de Dios y camina siempre en paz.

Reza por todo. Puedes orar en cualquier lugar, en cualquier momento y sobre cualquier cosa. Puedes orar oraciones cortas o largas; simplemente, tienen que ser sinceras.

DECLARO: *Dios me ha dado una armadura para protegerme de los ataques del diablo. Me la pongo a diario y rezo por todo.*

DÍA 236

REZA CON VALENTÍA

Porque no tenemos un sumo sacerdote incapaz de compadecerse de nuestras debilidades, sino uno que ha sido tentado en todo de la misma manera que nosotros, aunque sin pecado. Así que acerquémonos confiadamente al trono de la gracia para recibir la misericordia y encontrar la gracia que nos ayuden oportunamente.

HEBREOS 4:15-16

Cuando sabemos que hemos pecado, a menudo sentimos que no tenemos derecho a pedir nada a Dios. Si le pedimos algo, lo hacemos con timidez o no pedimos mucho. Es maravilloso saber que Jesús nos comprende y comprende nuestras debilidades; que no nos rechaza por ellas. Nos cuesta imaginar que Jesús fuera tentado de la misma manera que nosotros, pero lo fue, aunque nunca pecó.

Según los versículos de la Escritura de hoy, debemos ir con valentía al trono de Dios y pedir lo que queremos y necesitamos. Él escuchará y responderá a nuestra oración. No nos responde porque seamos buenos, sino porque Él es bueno. Cuando oramos en el nombre de Jesús, estamos presentando a Dios todo lo que Jesús es, no todo lo que nosotros somos. Te animo a que empieces a orar con más valentía que nunca, porque Dios "puede hacer muchísimo más que todo lo que podamos imaginarnos o pedir" (Ef 3:20).

DECLARO: *Oraré con valentía porque Dios es bueno y comprende mis debilidades. Él responde a mis oraciones incluso cuando no lo merezco.*

DÍA 237

NO TE COMPARES CON LOS DEMÁS

No dejemos que la vanidad nos lleve a provocarnos y a envidiarnos unos a otros. Cada cual examine su propia conducta; y si tiene algo de qué presumir, que no se compare con nadie.

GÁLATAS 5:26; 6:4

Todos somos diferentes y Dios tiene un plan distinto para cada uno de nosotros. Aunque hagamos las mismas cosas, normalmente no las haremos de la misma manera. En algún momento de nuestras vidas, muchos de nosotros quedamos atrapados en comparaciones con otras personas. Traté de ser mansa y dulce como la esposa de mi pastor. Intenté hacerle ropa a mi familia como lo hacía mi vecina. Traté de tocar la guitarra porque pensé que sería genial cantar y predicar. Intenté ser más llevadera como mi marido, Dave, pero nada de eso funcionó.

Todos nacemos con un temperamento que incluye puntos fuertes y débiles. Dios puede ayudarnos a fortalecer nuestras debilidades, pero debemos ser quienes somos. Dios nunca nos ayudará a ser otra persona. Intenté orar como otras personas que conocía; intenté cambiarme a mí misma; lo intenté e intenté e intenté. Pero todo era inútil y no era la voluntad de Dios. Gracias a Dios, por fin me acepté a mí misma y desde entonces solo intento ser lo mejor que puedo.

DECLARO: *No me compararé con otras personas porque Dios me ha creado de manera única y Él no quiere que sea como alguien más.*

DÍA 238

LA SEMILLA DE DIOS ESTÁ EN TI

Ninguno que haya nacido de Dios practica el pecado, porque la semilla de Dios permanece en él; no puede seguir pecando, porque ha nacido de Dios.

1 JUAN 3:9

Nuestra escritura de hoy nos dice algo maravilloso. Si nacemos de nuevo, no podemos deliberadamente, a sabiendas, pecar habitualmente. Pecaremos a veces, pero no vivimos constantemente en pecado porque tenemos la naturaleza de Dios en nosotros. Somos nuevas creaciones (2 Co 5:17), y nuestra parte nueva no quiere pecar.

Una semilla contiene un embrión. Cuando se planta por primera vez, no vemos ninguna evidencia de que esté haciendo algo. Pero cuando la regamos con la Palabra de Dios, le damos sol (tiempo pasado con Dios) y esperamos pacientemente, crece en lo que la semilla fue diseñada para producir. A medida que crecemos, nos parecemos más y más a Jesús y pecamos menos y menos. Nunca estaremos completamente libres de pecado mientras estemos en nuestros cuerpos de carne y hueso. Pero, alabado sea Dios, podemos mejorar. Yo digo: "No estoy donde necesito estar, pero, gracias a Dios, no estoy donde solía estar. Estoy bien y me encuentro en camino".

DECLARO: *No puedo practicar continuamente el pecado porque he nacido de Dios. Su semilla está en mí y estoy cambiando diariamente.*

DÍA 239

APRENDER A DOMINAR LAS EMOCIONES NEGATIVAS

Como ciudad sin defensa y sin murallas es quien no sabe dominarse.

PROVERBIOS 25:28

Ninguno de nosotros puede vivir intencionadamente con éxito y dejar de perder el tiempo, a menos que afrontemos la verdad sobre cuánto tiempo perdemos con sentimientos como la culpa, el miedo, la preocupación, la ansiedad, los celos, la envidia, la codicia, el resentimiento, el odio, la amargura, la falta de perdón, la autocompasión y otras emociones negativas. Si queremos que hoy nos vaya bien, tenemos que estar preparados para hacer frente a cualquier emoción negativa que intente robarnos la paz, la alegría, la concentración y la productividad.

Las emociones que no deseamos pueden visitarnos de repente, sin que nosotros las invitemos. Basta con que alguien se abalance sobre nosotros y nos arrebate el espacio de parqueo que estábamos esperando, para recibir la visita de la ira. O que alguien con quien trabajamos consiga el ascenso que creemos merecer más que él, y recibimos la visita de los celos y el resentimiento.

Como nunca sabemos cuáles pueden ser nuestras circunstancias en toda ocasión y, como no podemos controlar las acciones de los demás, cada día corremos el peligro de perder el tiempo en emociones negativas e inútiles.

Por largo tiempo nos hemos permitido ser víctimas de emociones que nos hacían perder, pensando que no éramos capaces de evitar sentirnos así. Pero la verdad es que sí podemos manejar nuestras emociones y no dejar que ellas nos manejen a nosotros. Esto puede no ser fácil, especialmente si eres alguien que ha vivido a través de las emociones durante mucho tiempo, pero es posible con la ayuda de Dios.

DECLARO: *Gestiono mis emociones en lugar de que ellas me gestionen.*

DÍA 240

CUIDA EL TEMPLO DE DIOS

Fueron comprados por un precio. Por tanto, glorifiquen con su cuerpo a Dios.

1 CORINTIOS 6:20

Si eres un creyente en Jesús y lo has recibido como tu Salvador, tú eres el hogar de Dios (1 Co 6:19) y, de acuerdo con la escritura de hoy, debes usar tu cuerpo para glorificarlo. El Espíritu Santo vive en ti y quiere obrar a través de ti para ayudar a otras personas, así que es importante que cuides de ti mismo. Solo tienes un cuerpo y, si lo desgastas, no puedes ir a una tienda a comprar otro.

Muchas personas maltratan sus cuerpos al no dormir lo suficiente, no beber suficiente agua, comer demasiada comida chatarra o no hacer ejercicio. Estas son cuatro cosas simples que cada uno de nosotros puede hacer para ayudar a mantenerse más sano y así podamos servir a Dios el mayor tiempo posible.

Necesitamos equilibrio en nuestras vidas. Necesitamos trabajar, pero también jugar y descansar. Necesitamos poder comer un postre de vez en cuando, pero no a diario. Necesitamos servir y hacer cosas por los demás, pero también necesitamos hacer algo por nosotros mismos de vez en cuando. Según 1 Pedro 5:8 en la Biblia Amplificada, Edición Clásica, vivir de manera desequilibrada puede abrir una puerta para que el diablo traiga problemas a tu vida. Como hogar de Dios, eres muy valioso. Nunca lo olvides.

DECLARO: *Soy el hogar de Dios y lo glorifico cuidándome bien y llevando una vida equilibrada.*

DÍA 241

ARRÁIGATE EN LA FE

Resístanlo, manteniéndose firmes en la fe, sabiendo que los creyentes en todo el mundo soportan la misma clase de sufrimientos.

1 PEDRO 5:9

Satanás está decidido a hacernos miserables y a robarnos todo lo que Jesús murió para darnos. Pero si estamos arraigados en nuestra fe en Dios, seremos inamovibles. Siempre debemos resistir al diablo desde el principio. En el momento en que te des cuenta de que te está atacando o mintiendo, resístete a él inmediatamente. Dile que es un mentiroso y que no serás movido.

A veces, pasamos por dificultades, pruebas y tribulaciones, pero no duran para siempre. Dios las hace para nuestro bien si confiamos en Él (Ro 8:28). También pasamos por tiempos oscuros, pero Isaías dice que recibiremos las riquezas secretas de los lugares oscuros (Isa 45:3).

Las pruebas nos hacen usar nuestra fe y cada vez que la usamos se hace más fuerte. Las cosas que te mortifican ahora no te molestarán en absoluto más adelante. Cuando estés arraigado en la fe, crecerás espiritualmente y serás fuerte en Dios y en el poder de Su fuerza.

DECLARO: *Resisto al diablo a su llegada y siempre gano porque soy más que vencedor por medio de Jesucristo (Ro 8:37).*

DÍA 242

LOS QUE NO TIENEN RAÍCES SE CAEN

Arraigados y edificados en él, confirmados en la fe como se les enseñó y llenos de gratitud.

COLOSENSES 2:7

Dave y yo tenemos un roble enorme en nuestro patio trasero. Estaba allí cuando construimos nuestra casa y probablemente lleva allí muchos, muchos años. Sus raíces se hunden en la tierra y se enrollan alrededor de las raíces de otros árboles y bajo las rocas enterradas en el suelo. Cuando llegan las tormentas, ese roble no se mueve. Las ramas se mecen con el viento, pero el tronco no se mueve.

Como creyentes en Cristo, debemos ser como ese roble. Isaías 61:3 dice que: "Serán llamados robles de justicia, plantío del Señor, para mostrar su gloria". Los que no tienen raíces se alejarán de su fe cuando lleguen las tormentas de la vida. Pierden la esperanza, sienten la tentación de renunciar a Dios, se preocupan y se deprimen.

Las raíces espirituales se desarrollan con el tiempo y la experiencia. Cuanto más tiempo camines con Dios y estudies Su Palabra, más profundas serán tus raíces. A medida que experimentes Su bondad y plenitud de fe, ganarás experiencia y ninguna tormenta te moverá.

DECLARO: *Estoy profundamente arraigado en Dios y cuando llegan las tormentas de la vida no me conmueven.*

DÍA 243

PERDÓNATE A TI MISMO Y NO MIRES ATRÁS

Tan lejos de nosotros echó nuestras transgresiones como lejos del oriente está el occidente.

SALMOS 103:12

Dios tiene un buen plan para ti y para tu vida. No importa lo que haya detrás de ti, es importante dejarlo ir y mirar hacia adelante. Si has cometido errores en el pasado, como la mayoría de nosotros, puedes aprender de ellos, pero vivir lamentándote no hace ningún bien.

Vivir bajo el peso del arrepentimiento es vivir en el pasado. Cuando luches contra el arrepentimiento, aprende a recordarte a ti mismo que el pasado ya pasó y no puedes cambiarlo. En cambio, puedes recibir el perdón total de Dios cuando te arrepientes de tus errores o fracasos. Su perdón es inconmensurable, como nos enseña la Escritura de hoy.

Una vez que hayas recibido el perdón de Dios, es vital que te perdones a ti mismo. Puede que tengas que decir muchas veces al día: "Me perdono". Puede que tengas que mirarte al espejo y a ti mismo: "(Tu nombre), estás perdonado". Puede que tengas que escribirte una carta y recordarte las escrituras que aseguran tu perdón. Cueste lo que cueste perdonarte a ti mismo, haz el esfuerzo y hazlo. Dios está haciendo algo nuevo en tu vida y solo podrás abrazarlo plenamente si estás libre de los remordimientos del pasado.

DECLARO: *No me detengo en el pasado, porque Dios está haciendo algo nuevo en mi vida, y voy a abrazarlo.*

DÍA 244

DIOS PUEDE HACER LO QUE NOSOTROS NO PODEMOS

Así que el ángel me dijo: "Esta es la palabra del Señor para Zorobabel: No será por la fuerza ni por ningún poder, sino por mi Espíritu —dice el Señor de los Ejércitos—".

ZACARÍAS 4:6

Dios puede hacer con facilidad lo que nosotros no podemos hacer con ninguna cantidad de lucha y esfuerzo. Él nos cambia por Su gracia mientras estudiamos Su Palabra y pasamos tiempo desarrollando una relación íntima con Él. Durante años traté de cambiarme a mí misma y no funcionó. Sentía que tenía más cosas malas que cualquier otra persona. Tú también puede sentirte así a veces, pero es una mentira del diablo. Todos tenemos cosas malas, pero Dios lo sabía cuando nos aceptó como sus hijos. Él sabe todo lo que haremos mal, incluso antes de que lo hagamos, y ya nos ha provisto de perdón a través de la sangre de Jesús. Todo lo que tenemos que hacer es arrepentirnos y recibir Su gracia.

Podemos ver que nuestras vidas cambian, pero nunca a través de nuestras obras de la carne, nuestros propios esfuerzos. Debemos trabajar las obras de Dios; nuestras propias obras (nuestros esfuerzos y brillantes ideas de lo que podemos hacer para cambiarnos a nosotros mismos) nunca funcionan. "Ayúdame Jesús" es probablemente la oración más poderosa que puedes orar y, si eres como yo, tendrás que hacerla muchas veces al día. Pero no te desanimes ni te sientas culpable. Dios te ama tanto mientras estás cambiando como lo hará una vez que hayas cambiado.

DECLARO: *Solo Dios puede cambiarme y voy a confiar en Él para que lo haga. Él me conoce y no se sorprende por nada de lo que hago. Él me ama a través de todo esto.*

DÍA 245

OBRAS DE LA CARNE

Los que viven conforme a la carne fijan la mente en los deseos de la carne; en cambio, los que viven conforme al Espíritu fijan la mente en los deseos del Espíritu. La mente gobernada por la carne es muerte, mientras que la mente que proviene del Espíritu es vida y paz. La mente gobernada por la carne es enemiga de Dios, pues no se somete a la Ley de Dios ni es capaz de hacerlo. Los que viven según la carne no pueden agradar a Dios.

ROMANOS 8:5-8

La Palabra de Dios nos enseña que Él no se complace con nuestras obras de la carne. Estas obras son el resultado de nuestro intento, a través de nuestra propia energía, de hacer lo que solo Dios puede hacer. Para el hombre muchas cosas son imposibles, pero para Dios todo es posible (Mt 19:26). Dios puede lograr más en unos segundos que nosotros en toda una vida. Quiere que le pidamos lo queremos y necesitamos y que confiemos en que lo hará a su manera y en su tiempo. Somos socios de Dios y tenemos un papel que desempeñar, que es obedecer lo que Él nos indica que hagamos. Nuestro papel no consiste en idear nuestro propio plan y luego orar para que Dios lo haga funcionar.

Las obras de la carne son obras que no funcionan. Ellas agotan, nos decepcionan y nos frustran, porque intentamos e intentamos y siempre fracasamos. ¿Alguna vez has dicho: "He intentado todo lo que sé y nada está funcionando"? No está funcionando porque es tu plan, no el de Dios. Ora esto en su lugar: "Si tú no lo haces, Señor ¡no funcionará! Separado de Ti, no puedo hacer nada" (ver Jn 15:5).

DECLARO: *Me entrego a mí mismo y todo lo que quiero a Dios. Quiero Su plan, no el mío. Separado de Ti, Jesús, nada puedo hacer.*

DÍA 246

COMENZAR ALGO NUEVO

De las muchas ocupaciones brotan los sueños y de las muchas palabras, las tonterías.

ECLESIASTÉS 5:3

Dios es el autor y el consumador de nuestra fe (He 12:2), pero no está obligado a terminar nada que no haya empezado. Yo soy una persona agresiva y fácilmente se me ocurren ideas de cosas para hacer. Estas ideas pueden ser cosas buenas, pero no ser "cosas de Dios". Empezar cosas nuevas es emocionante y muchas de ellas son la voluntad de Dios, pero debemos hacer todo lo posible para asegurarnos de que sean la voluntad de Dios. De lo contrario, nos sentiremos frustrados y agotados por tratar de hacer que algo funcione cuando nunca va a funcionar. El rey Salomón expresa en la escritura de hoy que un sueño se hace realidad "con mucho esfuerzo" y esto es cierto. Es fácil mirar algo que otra persona ha hecho y desear tener lo que ellos tienen o estar haciendo lo que ellos hacen. Pero puede que no tengas ni idea de lo que les ha costado llegar a donde están.

Jesús enseña que debemos asegurarnos de que podemos terminar antes de empezar (Lc 14:28-30). Si haces todo lo posible por escuchar a Dios y cometes un error honesto, no te preocupes; Dios te ayudará a volver al buen camino. Pero no creas orgullosamente que puedes hacer algo, solo porque se te ocurre una brillante idea. Esta advertencia no pretende que tengas miedo de aventurarte en cosas nuevas, sino animarte a orar primero y a dar pasos de bebé para ver si la mano de Dios está sobre tu proyecto.

DECLARO: *Oraré antes de empezar algo nuevo en mi vida y me humillaré bajo la poderosa mano de Dios para que a su debido tiempo Él pueda exaltarme (1 P 5:6).*

DÍA 247

SOBRELLEVAR MUTUAMENTE LAS CARGAS

Ayúdense unos a otros a llevar sus cargas y así cumplirán la ley de Cristo.
GÁLATAS 6:2

No debemos impacientarnos con otras personas cuando tienen una falta moral problemática, sino soportarlas, orar por ellas y animarlas. Diles que se arrepientan, que reciban la bendición de Dios y que no se sientan culpables, porque todos tenemos debilidades y todos necesitamos compasión y personas que sean pacientes con nosotros.

Si queremos agradar a Dios, tendremos que soportar algunas cosas que la gente hace y que nos irritan. Tal vez hablan demasiado, no te devuelven las cosas que les prestas hasta que se las pides, llegan tarde de forma crónica, son emocionalmente necesitados o pegajosos, o tienen otros hábitos o tendencias que te molestan. Una de las mejores maneras de soportar a la gente es recordar que nosotros también tenemos hábitos molestos, pero no solemos ver los nuestros. Uno de los motivos por los que no vemos nuestros defectos es que estamos demasiado ocupados juzgando a los demás.

No te fijes solo en los defectos de los demás; céntrate en sus puntos fuertes. La persona que siempre llega tarde puede ser también muy generosa contigo. La persona que habla demasiado puede ser la primera en ofrecerse a ayudarte cuando tengas una necesidad. Busca siempre lo bueno de la gente no te fijarás tanto en las cosas irritantes.

DECLARO: *Me centro en las cosas buenas de las personas y siempre creo lo mejor. Amaré a las personas y las soportaré en obediencia a la Palabra de Dios.*

DÍA 248

EL PASADO NO TIENE PODER

Fiel es Dios, quien los ha llamado a tener comunión con su Hijo Jesucristo, nuestro Señor.

1 CORINTIOS 1:9

Todo el que nace de nuevo es una nueva creación y nada del pasado tiene poder sobre él a menos que lo permita. Segunda de Corintios 5:17 dice: "Por lo tanto, si alguno está en Cristo, es una nueva creación. ¡Lo viejo ha pasado, ha llegado ya lo nuevo!". No seremos victoriosos en nuestra nueva vida con Dios hasta que entendamos este versículo de la Escritura. Sin él, siempre nos veremos como éramos antes. Tendemos a recordar todos nuestros fracasos y a llevar un registro detallado de todo lo que alguien nos ha dicho alguna vez que no podíamos hacer. Pero no vemos lo que Dios ve. Él cree en nosotros, pero nosotros no siempre creemos en nosotros mismos. O no sabemos o no creemos que Dios nos habita a través del Espíritu Santo y por tanto, no vemos de lo que somos capaces a través de Él.

Llegó un momento en mi vida en que comencé a estudiar seriamente la Palabra de Dios y tomé la decisión de tomar las promesas que encontraba en ella y aplicarlas a mi vida. Una vez que las creí por mí misma, fui imparable. Mi camino ha sido largo y a veces muy difícil, pero la recompensa ha sido mucho mayor. Cuando tenemos fe, nos motiva a seguir adelante. La fe ve en el reino espiritual lo que el ojo no puede ver en el reino natural. La fe no se basa en sentimientos o emociones sino en Dios, que es fiel y verdadero.

DECLARO: *Vivo de la fe y confío en Dios, que es fiel y verdadero.*

DÍA 249

LA VERDAD OS HARÁ LIBRES

Jesús se dirigió entonces a los judíos que habían creído en él, y les dijo:
—Si se mantienen fieles a mis palabras, serán realmente mis discípulos; y conocerán la verdad, y la verdad los hará libres.

JUAN 8: 31-32

Atenerse a Cristo significa vivir, estar y permanecer en Cristo. No significa visitar la iglesia los domingos por la mañana. Es darte cuenta de que Cristo vive en ti y que tu vida está en Él. Jesús dice: "Separados de mí no pueden ustedes hacer nada" (Jn 15:5). Una de las mayores emociones de mi vida espiritual fue cuando descubrí que Dios quería estar involucrado en todo lo que yo hacía, no solo en las cosas espirituales.

Cuando nos atengamos a Cristo conoceremos la verdad y si la aplicamos a nuestras vidas, nos hará libres. La verdad está en la Palabra de Dios. Jesús es el Verbo hecho carne que vino a habitar entre nosotros (Jn 1:14). Él dijo: "Yo soy el camino, la verdad y la vida" (Jn 14:6). El Espíritu Santo es el Espíritu de la Verdad que nos guía a toda la verdad (Jn 16:13). Él nos enseña la verdad de la Palabra de Dios y también nos enseña la verdad sobre nosotros mismos, que no siempre es fácil de mirar con honestidad.

La verdad nos hace libres, pero hay que recibirla. Pídele a Dios que te enseñe la verdad sobre tus motivos, tus comportamientos y todas las demás áreas de la vida.

DECLARO: *Me atengo a Cristo y quiero que Él participe en todo lo que hago. Él me enseña la verdad y siempre la recibo con gusto.*

DÍA 250

BUSCA A DIOS EN LA MAÑANA

Sácianos de tu gran amor por la mañana, y toda nuestra vida cantaremos de alegría.

SALMOS 90:14

Es sabio empezar cada mañana recordando el amor indefectible de Dios, pidiéndole que nos muestre cómo quiere que vivamos cada día y solicitándole Su ayuda para hacerlo. Me gusta decir: "Reza y luego planifica". Si reconocemos a Dios en todos nuestros caminos, Él enderezará nuestras sendas (Pr 3:5-6). Dios simplemente quiere que le preguntemos si aprueba nuestro plan y que le digamos que, si no lo aprueba, estaremos encantados de cambiarlo. Proverbios 16:3 dice: "Pon en manos del Señor todas tus obras y tus proyectos se cumplirán". Nuestros planes no funcionarán bien a menos que Dios los bendiga. Si concuerdan con Su voluntad, entonces Él los hace posibles. La mayoría de los detalles de la vida diaria Dios los deja a nuestra elección, pero Él quiere ser reconocido.

La programación es el arte de planificar las actividades para alcanzar los objetivos en el tiempo disponible. Una planificación eficaz puede maximizar tu eficacia y reducir tu nivel de estrés. La falta de planificación, por otro lado, reduce la productividad y hace que pierdas el tiempo en lugar de disfrutar de las recompensas de una vida fructífera y de lo mejor que Dios tiene para ti.

No trates de hacer planes y establecer metas por tu cuenta, sino primero encomiéndate a ti mismo y a tu día al Señor. Puede que sepas lo que tienes que hacer, pero pídele que te guíe a la hora de establecer tus prioridades. Ofrécele todo lo que eres y tienes, incluido tu tiempo y pídele que te guíe mientras planificas tu día.

DECLARO: *Rezo y luego planifico.*

DÍA 251

LLAMADOS A LA LIBERTAD

Les hablo así, hermanos, porque ustedes han sido llamados a ser libres; pero no se valgan de esa libertad para dar rienda suelta a sus pasiones. Más bien sírvanse unos a otros con amor.

GÁLATAS 5:13

Bajo el Antiguo Pacto, el pueblo de Dios tenía que obedecer innumerables leyes para satisfacerlo. Pero cuando Jesús vino, eliminó la ley escrita del Antiguo Testamento y dijo que ahora la ley de Dios está escrita en nuestros corazones (He 8:10). Sabemos lo que está bien y lo que está mal si estamos en relación con Dios. Depende de nosotros elegir hacer lo correcto y Pablo nos enseña que no debemos usar nuestra libertad como una oportunidad o excusa para operar en la carne y hacer cosas que sabemos que están mal. Tampoco debemos usarla como excusa para ser egoístas.

Por ejemplo, una persona puede tener la tentación de ir a ver una película que molesta a su conciencia, pero dice: "Soy libre de verla de todos modos". No perderán su salvación por haber ido en contra de su conciencia, pero han desagradado a Dios y no han hecho lo que es mejor para ellos. Somos libres de hacer elecciones, pero no somos libres de la norma moral de Dios, que es la santidad y la justicia.

Tu conciencia es una gran amiga y, si la escuchas, te evitarás muchos problemas.

DECLARO: *Soy libre de la Ley, pero no utilizaré mi libertad como excusa para pecar. Doy gracias por tener una conciencia sana y rezo por prestarle siempre atención.*

DÍA 252

SIN CONDENA

Ahora, pues, ninguna condenación hay para los que están en Cristo Jesús. Porque la ley del Espíritu de vida os ha liberado en Cristo Jesús de la ley del pecado y de la muerte.

ROMANOS 8:1-2

Sufrí con la culpa y la condenación durante muchos años, incluso después de recibir a Cristo como mi Salvador. Aunque me arrepentía regularmente de cualquier pecado del que era consciente, seguía sintiéndome culpable. Comencé a sentirme así durante la infancia, cuando mi padre abusaba sexualmente de mí, porque pensaba que algo debía estar mal en mí para que él quisiera hacerme lo que me hacía.

Creo que me volví adicta a la culpa. No me parecía correcto que no me sintiese mal. Ahora sé que esto era obra del diablo. Me estaba mintiendo y obligándome a sentir una falsa sensación de culpa. Si luchas con la culpa o la condenación, por favor recuerda que cuando Jesús perdonó nuestros pecados, Él también quitó cualquier culpa, deshonra o vergüenza que estemos tentados a sentir. Cuando hacemos algo malo, lo confesamos y pedimos perdón, Dios quita el pecado y no se acuerda más de él (He 8:12). La ley del Espíritu de vida en Él, nos libera de la ley del pecado y de la muerte.

Que te sientas culpable no significa que lo seas. ¿Te has arrepentido? ¿Resientes de tu pecado? Si es así, entonces cualquier culpa que sientas es una mentira del diablo y te insto a que ignores ese sentimiento y creas en la Palabra de Dios.

DECLARO: *Me niego a recibir falsas culpas del diablo. Cuando me arrepiento del pecado es completamente perdonado y olvidado; ya no hay más condenación.*

DÍA 253

YA NO SOY YO QUIEN VIVE

He sido crucificado con Cristo, y ya no vivo yo, sino que Cristo vive en mí. Lo que ahora vivo en el cuerpo, lo vivo por la fe en el Hijo de Dios, quien me amó y dio su vida por mí.

GÁLATAS 2:20

Jesús murió para que ya no tuviéramos que vivir por y para nosotros mismos, sino para que fuéramos libres para vivir por y para Él (2 Co 5:15). Dios no quiere que seamos egoístas ni que nos centremos en nosotros mismos. Su Palabra nos enseña que debemos morir al yo y vivir para Él. Esto es un proceso que requiere mucha ayuda del Espíritu Santo. Nacemos egoístas, pero volvemos a nacer generosos. Una vez que recibimos la nueva vida que Él ofrece, tenemos la opción de seguir siendo egoístas o ser generosos.

Nadie puede ser feliz y egoísta al mismo tiempo. Solo somos felices cuando obedecemos a Dios y le servimos ayudando a los demás. Una forma de demostrar nuestro amor por Jesús es ayudando a las personas que sufren. Jesús le preguntó a Pedro tres veces si lo amaba y cada vez Pedro respondió que sí. La primera, Jesús respondió: "Apacienta mis corderos"; la segunda, "Cuida de mis ovejas" y, la tercera, "Apacienta mis ovejas" (Jn 21:15-17). Todas eran una forma de decir "ayuda a mi pueblo".

Vivimos en un mundo de necesidad y dolor; aunque no podemos hacer todo lo que hay que hacer, podemos y debemos poner de nuestra parte. Lo peor que podemos hacer es no hacer nada.

DECLARO: *Cuando me dé cuenta de que alguien está sufriendo, haré todo lo posible por ayudarle.*

DÍA 254

EL ESPÍRITU SANTO NOS AYUDA A HACER LO QUE DEBAMOS

De hecho, no hago el bien que quiero, sino el mal que no quiero. Y si hago lo que no quiero, ya no soy yo quien lo hace, sino el pecado que habita en mí.

ROMANOS 7:19-20

Tenemos todo lo que necesitamos para vivir la vida que Dios quiere que vivamos (2 P 1:3), pero debemos aprender a seguir la guía del Espíritu Santo. Una vez que nacemos de nuevo, a veces podemos sentir que somos dos personas y a veces hacemos lo que no queremos hacer y no hacemos lo que sí queremos hacer. Vemos en la escritura de hoy que esto también le sucedió al apóstol Pablo y así sabemos que hay esperanza para nosotros. Incluso después de convertirnos en cristianos, todavía podemos hacer las cosas malas que siempre hemos hecho, pero la buena noticia es que también tenemos la capacidad de hacer las cosas correctas y que el Espíritu Santo nos ayudará. Ya no somos esclavos del pecado (Ro 6:6).

Gálatas 5:16 nos dice: "Así que les digo: vivan por el Espíritu y no sigan los deseos de la carne", que es lo que la mayoría de nosotros hacemos. Dice que si andamos en el Espíritu, no cumpliremos los deseos de la carne. En otras palabras, si nos enfocamos en hacer las cosas correctas, no habrá lugar para las cosas incorrectas. Cuando nos enfocamos en lo positivo, tendremos victoria. En las relaciones, si nos enfocamos en todo lo que encontramos mal en la otra persona, no podremos amarla. Pero si nos enfocamos en lo que hay de bueno en ella, pronto prestaremos poca atención a lo que no nos gusta.

DECLARO: *Me concentraré en las cosas positivas de la vida y en las cosas positivas de las personas. Seguiré al Espíritu Santo y no haré lo que la carne quiere hacer.*

DÍA 255

HAY UNA GUERRA EN MARCHA

Porque nuestra lucha no es contra seres humanos, sino contra poderes, contra autoridades, contra potestades que dominan este mundo de tinieblas, contra fuerzas espirituales malignas en las regiones celestiales.

EFESIOS 6:12

Estamos en guerra, pero nuestra guerra no es contra otros seres humanos. Es contra el diablo y sus demonios. Nuestro enemigo, Satanás, intenta derrotarnos con estrategia y engaño mediante planes bien trazados y engaños deliberados. El diablo es un mentiroso. Jesús lo llama "el padre de la mentira" (Jn 8:44). Nos miente a ti y a mí. Nos dice cosas sobre nosotros mismos, sobre otras personas y sobre las circunstancias que sencillamente no son ciertas. Comienza por bombardear nuestra mente con un patrón hábilmente diseñado de pequeños pensamientos persistentes, sospechas, dudas, miedos, preguntas, razonamientos y teorías. Se mueve despacio y con cautela (al fin y al cabo, los planes bien trazados llevan su tiempo), decidido a engañarnos. Debemos recordar siempre que el diablo es muy paciente.

El enemigo ha estudiado a los seres humanos durante mucho tiempo y su guerra contra nosotros tiene una estrategia. Conoce nuestros gustos, disgustos, inseguridades, debilidades, miedos y lo que más nos molesta. Está dispuesto a invertir el tiempo que sea para derrotarnos. Pero anímate hoy, porque Jesús vino a destruir las obras del diablo (1 Jn 3:8). Dios vive en nosotros por el Espíritu Santo. Él vive en nosotros y es más grande que el enemigo que está en el mundo (1 Jn 4:4).

DECLARO: *El enemigo puede intentar engañarme pero yo sé que Dios, que está en mí, es más grande que el enemigo que está en el mundo.*

DÍA 256

JUSTICIA

Abram creyó al Señor y el Señor se lo reconoció como justicia.

GÉNESIS 15:6

No importa cuántas cosas buenas o correctas hagamos, nunca nos harán justos ante Dios. Lo único que puede hacerlo es la fe. Segunda de Corintios 5:21 es una escritura maravillosa que dice: "Al que no cometió pecado alguno, por nosotros Dios lo trató como pecador, para que en él recibiéramos la justicia de Dios". Romanos 3:22 declara que la justicia es dada a aquellos que creen en Jesucristo.

En el mundo, tenemos que hacer lo correcto para ser correctos. Pero en el reino de Dios, nunca podemos hacer lo suficientemente bien como para pagar por lo que hemos hecho mal. Como este es el caso, Dios envió a su Hijo Jesús para pagar por nuestros pecados y darnos la justicia de Dios. Todo lo necesitamos hacer es creerlo. Así nos lo dice la Palabra de Dios nos lo dice una y otra vez (Ro 3:22; 5:19).

DECLARO: *Soy la justicia de Dios en Cristo. Pongo mi fe en Jesús y soy coheredero con Él. Recibo lo que Él ganó y mereció como un regalo simplemente por creerle a Dios.*

DÍA 257

CÓMO EVITAR EL PECADO

En tus preceptos medito y pongo mis ojos en tus sendas.

SALMOS 119:15

La Biblia nos enseña a meditar día y noche en la Palabra de Dios. Si lo hacemos, formará parte de nosotros y nos guiará de tal manera que no pecaremos contra Dios (Sal 119:11). ¿Cómo funciona esto? He aquí un ejemplo de mi experiencia: Ayer me enteré de algo que me hizo empezar a preocuparme y sentirme decepcionada. Mi hija iba a venir a mi casa y le pedí que no viniera porque necesitaba pasar algún tiempo con Dios y obtener dirección acerca de lo que había sucedido.

Me senté y empecé a reflexionar sobre todas las escrituras que conozco acerca de no preocuparse y confiar en que Dios cuidará de mí. Recé, pidiendo a Dios que me fortaleciera para hacer lo correcto en estos momentos de prueba. Tardé un par de horas, pero pronto sentí que la fe estaba ganando la batalla y me liberé de la preocupación y la decepción.

Todos tenemos pruebas en la vida. Yo las tengo, igual tú. Cuando me enfrento a ellas, me digo a mí misma que haga exactamente lo que te digo a ti que hagas. Nuestras respuestas son las mismas. Confía en Dios y haz el bien (Sal 37:3) y Él resolverá tus problemas.

DECLARO: *Meditaré en la Palabra de Dios y confiaré en Él y esto me ayudará a hacer lo correcto.*

DÍA 258

TRATA DE MANTENER LAS COSAS EN PERSPECTIVA

¿Por qué estás tan abatida, alma mía? ¿Por qué estás angustiada? En Dios pondré mi esperanza y lo seguiré alabando. ¡Él es mi salvación y mi Dios!

SALMOS 42:11

Cuando carecemos de la perspectiva adecuada, podemos considerar situaciones menores como crisis graves o ver las situaciones importantes como "nada del otro mundo". Cualquiera de las dos tendencias —exagerar las cosas o minimizarlas— puede acarrear problemas, por lo que debemos hacer todo lo posible por ver las cosas como realmente son.

Conozco a un joven que pasó muchos años intentando demostrar que tenía razón en cada desacuerdo. Discutía habitualmente y se enfadaba. Esto ocurría tan a menudo que perdió muchos amigos. No era agradable estar con él. Después de que esto continuara durante varios años, finalmente empecé a notar un gran cambio en él. Ya no discutía si alguien tenía una opinión diferente a la suya o no quería hacer algo a su manera. Le pregunté qué le había hecho cambiar y me dijo: "He descubierto que tener razón está muy sobrevalorado". Había adquirido la perspectiva adecuada sobre el hecho de tener razón y se había dado cuenta de que no valía la pena la confusión que experimentaba cuando intentaba demostrar su posición.

Te animo a que mires la vida en su conjunto en lugar de enfocarte en una sola cosa que pueda molestarte. Pensar excesivamente en nuestros problemas solo hace que parezcan más grandes de lo que realmente son. Cuando experimentes algo perturbador, tómate tiempo para recordar intencionadamente las cosas buenas que disfrutas en la vida. El rey David hacía esto en tiempos de depresión y eso le ayudó a mantener las cosas en perspectiva (Salmo 42).

DECLARO: *Hago lo posible por mantener las cosas en perspectiva.*

DÍA 259

DEJA IR

Pero digo la verdad: les conviene que me vaya porque, si no lo hago, el Consolador no vendrá a ustedes; en cambio, si me voy, se lo enviaré.

JUAN 16:7

A veces pensamos que Dios no está trabajando y nos preguntamos por qué. Pero si intentamos hacer Su trabajo, Él permanece a la espera hasta que le entregamos la situación completamente a Él. Él es un caballero y no interferirá sin una invitación. Tal vez Dios no está trabajando en una situación porque nuestro tiempo está fuera de lugar, estamos fuera de Su voluntad o estamos operando con el motivo equivocado.

Si Dios no nos está dando el avance que pedimos, puede ser porque Él está usando la circunstancia como una herramienta para obrar algo en nosotros. Lo mejor que podemos hacer cuando estamos tratando de que algo suceda y nos sentimos frustrados porque no sucede es dejarlo ir y entregarlo completamente a Dios, confiando en que Él hará lo que es correcto y bueno para nosotros.

Las situaciones que nos parecen terribles son a menudo las mejores para nosotros, pero no lo vemos hasta más tarde. Vivimos la vida hacia adelante, pero la entendemos hacia atrás.

DECLARO: *Dejaré ir las cosas que no estoy capacitado para manejar y dejaré que Dios se muestre fuerte en mi vida.*

DÍA 260

PRUEBAS CON UN PROPÓSITO

Hermanos, no queremos que desconozcan las aflicciones que sufrimos en la provincia de Asia. Estábamos tan agobiados bajo tanta presión que hasta perdimos la esperanza de salir con vida: nos sentíamos como sentenciados a muerte. Pero eso sucedió para que no confiáramos en nosotros mismos, sino en Dios, que resucita a los muertos.

2 CORINTIOS 1:8-9

Cuando nos enfrentamos a cualquier tipo de dificultad, solemos preguntarnos por qué y cuál es su propósito. En la escritura de hoy, Pablo y sus compañeros estaban bajo tal presión que desesperaban de la vida misma, pero esto sucedió para que confiaran en Dios en lugar de en sí mismos.

Algunas veces no dependeremos de Dios a menos que no tengamos otra opción, pero para que Dios trabaje a través de nosotros, debe mantenernos confiando en Él y dependiendo de Él para todas las cosas. Puede que no sepamos cuál es el propósito, pero aun cuando no lo sepamos, debemos confiar en Él. Dios es bueno y todo lo que Él permite en nuestra vida está diseñado para trabajar para bien eventualmente.

Dios mantuvo a Pablo utilizable al permitir una espina en su carne. Aunque Pablo pidió tres veces a Dios que se la quitara, Dios simplemente le prometió la gracia para lidiar con ella (2 Co 12:7-9). Pablo dijo que le fue dada esta espina por un mensajero de Satanás para evitar que fuera orgulloso, debido a la grandeza de las revelaciones que le habían sido mostradas. El orgullo era uno de los problemas de Pablo y Dios se aseguró de que no reapareciera y lo hiciera inútil para Su propósito.

DECLARO: *Incluso cuando las cosas son confusas y parecen injustas, confío en que Dios las resolverá para bien.*

DÍA 261

LLEGAR AL FINAL DE TI MISMO

Mis caminos y mis pensamientos son más altos que los de ustedes; ¡más altos que los cielos sobre la tierra!

ISAÍAS 55:9

Todos tenemos mucha energía carnal y a menudo la utilizamos para intentar arreglar nuestros propios problemas, para cambiarnos a nosotros mismos y a los demás o para alterar nuestras circunstancias. Esto nos frustra porque no funciona. Con frecuencia nos lleva un tiempo aceptarlo y llegar al final de nosotros mismos en cuanto a intentar hacer las cosas con nuestras propias fuerzas. Dios quiere que confiemos en Él y no actuará en nuestras vidas de otra manera. Nuestro acceso a Su ayuda es solo a través de la fe.

Puedo estar tratando de abrir un frasco y luchar con el proceso hasta que finalmente me doy por vencida y le pido a Dave que lo haga por mí. Un ejemplo sencillo como éste puede ayudarte a entender cómo nos esforzamos por hacer las cosas nosotros mismos, pero finalmente nos rendimos y le pedimos a Dios que lo haga por nosotros. Si no pasa nada cuando intentas resolver tus problemas, quizá Dios esté esperando a que llegues al final de ti mismo y le pidas humildemente que haga por ti lo que no puedes hacer por ti mismo.

Me llevó muchos años llegar a este punto, pero finalmente lo hice. Y cuando lo logré, pude entrar en el descanso de Dios. Ahora puedo decir: "¡Si Dios no lo hace, entonces no lo quiero!".

DECLARO: *Me entrego a mí mismo y a todo lo que hay que hacer en mi vida a Dios. Haré todo lo que Él me diga, pero me niego a actuar sin Su ayuda y dirección.*

DÍA 262

SILENCIAR AL ACUSADOR

Han llegado ya la salvación y el poder y el reino de nuestro Dios; ha llegado ya la autoridad de su Cristo. Porque ha sido expulsado el acusador de nuestros hermanos, el que los acusaba día y noche delante de nuestro Dios.

APOCALIPSIS 12:10

A Satanás le encanta acusarnos y hacernos sentir culpables, pero lo vencemos por la sangre de Jesús y la palabra de nuestro testimonio. ¿Cómo vencemos por la palabra de nuestro testimonio? Esto significa que cuando él viene contra nosotros con acusaciones, nosotros venimos contra él con la Palabra de Dios. Decimos cosas como: "He sido perdonado, Dios ha olvidado mi pecado y no hay condenación para los que están en Cristo" (ver Isa 43:25; Ro 8:1). O decimos: "Yo soy la justicia de Dios en Cristo" (ver 2 Co 5:21).

Debemos usar el escudo de la fe para apagar todos los dardos encendidos del enemigo (Ef 6:16). Satanás es un mentiroso y lo que más le gusta hacer es engañarnos para que creamos que Dios no nos ha perdonado, cuando sí lo ha hecho. Le encanta hacernos sentir culpables porque cuando lo hacemos nos debilitamos y no somos de mucha utilidad para Dios. Jesús le contestó al diablo (Lc 4:4; 8; 12) y nosotros también deberíamos hacerlo. No te quedes de brazos cruzados escuchando sus mentiras. Recuérdale que eres más que vencedor (Ro 8:37) y que él ya está derrotado (1 Jn 3:8).

DECLARO: *Cuando Satanás venga contra mí con acusaciones, le recordaré que he sido perdonado y que él es un enemigo derrotado.*

DÍA 263

ENFOCARSE EN AMAR A LOS DEMÁS

Si alguien que posee bienes materiales ve que su hermano está pasando necesidad y no tiene compasión de él, ¿cómo se puede decir que el amor de Dios habita en él? Queridos hijos, no amemos de palabra ni de labios para afuera, sino con hechos y de verdad. En esto sabremos que somos de la verdad y nos sentiremos seguros delante de él: aunque nuestro corazón nos condene, Dios es más grande que nuestro corazón y lo sabe todo. Queridos hermanos, si el corazón no nos condena y tenemos confianza delante de Dios, recibimos todo lo que pedimos, porque obedecemos sus mandamientos y hacemos lo que le agrada.

1 JUAN 3:17-22

En lugar de preocuparte por actuar a la perfección para intentar ganarte el amor de Dios, recomiendo darte cuenta de que Dios ya te ama y concentrarte en amar a los demás de forma práctica. El amor no es teoría ni palabras; es acción. Tenemos un corazón compasivo, pero podemos cerrarlo y seguir siendo egoístas si así lo decidimos. Si lo hacemos, entonces el amor de Dios que ha sido puesto en nosotros por el Espíritu Santo (Ro 5:5) no permanecerá activo, porque el amor debe fluir para mantenerse vivo.

Creo que Dios nos da muchas oportunidades de ayudar a la gente, pero debemos reconocerlas y aprovecharlas. Es más bienaventurado dar que recibir (Hch 20:35) y, cuando tenemos la oportunidad de ayudar a alguien y lo hacemos, nos hacemos un favor a nosotros mismos. Los mandamientos más importantes de la Biblia son amar a Dios, amarnos a nosotros mismos y amar a los demás (Mr 12:30-31). Si nos concentramos en amar a Dios y a los demás, no tendremos que preocuparnos tanto por el pecado. La mayoría de los pecados son causados por el orgullo y el egoísmo, pero el amor cierra la puerta a ambos. La gente generosa es gente feliz.

DECLARO: *Aprovecho cada oportunidad que Dios me da para ayudar.*

DÍA 264

FORTALECIDOS A TRAVÉS DE LA ALABANZA

Ante la promesa de Dios no dudó como un incrédulo, sino que se reafirmó en su fe y dio gloria a Dios.

ROMANOS 4:20

Cuando la duda y la incredulidad atacan nuestra mente, podemos empezar alabando y dando gracias a Dios. Esto nos fortalecerá y cerrará la puerta a la duda. Cuando el rey David experimentaba cierta depresión y un alma abatida, se dijo a sí mismo: "¿Por qué estás tan abatida, alma mía? ¿Por qué estás tan angustiada? En Dios pondré mi esperanza y lo seguiré alabando. ¡Él es mi salvación y mi Dios!" (Sal 42:5).

Parte de la definición de *alabanza* en el griego bíblico es "hablar bien, discursos o discurso elogioso. Es "contar un cuento"[10] sobre la bondad de Dios.

Cuando el diablo ataca, una de las maneras más rápidas de deshacerse de él es recordar y decir en voz alta las cosas buenas que Dios ha hecho por ti. Mantén un libro de recuerdos en el que registres los actos poderosos que Dios ha hecho en tu favor. Cuando tengas un libro como este, encontrarás que las páginas se llenarán rápidamente y será un gran recurso al que podrás recurrir cuando necesites hacerle la guerra a Satanás.

DECLARO: *Cuando la duda ataque mi mente, recordaré todas las cosas grandes y poderosas que Dios ha hecho por mí. Las repetiré en voz alta y Satanás huirá.*

DÍA 265

NO TE CONFORMES CON MENOS QUE LO MEJOR DE DIOS

Téraj salió de Ur de los caldeos rumbo a Canaán. Se fue con su hijo Abram, su nieto Lot, hijo de Harán, y su nuera Saray, la esposa de Abram. Sin embargo, al llegar a la ciudad de Jarán, se quedaron a vivir en aquel lugar y allí mismo murió Téraj a los doscientos cinco años.

GÉNESIS 11:31-32

Con frecuencia las personas tienen un objetivo en mente, pero se conforman con menos de lo que realmente quieren. Al padre de Abraham, Taré, se le dijo que fuera a Canaán, pero se estableció en Harán. Vivió doscientos cinco años y murió donde se estableció. Creo que esta es una historia triste, pero es la historia de muchas personas. Demasiado a menudo, las personas se conforman con un cónyuge sobre el que tienen dudas simplemente porque tienen miedo de estar solas toda su vida. Yo lo hice y eso me brindó cinco años de miseria. Debido a la impaciencia y al miedo, la gente muchas veces se conforma con algo inferior en lugar de esperar lo mejor de Dios. No cometas ese error.

A veces en la vida, cuando nos hieren, nos estacionamos en el punto de nuestro dolor y nunca avanzamos más allá de él. Pero Dios nos ofrece sanación y restauración si lo deseamos. No tenemos que quedarnos estancados en un momento. Tu vida entera no está arruinada por un acontecimiento triste, injusto o doloroso.

Acepta esta promesa de Dios y sigue adelante: "Porque yo restauraré tu salud y sanaré tus heridas", afirma el Señor, "porque te han llamado la desechada, la pobre Sión, la que a nadie le importa" (Jer 30:17). Aunque nadie se preocupe por ti, Dios sí lo hace ¡y puede obrar milagros a partir de los mayores errores de cualquiera!

DECLARO: *Me niego a conformarme con menos que lo mejor de Dios.*

DÍA 266

EL HORNO EN LLAMAS DE LA VIDA

Dicho esto, Nabucodonosor se acercó a la puerta del horno en llamas y gritó:

—Sadrac, Mesac y Abednego, siervos del Dios Altísimo, ¡salgan de allí y vengan acá!

Y entonces los tres jóvenes salieron del horno.

DANIEL 3:26

Sadrac, Mesac y Abednego fueron arrojados a un horno de fuego porque se negaron a inclinarse y adorar al ídolo que Nabucodonosor había erigido. Pero "el fuego no les había causado ningún daño, y ni uno solo de sus cabellos se había chamuscado; es más, su ropa no estaba quemada ¡y ni siquiera olía a humo!" (Dn 3:27). Pasaron por una situación muy difícil que debería haberlos dejado dañados, pero como Dios estaba con ellos, no sufrieron daño alguno. Salieron sin ninguna evidencia de que habían pasado por una prueba tan terrible.

Siento que así ha sido mi vida. Fui abusada sexualmente por mi padre y abandonada a los abusos por mi madre. Por miedo a estar sola, a los dieciocho años me casé con el primer hombre que me lo pidió. Aquello fue un desastre que causó gran cantidad de dolor en mi vida. Pero al mirarla ahora, nadie pensaría que tuve un comienzo tan duro. Dios ha sanado mi alma herida y te sanará a ti también.

Del mismo modo que el rey dijo a los jóvenes que "salieran" del horno en llamas, Dios te está diciendo que es hora de salir del pasado y ser sanado.

DECLARO: *Mi alma está siendo sanada. Dios hará tal obra que no habrá evidencia de que alguna vez fui herido.*

DÍA 267

TEN ESPERANZA: DIOS ESTÁ HACIENDO ALGO NUEVO

Cuentas con una esperanza futura, la cual no será destruida.

PROVERBIOS 23:18

Dios ama las cosas nuevas. No quiere que nos quedemos atascados en el dolor de nuestro pasado. Olvida el pasado y deja que hoy sea el primer día del resto de una nueva y maravillosa vida. Llénate de esperanza, que es la expectativa de algo bueno. Dios nos hace nuevos (2 Co 5:17) y nos da un corazón nuevo y un nuevo espíritu (Ez 11:19). Sus misericordias son nuevas cada mañana (Lm 3:22); afortunadamente no tenemos que arrastrar con nosotros los errores de ayer. ¿Vives en el pasado? Si es así, es hora de dejarlo ir, avivar tu esperanza y empezar de nuevo. No importa lo malo que haya en tu pasado, Dios puede resolverlo para tu bien (Ro 8:28). El mayor regalo que Dios te ha dado es el momento que tienes ahora mismo. No pierdas este momento porque te estés lamentando por el ayer o preocupándote por el mañana. Dios es "Yo Soy" (Éx 3:14). Él está aquí ahora en tu vida para hacerla maravillosa si tú lo recibes.

DECLARO: *Me niego a quedarme atrapado en el pasado. Este es el día que ha hecho el Señor y me alegraré y gozaré en él (Sal 118:24).*

DÍA 268

LOS CORAZONES ROTOS SE CURAN

Sana a los de corazón quebrantado y venda sus heridas.

SALMOS 147:3

La promesa de curación es maravillosa. Yo tenía el corazón roto y el alma herida a causa de los abusos que sufrí desde mi infancia hasta los veinte años. Si tenemos una herida en la pierna o en el brazo, podemos ir al médico para que nos la cure, pero solo Dios puede sanarnos por dentro. Solo Él puede sanar a los quebrantados de corazón. Si nuestro corazón está herido, a menudo herimos a otros. Eso fue lo que yo hice. El dolor que sentía en mi interior se manifestaba cada día en la forma en que me sentía conmigo misma y en la forma en que trataba a los demás.

La persona con un alma herida pensará mal, sentirá mal y hará cosas equivocadas. Sin embargo, Dios puede renovar nuestras mentes y enseñarnos a pensar en Él. Él puede sanar nuestras emociones y ayudarnos a aprender a vivir de acuerdo con Su Palabra en lugar que de acuerdo con lo que sentimos. Él puede ayudarnos a querer hacer Su voluntad en lugar de la nuestra. La curación del alma es un viaje a menudo largo y doloroso, pero también maravilloso y asombroso.

Escribo desde la experiencia cuando te digo que, independientemente de lo que te haya ocurrido, Dios te dará una doble bendición por tu anterior aflicción (Isa 61:7) y lo que te ocurrió ayudará a otras personas a superar su dolor.

DECLARO: *En lugar de deprimirme por el dolor de mi pasado, me estoy curando y utilizaré mi experiencia para ayudar a los demás.*

DÍA 269

DIOS TE QUIERE SANO Y PRÓSPERO

Querido hermano, oro para que te vaya bien en todos tus asuntos y goces de buena salud, así como prosperas espiritualmente.

3 JUAN 2

Dios no quiere que prosperemos más allá de nuestro nivel de madurez espiritual, pero Su voluntad para nosotros es que maduremos espiritualmente, que seamos sanados y saludables, y que nuestras necesidades sean satisfechas. Dios también quiere que prosperemos para que podamos ayudar a otras personas.

No servimos a Dios para conseguir cosas, porque las cosas nunca pueden mantenernos felices. Servimos a Dios porque lo amamos y, si lo ponemos en primer lugar, Él nos dará todo lo que necesitamos (Mt 6:33). La prosperidad sin Dios puede ser peligrosa, porque ¿de qué le sirve a una persona ganar el mundo entero si pierde su alma (Mt 16:26)? Nunca comprometas tu conciencia y hagas cosas que sabes que están mal simplemente para ganar una posición, poder o posesiones materiales. Si lo haces, serás atormentado interiormente y las cosas que tienes nunca te harán feliz.

Sirve a Dios de todo corazón y deja que Él te dé lo que sabe que puedes manejar mientras lo mantienes a Él primero en tu vida.

DECLARO: *Sirvo a Dios porque le amo y solo quiero lo que Él quiere que tenga.*

DÍA 270

DIOS CUIDARÁ DE TI

En el amor no hay temor, sino que el amor perfecto echa fuera el temor. El que teme espera el castigo, así que no ha sido perfeccionado en el amor.

1 JUAN 4:18

La preocupación y la ansiedad tienen su origen en el miedo de que no nos cuiden o a que ocurra algo malo. La seguridad de que serás cuidado y de que Dios te protegerá se encuentra en la Escritura de hoy. Si tenemos miedo de no ser cuidados, necesitamos crecer en el conocimiento de que Dios nos ama incondicional, perfecta y eternamente. Este conocimiento suele tardar en desarrollarse porque nos cuesta creer que Dios pueda o quiera amarnos debido a nuestras imperfecciones. En realidad, es por nuestras imperfecciones que Dios envió a Jesús a morir por nosotros y a recibir el castigo que merecíamos por nuestro pecado.

Tuve que pasar varios años estudiando el amor de Dios por mí para que mi mente se renovara completamente en esta área. Como mi padre abusó sexualmente de mí y mi madre me abandonó a su malvado comportamiento, estaba convencida de que, si no cuidaba de mí misma, nadie cuidaría de mí. Sin embargo, Dios no es como las personas y no podemos juzgar cómo nos tratará en función de cómo nos hayan tratado los demás.

Permíteme animarte a orar y pedirle a Dios que te ayude a crecer en la revelación y comprensión de cuánto te ama.

DECLARO: *Dios me ama y me ayuda cuando tengo problemas.*

DÍA 271

SACÚDELO

Pero Pablo sacudió la mano, la serpiente cayó en el fuego y él no sufrió ningún daño

HECHOS 28:5

Hoy quiero compartir una historia con ustedes:

Un día, el burro de un granjero cayó en un pozo. El animal lloró lastimeramente durante horas mientras el granjero intentaba encontrar qué hacer. Finalmente, decidió que el animal era viejo y que de todas maneras había que tapar el pozo; no merecía la pena sacar al burro. Invitó a todos sus vecinos a que le ayudaran. Todos cogieron una pala y empezaron a echar tierra al pozo. Al principio el burro se dio cuenta de lo que pasaba y lloró horriblemente. Luego, para asombro de todos, se calmó. Después de unas cuantas paladas, el granjero se asomó al pozo y quedó atónito ante lo que vio. Con cada palada de tierra que golpeaba su lomo el burro hacía algo insólito: se la sacudía de encima y daba un paso hacia arriba.

Mientras los vecinos del granjero seguían paleando tierra sobre el animal, éste se la sacudía y daba otro paso hacia arriba. Muy pronto todo el mundo quedó asombrado cuando el burro se asomó al borde del pozo y ¡salió trotando alegremente!

La vida te echará tierra encima. La clave para salir del pozo es sacudirte y dar un paso hacia arriba. Podemos salir de los pozos más profundos simplemente no rindiéndonos nunca.

DECLARO: *Cuando la vida me eche tierra encima, me la sacudiré y daré un paso hacia arriba.*

DÍA 272

DE LA FOSA AL PALACIO

Dios provocó hambre en la tierra al hacer escasear el alimento. Pero envió delante de ellos a un hombre: a José, vendido como esclavo. Le sujetaron los pies con grilletes, entre hierros aprisionaron su cuello.

SALMOS 105:16-18

En los capítulos 37 y 39-50 del Génesis, leemos que José sufrió muchas situaciones injustas. Sus hermanos estaban celosos de él; lo vendieron como esclavo y le dijeron a su padre que lo había matado un animal salvaje. Se convirtió en el jefe de la casa de Potifar, uno de los oficiales del Faraón. La mujer de Potifar quería que José se acostara con ella y cuando él se negó, hizo que lo metieran en la cárcel donde permaneció durante años. Allí, Dios lo ascendió y tuvo autoridad sobre los demás prisioneros. Ayudó a un copero a salir de la cárcel interpretándole un sueño y le pidió que se acordara de él cuando fuera libre, pero cuando el copero salió de la cárcel, se olvidó de José.

A través de estas circunstancias, José mantuvo una buena actitud y continuó confiando y obedeciendo a Dios. En cada situación, Dios lo favoreció y lo ascendió. Finalmente, José interpretó uno de los sueños del Faraón y éste quedó tan impresionado que lo colocó en un alto cargo administrativo en su gobierno. José pasó de la fosa al palacio.

Si alguien te maltrata, mantén una buena actitud, sigue ayudando a otras personas y Dios te dará su favor y te recompensará por tu fidelidad a Él.

DECLARO: *Mantendré una buena actitud sin importar cómo me traten y creo que Dios me dará su favor y promoverá.*

DÍA 273

MANTÉN EL FOCO CUANDO LAS COSAS NO SALGAN SEGÚN LO PREVISTO

Pon la mirada en lo que tienes delante; fija la vista en lo que está frente a ti.

PROVERBIOS 4:25

Por muy bien que planifiquemos, las cosas rara vez salen exactamente como las prevemos. Algunas de las interrupciones a las que nos enfrentamos podrían evitarse si nos mantuviéramos más firmes en nuestras decisiones, pero muchas no pueden ser. Si no consigo lo que quiero hacer hoy, simplemente planeo hacerlo mañana. Al mismo tiempo, también intento aprender de la experiencia cómo puedo mantenerme con más seguridad en el buen camino. Quiero permitir las interrupciones que no se pueden evitar, pero no quiero permitir que las distracciones aleatorias y las cosas innecesarias me desvíen.

Tú y yo no podemos esperar que otras personas nos mantengan en el camino y nos hagan avanzar hacia nuestros objetivos, porque eso es algo que hacemos por nosotros mismos cada día y no debemos culpar a las personas que nos interrumpen si no estamos dispuestos a asumir la responsabilidad de permitir su interrupción. Puede que no podamos evitar que alguien nos llame a una hora inoportuna, pero no tenemos por qué contestar al teléfono o, si debemos coger la llamada, enzarzarnos en una larga conversación que no es necesaria.

Algunas personas tienen un don natural para mantener la concentración, pero cualquiera puede mejorar con la práctica. Nuestra relación con Dios no se basa en nuestro plan del día o en lo organizados que seamos, Él nos ama incondicionalmente. Pero vivir la vida con un propósito y con un plan, es la única manera en la que terminaremos siendo las personas que realmente queremos ser y disfrutando de la mejor vida que podamos.

DECLARO: *Soy diligente para mantenerme centrado y vivir la vida con un propósito.*

DÍA 274

DEJA DE CULPAR A OTROS POR TUS PROBLEMAS

Él respondió:

—La mujer que me diste por compañera me dio de ese fruto y yo lo comí.

Entonces Dios el Señor preguntó a la mujer:

—¿Qué es lo que has hecho?

—La serpiente me engañó, y comí —contestó ella.

GÉNESIS 3:12-13

Culpar a los demás de nuestros problemas es una forma de eludir la responsabilidad; la gente lo ha hecho desde la Creación. Ser sinceros con nosotros mismos puede ser difícil, pero es el único camino hacia la libertad. Cuanto más tiempo culpemos a otros, más tiempo permaneceremos en la esclavitud. Podemos culpar a la gente, podemos culpar al diablo, podemos culpar a los sistemas en los que vivimos, pero lo que realmente tenemos que hacer es ser sinceros con nosotros mismos.

Dios desea la verdad en el ser interior (Sal 51:6). Recuerdo a una mujer que se iba a casar por séptima vez y le pidió a nuestro pastor que orara para que ese hombre la tratara bien. No se daba cuenta de que ella era el denominador común en los siete matrimonios; sus maridos no eran el problema, sino ella. Hasta que no afrontara esta verdad y se responsabilizara de sí misma, seguiría teniendo problemas.

No importa lo que hayamos hecho mal, si lo admitimos, estamos dispuestos a cambiar y pedimos al Espíritu Santo que nos ayude a cambiar, Dios nos perdonará y nos ayudará a empezar de nuevo.

DECLARO: *Dejaré de culpar a los demás de mis problemas y asumiré la responsabilidad de solucionarlos con la ayuda de Dios.*

DÍA 275

TEN PACIENCIA

Así, todos nosotros, que con el rostro descubierto reflejamos como en un espejo la gloria del Señor, somos transformados a su semejanza con más y más gloria por la acción del Señor, que es el Espíritu.

2 CORINTIOS 3:18

Mientras estudiamos la Palabra de Dios, seremos cambiados por el Espíritu Santo, pero esto toma tiempo. La escritura de hoy nos dice que estamos siendo cambiados "con más y más gloria", pero hay tiempo entre cada "gloria" y a menos que aprendamos a esperar con paciencia, no seremos felices. Dios no tiene prisa. Él está más interesado en hacer un buen trabajo que en hacer un trabajo rápido.

No podemos comparar nuestro ritmo de progreso con el de los demás porque todos somos diferentes; Dios tiene un plan personalizado y perfecto para cada uno de nosotros. La madurez espiritual es un viaje. Te animo a que no te enfoques tanto en el destino y que disfrutes del camino hacia él. Todos necesitamos cambiar, y está bien que disfrutemos mientras Dios nos cambia.

Sé paciente y celebra tus progresos en lugar de lamentarte por lo lejos que aún estás por llegar. A Dios no le preocupa que aún no hayas llegado; lo único que le preocupa es que sigas progresando, aunque ese progreso sea lento.

DECLARO: *Seré paciente en mi viaje hacia ser moldeado a la imagen de Jesucristo y disfrutaré mientras realizo el viaje.*

DÍA 276

EL GRAN INTERCAMBIO

Espíritu del Señor y Dios está sobre mí, por cuanto me ha ungido para anunciar buenas noticias a los pobres. Me ha enviado a sanar los corazones heridos, a proclamar libertad a los cautivos y la liberación de los prisioneros, a pregonar el año del favor del Señor y el día de la venganza de nuestro Dios, a consolar a todos los que están de duelo y a confortar a los dolientes de Sión. Me ha enviado a darles una corona en vez de cenizas, aceite de alegría en vez de luto, traje de alabanza en vez de espíritu de desaliento. Serán llamados robles de justicia, plantío del Señor, para mostrar su gloria.

ISAÍAS 61:1-3

¿Qué pasaría si pudieras llevar cualquier cosa desgastada, ineficaz, vieja o que ya no funcione a una tienda cercana y cambiarla por una nueva sin costo alguno? ¿No sería maravilloso? Jesús nos ofrece una vida intercambiada. Le damos nuestros pecados y Él nos da su justicia (2 Co 5:21). Le damos nuestras cenizas y Él nos da su belleza. Le damos nuestra tristeza y nuestro luto y Él nos da Su alegría (Isa 61:3). Él toma nuestra vieja vida y nos da una nueva (2 Co 5:17).

La Biblia menciona muchas cosas que podemos intercambiar, pero muchos de nosotros seguimos aferrados a las cosas viejas. Si no has visitado la tienda de intercambio, es hora de que empieces a ir con regularidad.

Dios te animará si estás desanimado, te consolará si estás triste o adolorido y cambiará tu debilidad por Su fuerza.

DECLARO: *Visito regularmente la tienda de intercambio de Dios porque Él tiene todo lo que necesito.*

DÍA 277

RENOVACIÓN DIARIA

Por tanto, no nos desanimamos. Al contrario, aunque por fuera nos vamos desgastando, por dentro nos vamos renovando día tras día.

2 CORINTIOS 4:16

Todos queremos ser fuertes físicamente, pero ¿qué hay de ser fuertes en nuestro interior? Si eres fuerte por dentro, podrás superar cualquier cosa que se te presente fuera. Por ejemplo, una forma de mantenerse joven es pensar joven. La edad es un número, pero "viejo" es una actitud. Aunque nuestro cuerpo envejezca, nuestro ser interior puede renovarse cada día. En la ampliación de Efesios 3:16, Pablo oró para que la iglesia fuera fortalecida en su ser interior por el Espíritu Santo que moraba en su ser más íntimo y en su personalidad.

Alimentamos nuestro cuerpo físico con comida diaria para mantenernos fuertes. De la misma manera, necesitamos alimentar nuestro ser interior con la Palabra de Dios, la oración y la meditación en las promesas de Su Palabra. La oración y la alabanza también nos fortalecen. Necesitamos pensar con la mente de Cristo y asegurarnos de que nuestros pensamientos se alinean con la Palabra de Dios. Por ejemplo, no pienses "no puedo". En cambio, cree que puedes hacer cualquier cosa que Dios te pida (Fil 4:13). Mantente positivo y lleno de esperanza. Y recuerda que la risa hace tanto bien como una medicina (Pr 17:22).

DECLARO: *Mi cuerpo puede envejecer, pero mi ser interior permanecerá joven y renovado.*

DÍA 278

PUEDES PENSAR QUE ERES RICO Y SIN EMBARGO SER POBRE

Dices: "Soy rico, me he enriquecido y no me hace falta nada"; pero no te das cuenta de cuán infeliz y miserable, pobre, ciego y desnudo eres tú.

APOCALIPSIS 3:17

Tener muchas cosas y mucho dinero no es lo que hace rica a una persona. A veces las personas que tienen mucho financiera y materialmente son los más pobres de todos, pero no se dan cuenta. Lo que nos hace verdaderamente ricos es una relación íntima con Dios a través de Cristo, conocer la Palabra de Dios, ayudar a otras personas y ser ricos en la fe.

Muchas personas que tienen una buena posición económica son muy infelices, pero no tienen por qué serlo. Dios quiere que prosperemos económicamente, pero en la medida en que prospera nuestra alma (3 Juan 2). Yo oro regularmente para que Dios nunca me dé más de lo que puedo manejar sin mantenerlo a Él primero en mi vida. No importa cuánta mercancía poseas o dinero tengas, asegúrate de tener en mente que nada de lo que este mundo ofrece puede mantenerte feliz por mucho tiempo a menos que tengas a Jesús en tu vida.

DECLARO: *Soy rico en fe y en el conocimiento de la Palabra de Dios.*

DÍA 279

EL REINO INTERIOR

No van a decir: "¡Mírenlo acá! ¡Mírenlo allá!". Dense cuenta de que el reino de Dios está entre ustedes.

LUCAS 17:21

Jesús es el Rey de Su reino y Él debe gobernar allí. En términos prácticos, esto significa que nuestros pensamientos, actitudes, motivos y planes deben estar sujetos a Su voluntad. ¿En qué has estado pensando? Si te sientes triste o deprimido, encontrarás que tus pensamientos son negativos y sin esperanza. Si tus pensamientos no están de acuerdo con los pensamientos de Dios (Su Palabra), puedes rechazar los pensamientos equivocados y elegir otros mejores. Cuando aprendí que podía hacer mis propios pensamientos y que no tenía que pensar solo en lo que se instalara en mi cabeza, me cambió la vida.

Jesús vive en nosotros y debemos mantener en nuestro interior una atmósfera en la que Él se sienta cómodo. Si estamos llenos de ira, falta de perdón, miedo o preocupación, Él está incómodo y esto nos hace sentir incómodos. A veces nos sentimos abatidos y no entendemos por qué. La próxima vez que esto suceda, haz un inventario de tus pensamientos, actitudes y motivos y es probable que encuentres la fuente de tu problema.

DECLARO: *Prestaré atención a lo que sucede dentro de mí. El reino de Dios está en mí y quiero proporcionar una atmósfera en la que Dios se sienta cómodo.*

DÍA 280

TÚ ERES EL HOGAR DE DIOS

Para que por fe Cristo habite en sus corazones. Y pido que, arraigados y cimentados en amor.

EFESIOS 3:17

Creemos por fe que Dios habita en nosotros. Él habita en nuestros corazones. Dios es amor y eso significa que estamos llenos de Su amor. En la escritura de hoy, Pablo nos enseña a estar arraigados y cimentados en el amor de Dios. La revelación de cuánto nos ama Dios es una de las cosas más valiosas que podemos tener. El amor de Dios echa fuera el temor (1 Jn 4:18) y si sabemos que Él nos ama, entonces también creemos que Él siempre cuidará de nosotros.

Tener la confianza de que Dios satisfará todas nuestras necesidades —independientemente de cuáles sean— nos permite eliminar el estrés de la preocupación y entrar en el descanso de Dios.

La doctora que he tenido durante veintisiete años me acaba de decir que se traslada a otro estado y me he llevado una gran decepción. Ella conoce mi cuerpo y a lo largo de los años, hemos construido una gran relación de trabajo. Cuando me enteré, empecé a preocuparme. Pero al recordar que Dios ha prometido cuidar siempre de mí, supe que Su cuidado incluye encontrarme un nuevo médico que sea el adecuado. Puedes confiar en que Dios satisfará cualquier necesidad que tengas. Pide y sigue pidiendo y recibirás (Lc 11:9).

DECLARO: *Creo que Dios me ama y que Él satisfará cualquier necesidad que tenga.*

DÍA 281

TU REPUTACIÓN

Entonces, ¿busco ganarme la aprobación humana o la de Dios? ¿Piensan que procuro agradar a los demás? Si yo buscara agradar a otros, no sería siervo de Cristo.

GÁLATAS 1:10

Nuestra vida exterior es nuestra reputación ante la gente, pero nuestra vida interior es nuestra reputación ante Dios. Podemos hacer cosas falsas para impresionar a la gente, pero Dios siempre conoce nuestros verdaderos motivos. Con Él no se puede fingir. Creo que la mayoría de nosotros pasamos por una fase en la que nos preocupamos mucho por lo que la gente piensa de nosotros. Cuando lo hacemos, corremos el peligro de convertirnos en complacientes, a menos que sepamos de que lo que Dios piensa de nosotros es mucho más importante que lo que piensa la gente.

Jesús se despojó de toda reputación terrenal y tomó la forma de siervo (Fil 2:7). Al leer la Biblia, vemos claramente que Jesús no tenía buena reputación entre la mayoría de la gente. Incluso los miembros de su propia familia pensaban que podía estar "mal de la cabeza" (Mr 3:21). Nada de esto le preocupaba porque conocía su propio corazón y, más que nada, le importaba agradar a Dios (Jn 8:29). Puedes ahorrarte muchos disgustos si te das cuenta de que hagas lo que hagas siempre habrá gente a la que no le gustes o que no te apruebe, pero eso no importa si Dios te aprueba.

DECLARO: *No me preocupa mi reputación ante la gente, sino ante Dios. Quiero ser una persona que agrada a Dios, no a los demás.*

DÍA 282

NUESTRAS PALABRAS Y PENSAMIENTOS

Sean, pues, aceptables ante ti mis palabras y mis meditaciones oh Señor, mi roca y mi redentor.

SALMOS 19:14

Rezo a menudo el pasaje de hoy porque sé que necesito que Dios me ayude a decir y pensar lo correcto. Santiago 3:8 dice que nadie puede domar la lengua. Por mucho que lo intentemos, no podemos controlar nuestra lengua sin la ayuda de Dios. Las palabras tienen poder de vida o de muerte, "quienes la aman comerán de su fruto" (Pr 18:21). Si te tomas un tiempo para pensar en esto, el poder de las palabras es asombroso.

Nuestros pensamientos son tan importantes como nuestras palabras porque se convierten en nuestras palabras (Mt 12:34). Lo que está en nuestro corazón eventualmente sale de nuestra boca si permanece en nuestro corazón el tiempo suficiente. Las palabras tienen poder y podemos herir a la gente con lo que decimos. Una vez que decimos algo, no podemos deshacer lo que hemos dicho. Afortunadamente, también podemos ayudar a la gente con nuestras palabras, pero esto empieza por tener buenos pensamientos sobre las personas.

Cuando pienses en las personas, enfócate en sus puntos fuertes y en lo que hacen para ayudarte. De este modo fortalecerás a las personas en lugar de destruirlas.

DECLARO: *Me concentraré en todo lo bueno que pueda pensar sobre las personas y las circunstancias. Entonces saldrán de mi boca palabras positivas.*

DÍA 283

POR SUS FRUTOS LOS CONOCERÉIS

Del mismo modo, todo árbol bueno da fruto bueno, pero el árbol malo da fruto malo. Un árbol bueno no puede dar fruto malo y un árbol malo no puede dar fruto bueno. Todo árbol que no da buen fruto se corta y se arroja al fuego. Así que por sus frutos los conocerán.

MATEO 7:17-20

Si vemos manzanas en un árbol, sabemos que es un manzano. Si vemos melocotones, sabemos que es un melocotonero. Si vemos personas que dan buenos frutos, como paciencia, amor, bondad, alegría, paz y otras buenas cualidades, sabemos que son buenas personas. Pero si vemos a alguien mezquino, enfadado, grosero o desagradable con los demás, sabemos que es alguien con quien probablemente no deberíamos relacionarnos.

Las personas con las que pasamos mucho tiempo deberían ser aquellas cuyo comportamiento nos rete a vivir más alto. Si estamos mucho tiempo con alguien, solemos adquirir algunos de sus hábitos, así que asegúrate de que quieres llegar a ser como las personas con las que pasas mucho tiempo. Pasa tiempo con gente que ayude, no que haga daño.

Ser generosa es muy importante para mí, así que me encanta pasar tiempo con personas generosas, porque me provocan a ser aún más generosa. El Salmo 1:1 en la Biblia Amplificada, Edición Clásica, nos dice que no nos sentemos inactivos con los impíos o los burladores. También afirma que no debemos vivir en el consejo de los impíos. ¡Elige bien a tus amigos!

DECLARO: *Tengo cuidado con quién paso el tiempo porque quiero estar con personas que me desafíen a ser mejor persona.*

DÍA 284

CONOCE TU PROPIO CORAZÓN

Nada hay tan engañoso como el corazón. No tiene remedio. ¿Quién puede comprenderlo?

JEREMÍAS 17:9

La idea de que nuestro propio corazón pueda engañarnos da un poco de miedo. ¿Cómo es posible? Creo que nos engañamos poniendo excusas en lugar de ser sinceros con nosotros mismos. La ampliación de Santiago 1:22 dice que, si oímos la Palabra pero no la ponemos en práctica, nos engañamos con razonamientos contrarios a la verdad.

Conocer nuestro propio corazón y ser honestos con nosotros mismos respecto a nuestros motivos es muy valioso. Nos ayuda a evitar cometer errores que a la larga nos causan un gran dolor de corazón. Es bueno conocer nuestros puntos fuertes, pero también nuestras debilidades. Dios nos fortalecerá en nuestros puntos débiles, pero creo que primero tenemos que admitirlos.

Ser engañado significa creer una mentira y sabemos que el diablo es un mentiroso (Jn 8:44). Pero si creemos una mentira, aunque sea mentira, se convierte en nuestra verdad. ¿Cuántas mentiras piensas que crees? Tómate un tiempo hoy para orar sobre esto y pensarlo seriamente.

DECLARO: *Quiero conocer mi propio corazón y no engañarme nunca. No pondré excusas para hacer cosas que creo que están mal.*

DÍA 285

LA PRUEBA DE NUESTRA FE

Hermanos míos, considérense muy dichosos cuando tengan que enfrentarse con diversas pruebas, pues ya saben que la prueba de su fe produce perseverancia.

SANTIAGO 1:2-3

La Escritura de hoy nos dice que nos regocijemos cuando experimentemos pruebas y todo tipo de procesos porque obran cosas buenas en nosotros. Una cosa que eventualmente hacen es trabajar la paciencia. La paciencia no es la capacidad de esperar; es cómo nos comportamos mientras esperamos. ¿Esperas con una buena actitud o con frustración y enojo?

Que algo duela o sea incómodo no significa que no sea bueno para nosotros. Seguro que has oído alguna vez el dicho "si no hay dolor, no hay ganancia".[2] Amamos la ganancia, pero odiamos el dolor. Dios nos da una medida de fe (Ro 12:3). Él nos da lo suficiente para todo lo que quiere que hagamos en la vida, pero nuestra fe solo se fortalece con el uso. Cuando nuestra fe es probada descubrimos cuán fuerte es en realidad.

Cuando estés siendo probado con pruebas o tentaciones, mantente fuerte y pasa tus pruebas. Mantente alegre, en paz, agradecido por todo lo que Dios ha hecho por ti, y pronto experimentarás la victoria y serás más fuerte en la fe de lo que eras antes.

DECLARO: *Cuando mi fe es puesta a prueba permanezco en paz, porque sé que Dios me ama y satisfará todas mis necesidades.*

[2] N. del T.: En inglés se trata de una rima: "*No gain, no pain*"

DÍA 286

PIDE CON FE Y SIN DUDAS

Pero que pida con fe, sin dudar, porque quien duda es como las olas del mar, agitadas y llevadas de un lado a otro por el viento. Quien es así no piense que va a recibir cosa alguna del Señor; es indeciso e inconstante en todo lo que hace.

SANTIAGO 1:6-8

Cuando tengas que tomar una decisión, reza con fe y pide a Dios que te guíe. Mientras esperas en Su guía puede tomar unos días o más, pero pronto te decidirás por lo que crees que es el curso de acción correcto. Asegúrate de tener paz al respecto, asegúrate de que está de acuerdo con la Palabra de Dios y no dejes que la duda te confunda y te haga cambiar de opinión. Una persona de doble ánimo es inestable. No puede decidirse por nada y pierde mucho tiempo en la indecisión.

Cuando hayas pedido con fe y sientas la guía de Dios, ten confianza en que eres guiado por el Espíritu de Dios y que tomas buenas decisiones. No dejes que el diablo te robe el tiempo a través de la duda. Aprende a dudar de tus dudas. Cuando la duda llame a tu puerta, responde con fe. Si somos de doble ánimo, no recibiremos lo que pedimos a Dios.

No te preocupes si cometes un error, porque todos cometemos errores. Así es como aprendemos.

DECLARO: *Tomo buenas decisiones porque me guía el Espíritu de Dios y no tengo doble ánimo. No dejo que la duda me robe la fe ni el tiempo.*

DÍA 287

SÉ BUENO CON LA GENTE QUE SUFRE

¡Ay de ustedes, maestros de la Ley y fariseos, hipócritas! Dan la décima parte de sus especias: la menta, el anís y el comino. Pero han descuidado los asuntos más importantes de la Ley, tales como la justicia, la misericordia y la fidelidad. Debían haber practicado esto sin descuidar aquello.

MATEO 23:23

Los escribas y fariseos seguían todas las leyes judías, pero Jesús los llamó hipócritas. ¿Por qué? Porque, aunque seguían las reglas, maltrataban a la gente. No ayudaban a los que sufrían. Jesús dijo que deberían haber hecho ambas cosas.

Bajo el nuevo pacto somos libres de las normas y reglamentos de la ley, pero no del código moral que Dios instituyó. Lo principal que Dios quiere que aprendamos es a amarle y a amarnos los unos a los otros (Mr 12:30-31). Si lo hacemos agradaremos a Dios.

Una persona puede ir a la iglesia dos veces por semana, diezmar, orar y leer su Biblia, y sin embargo maltratar a los demás. Lo sé, porque lo hice durante años. Lo importante no es lo que hacemos cuando la gente nos observa, sino lo que hacemos cuando nadie nos observa. Concéntrate en caminar en amor y cumplirás la ley de Dios de la libertad (Stg 2:12-14).

DECLARO: *Me encanta ayudar a las personas que sufren, y mi objetivo es caminar en el amor.*

DÍA 288

DEDICA TU SER INTERIOR A DIOS

La princesa es todo esplendor, luciendo en su alcoba brocados de oro.

SALMOS 45:13

Tu ser interior, lo que 1 Pedro 3:4 llama "la persona oculta del corazón", debe estar dedicado a Dios. Podemos dedicar una porción de nuestro dinero, tiempo o muchas otras cosas a Él, pero nuestros pensamientos, actitudes, motivos, y voluntad son importantes para que también los dediquemos a Dios.

Jesús les dijo a los fariseos que ellos limpiaban "el vaso y el plato por fuera" (refiriéndose a su comportamiento exterior), "pero por dentro están llenos de robo y de maldad" (Lc 11:39). Dijo que dieran de lo que está adentro (Lc 11:41). ¿Has dedicado tu interior a Dios? Este compromiso significa que trabajarás con el Espíritu Santo para honrar a Dios con tus pensamientos, actitudes, motivos y decisiones. Tómate un tiempo para pensar en lo que pasa dentro de ti y dedica tu interior a Dios.

DECLARO: *Dedico mi interior a Dios. Quiero que todo lo que sucede en mí le glorifique y le agrade.*

DÍA 289

¿DE QUÉ ESTÁS LLENO?

En fin, que conozcan ese amor que sobrepasa nuestro conocimiento, para que sean llenos de la plenitud de Dios.

EFESIOS 3:19

La Escritura de hoy nos desafía a "convertirnos en un cuerpo totalmente lleno e inundado de Dios mismo". Esta es mi meta y ruego que también sea la tuya. Pero he descubierto que debo disminuir para que Él pueda aumentar (Jn 3:30). Demasiado a menudo estoy llena de mí misma, trabajando duro para conseguir lo que quiero. Podemos culpar al diablo de cualquier problema, pero el yo es nuestro mayor problema. La Palabra de Dios nos enseña a morir al yo y esto no es un proceso rápido ni fácil.

Si nos olvidamos de nosotros mismos y de lo que queremos, y vivimos para Dios y Su voluntad, Él nos dará más de lo que podemos conseguir por nosotros mismos. Te insto a que ores con regularidad para disminuir mientras Dios aumenta. Reza para estar lleno de los pensamientos, la voluntad, las actitudes y los deseos de Dios y vacío de ti mismo.

Esto no significa que nunca quieras nada para ti, pero en lugar de tratar de conseguirlo para ti, pídelo a Dios. Salmos 3:4 dice que nos deleitemos en Dios y Él nos concederá los deseos de nuestro corazón.

DECLARO: *Estoy lleno de Dios, no lleno de mí mismo.*

DÍA 290

GRAN PENSAMIENTO, GRAN VIDA

Sean, pues, aceptables ante ti mis palabras y mis meditaciones oh Señor, mi roca y mi redentor.

SALMOS 19:14

Una de las revelaciones que más nos cambian la vida es descubrir que podemos hacer algo con nuestros pensamientos. Podemos practicar el "pensamiento a propósito". No tenemos que meditar sobre todo lo que se nos pasa por la cabeza; podemos elegir en qué queremos pensar. Podemos elegir pensamientos que aumenten la energía, no pensamientos que la resten; ser deliberados con lo que pasa por nuestra mente. Podemos romper con los malos hábitos y crear buenos hábitos. De hecho, aprender a tener grandes pensamientos a propósito es una de las claves para una gran vida.

Con frecuencia nos dejamos comprar por la idea mundana de la "gran vida". Podemos equiparar la grandeza con la fama, la fortuna, el éxito atlético, el estatus de celebridad, los logros empresariales o científicos notables o el atractivo físico. Pero nada de esto constituye una vida verdaderamente grandiosa. De hecho, algunas de las personas más famosas y ricas del mundo, parecen ser algunas de las más miserables. Para tener realmente una gran vida, creo que una persona debe tener amor, paz, alegría, estar bien con Dios, tener buenas relaciones y otras cualidades que el mundo no considera necesariamente "grandes". Sin ellas, ¿cómo podría ser grande la vida de alguien? Piénsalo: ¿Qué tenemos realmente sin paz y alegría? Piensa en cosas grandes hoy y todos los días —pensamientos de paz, alegría, éxito y amor— y verás lo grande que será tu vida.

DECLARO: *Tengo grandes pensamientos que me llevan a una gran vida.*

DÍA 291

EL PODER DE LAS SIMPLES ORACIONES

Esta es la confianza que tenemos al acercarnos a Dios: que, si pedimos cualquier cosa conforme a su voluntad, él nos oye. Y si sabemos que Dios oye todas nuestras oraciones, podemos estar seguros de que ya tenemos lo que le hemos pedido.

1 JUAN 5:14-15

Algunas personas no rezan mucho porque ven la oración como un ejercicio complicado o algo que no saben hacer. Pero orar es simplemente hablar con Dios, como hablaríamos con un buen amigo. Me gusta comenzar mis oraciones con alabanzas y agradecimientos por la bondad de Dios; y le doy las gracias por las respuestas que ha dado a mis oraciones anteriores. Rezo por las personas que conozco que están enfermas o tienen otros problemas y luego le pido a Dios que me ayude con mi día y con cualquier otra cosa en la que necesite ayuda.

La oración puede ser muy sencilla. No intentes "sonar religioso" cuando reces; sé tú mismo. Acepta tu singularidad y recuerda siempre que no tienes que orar como los demás. Además, la duración de tu oración no es tan importante como su sinceridad. Puedes orar en cualquier momento, en cualquier lugar y sobre cualquier tema.

Cuando los discípulos de Jesús le pidieron que les enseñara a orar, les dio lo que llamamos el Padre Nuestro (Mt 6:9-13); una oración corta y sencilla que puedes usar como guía para orar, si así lo deseas. La Escritura de hoy nos enseña que algunas cosas son voluntad de Dios y otras no. Cuando no estamos seguros, es sabio orar y luego decir: "Te pido esto, Señor, si es Tu voluntad".

DECLARO: *Cuando rezo, simplemente hablo con Dios.*

DÍA 292

DEJA BRILLAR TU LUZ

Hagan brillar su luz delante de todos, para que ellos puedan ver las buenas obras de ustedes y alaben a su Padre que está en los cielos.

MATEO 5:16

El mundo es un lugar oscuro, pero el reino de Dios está lleno de luz. Esa luz estaba en Jesús y está en nosotros (Jn 1:9). La luz es lo único que se traga las tinieblas. Puedes entrar en una habitación totalmente oscura y encender la luz y de repente la oscuridad desaparece. La Escritura de hoy nos enseña a no esconder nuestra luz, sino a dejarla brillar y dar gloria a Dios.

Creo que Dios nos coloca estratégicamente a cada uno de nosotros en una parte del mundo para ser una luz en un lugar oscuro. Tu lugar puede ser tu barrio, donde trabajas o donde compras. Puede ser cualquier lugar del mundo. Creo que Dios tiene a su pueblo en todas partes y todo lo que tenemos que hacer es encender nuestras luces.

Glorificar a Dios con nuestro comportamiento equivale a encender la luz. Ser bueno con la gente, dar a los pobres, realizar actos de bondad al azar y perdonar a las personas que nos hacen daño, son ejemplos de encender la luz. Hagamos todos nuestra parte y trabajemos con Dios para acabar con todas las tinieblas del mundo.

DECLARO: *La luz del mundo vive en mí y yo elijo salir a mi sección del mundo y dejar que mi luz brille.*

DÍA 293

CONSCIENTE DE TI MISMO

Porque la circuncisión somos nosotros, los que por medio del Espíritu de Dios adoramos, nos enorgullecemos en Cristo Jesús y no ponemos nuestra confianza en esfuerzos humanos.

FILIPENSES 3:3

Ser consciente de uno mismo significa ser excesiva o incómodamente consciente de la apariencia o las maneras de uno mismo. Ser demasiado consciente de uno mismo nace de una falta de confianza y de un deseo excesivo de que los demás piensen bien de nosotros. Todos podemos tener confianza si nuestra confianza está en Jesús y no en cómo nos vemos, lo que otros piensan de nosotros, cuál es nuestra posición en el mundo o en la iglesia, nuestro nivel de educación, o muchas otras cosas.

¿De dónde viene tu confianza? Todos queremos dar lo mejor de nosotros mismos y eso es bueno a menos que se convierta en algo obsesivo. Yo no obtengo mi confianza del número de personas que me ven en televisión o del número de asistentes a mis conferencias. Por supuesto, quiero que las cifras sean altas, pero si no lo son, no tengo por qué perder mi confianza si la deposito en lo que soy en Cristo. Claro, me siento bien si recibo cumplidos sobre mi pelo, mi ropa, mi enseñanza y otras cosas. Pero ¿qué pasa si doy una enseñanza y no recibo ningún cumplido o si me pongo una ropa nueva y no recibo ningún cumplido? Si pierdo la confianza en esas situaciones, mi confianza está en el lugar equivocado. Haz lo mejor que puedas y deja el resto a Dios. Deja que tu confianza esté en Jesús.

DECLARO: *Confío en Cristo y en su amor por mí. Quiero verme y hacer lo mejor posible, pero no soy demasiado consciente de mí mismo.*

DÍA 294

NO SEAS DEMASIADO DURO CONTIGO MISMO

Por mi parte, muy poco me preocupa que me juzguen ustedes o cualquier tribunal humano; es más, ni siquiera me juzgo a mí mismo. Porque aunque la conciencia no me remuerde, no por eso quedo absuelto; el que me juzga es el Señor. Por lo tanto, no juzguen nada antes de tiempo; esperen hasta que venga el Señor. Él sacará a la luz lo que está oculto en la oscuridad y pondrá al descubierto las intenciones de cada corazón. Entonces cada uno recibirá de Dios la alabanza que le corresponda.

1 CORINTIOS 4:3-5

¿Eres demasiado introspectivo y duro contigo mismo? Pablo escribe en el pasaje de hoy que no le preocupaban los juicios de los demás y que dejaba el juicio en manos de Dios.

Pasé años siendo demasiado dura conmigo misma y sintiéndome culpable cada vez que cometía algún tipo de error o incluso pensaba que podría haber cometido un error. Me sentía insegura debido a los abusos de mi infancia y tuve que aprender a encontrar mi seguridad solo en Cristo. Todavía me recuerdo de vez en cuando que no debo juzgarme. La Biblia nos dice que nos examinemos a nosotros mismos (2 Co 13:5-7), pero esto es diferente de juzgarte y sentenciarte a ti mismo. El Espíritu Santo es quien juzgará si hemos hecho algo malo, pero no lo hace para que sintamos condenación. Lo hace para que le permitamos que nos ayude a mejorar.

Quizá necesites darte un respiro. Incluso puede que necesites dar un respiro a los demás, porque si somos demasiado duros con nosotros mismos, tendemos a serlo también con los otros.

DECLARO: *Confío en que Dios me hará saber cuándo he hecho algo mal. Aun así, evito ser autocrítico y enfocarme demasiado en mis defectos.*

DÍA 295

RECIBIR BIEN LA CORRECCIÓN

Maltratado y humillado, ni siquiera abrió su boca, como cordero fue llevado al matadero, como oveja que enmudece ante su trasquilador, ni siquiera abrió su boca.

ISAÍAS 53:7

A Jesús no le preocupaba su reputación, por lo que no sentía la necesidad de intentar defenderse cuando se le acusaba de algo. Conocía su propio corazón y se confiaba a sí mismo y todo a Dios. Si no somos inseguros, también podremos hacerlo.

Como empleadora, es difícil cuando tengo que pedirle a alguien que haga algo un poco diferente de como lo que ha venido haciendo y enseguida intenta defenderse o defender sus métodos. Ese tipo de comportamiento complica algo que podría ser sencillo. Proverbios 12:1 dice que los que odian la corrección son estúpidos. Corregir es simplemente dar instrucciones sobre cómo se debe hacer algo en el futuro y no debe tomarse como un ataque personal.

Rara vez ofrezco algún tipo de corrección, nueva dirección o sugerencia para mejorar algo y solo oigo un simple "Gracias por compartirlo". La vida sería mucho más fácil si todos pudiéramos estar seguros y confiados y recibir la corrección adecuadamente.

DECLARO: *Estoy seguro y confiado en Cristo y recibo la corrección con amable actitud.*

DÍA 296

SÉ HUMILDE Y DEJA QUE DIOS TE EXALTE

Humíllense, pues, bajo la poderosa mano de Dios para que él los exalte a su debido tiempo.

1 PEDRO 5:6

Ser humilde significa mantener un perfil bajo o permanecer por lo bajo. Debemos permanecer bajo la poderosa mano de Dios y confiar en que Él nos exaltará a su debido tiempo. Si somos humildes, no pensamos más de nosotros mismos de lo que deberíamos (Ro 12:3). Los humildes aprecian la corrección; no la rechazan y tratan de justificar sus acciones. El pecado de Lucifer fue el orgullo. Quiso elevar su trono por encima del trono de Dios. Pero fue arrojado al lugar más bajo (Isa 14:12-15).

Cuando te inviten a un evento, toma el asiento más bajo y espera a que el anfitrión te haga avanzar en lugar de tomar un asiento en primera fila y sufrir la vergüenza de que te pidan que retrocedas. La verdadera promoción solo viene del Señor (Sal 75:6-7). Una vez conocí a un agente que quería que me convirtiera en su cliente con la promesa de traer grandes cantidades de personas para que me escucharan y conseguirme invitaciones a todo tipo de eventos para hablar. Aunque mi carne quería hacer esto porque estaba cansada de esperar que Dios me promoviera, en el fondo de mi corazón sabía que sería un error hacerlo.

La tarde después de que me hizo esta oferta, me acosté en mi cama y me comprometí con Dios a esperar en Él sin importar el tiempo que tomara. Dios me ascendió en su momento y me ha dado más oportunidades de las que ningún ser humano podría haberme dado jamás.

DECLARO: *Renuncio a mi orgullo, me humillo bajo la mano de Dios y espero a que Él me promueva.*

DÍA 297

DISFRUTAR DE LA VIDA

El ladrón no viene más que a robar, matar y destruir; yo he venido para que tengan vida y la tengan en abundancia.

JUAN 10:10

¿Intentas simplemente sobrevivir o disfrutas de verdad de tu vida cada día? Rezo para que disfrutes de tu vida, porque la mayoría de los días son ordinarios. Vamos a trabajar, nos ocupamos de nuestras responsabilidades domésticas, cuidamos de nuestros hijos, vamos a la iglesia y seguimos nuestras otras rutinas. Si sabemos disfrutar de Dios, podremos disfrutar de la vida, aunque no sea perfecta.

Disfrutar no formó parte de mi infancia ni de mi adolescencia. Incluso de adulto, durante mucho tiempo, no supe lo que era simplemente disfrutar de la vida. Cuando me di cuenta de que Dios quería que disfrutara de mi vida, tuve que aprender a hacerlo. Había pasado la mayor parte de mi tiempo trabajando porque pensaba que el trabajo y los logros me brindaban aceptación. El trabajo forma parte de una vida equilibrada, pero si nos excedemos en el trabajo sin diversión ni descanso, al final nos quemaremos y nos sentiremos infelices; podemos acabar enfermos.

Cuando hablo de disfrutar de la vida, no me refiero a ir de vacaciones, de compras o a adquirir un coche o una casa nuevos. Hablo de poder decir con el salmista: "Este es el día que hizo el Señor; regocijémonos y alegrémonos en él" (Sal 118:24). Nótese que escribe "nos alegraremos". Siempre hay algo que puede robarnos la alegría si se lo permitimos, pero no tenemos por qué hacerlo. La vida es un regalo de Dios, así que disfrutémosla plenamente.

DECLARO: *Disfrutaré de mi vida tanto en los días ordinarios como en los especiales. La alegría del Señor es mi fuerza (Neh 8:10).*

DÍA 298

DIOS ES MI PORCIÓN

El Señor dijo a Aarón: Tú no tendrás herencia en el país, tampoco recibirás ninguna porción de tierra, porque yo soy tu porción; yo soy tu herencia entre los israelitas.

NÚMEROS 18:20

Recuerdo una época en la que estaba cansada de trabajar todo el tiempo sin conseguir nada más que fatiga. Estaba trabajando para Dios, pero le dije: "¿Cuándo conseguiré algo para mí de todo esto?". Él respondió: "Yo soy tu porción; ¡tú me tienes a Mí!". Por supuesto, todos tenemos a Dios. Él quiere una relación especial con cada uno de nosotros, pero en la escritura de hoy, Dios dice que Aarón no recibirá ninguna porción de la Tierra Prometida, sino que Dios mismo sería su porción.

Con el tiempo, Dios hizo muchas cosas maravillosas por mí, pero creo que me puso a prueba para ver si podía contentarme solo con Él como mi porción en la vida. ¿Podrías tú contentarte con eso? A veces, cuantas más cosas tenemos, más nos alejan de Dios. El salmista escribe: "Podrán desfallecer mi cuerpo y mi corazón, pero Dios es la roca de mi corazón; él es mi herencia eterna" (Sal 73:26). Cualquiera que sea la porción que Dios te dé, asegúrate de disfrutarla y de darte cuenta de que Él siempre hace lo que es mejor para nosotros. Lo que tenemos puede variar en las diferentes estaciones de la vida, pero siempre debes saber que Dios es nuestro proveedor y nos dará lo que podamos manejar.

DECLARO: *Confío en que Dios me dará lo que Él sabe que es mejor. Él es mi porción y eso es más importante que cualquier otra cosa.*

DÍA 299

AUTODETERMINACIÓN

Si el Señor no edifica la casa, en vano se esfuerzan los albañiles. Si el Señor no cuida la ciudad, en vano hacen guardia los vigilantes.

SALMOS 127:1

No hay duda de que necesitamos ser decididos si queremos vivir una vida que agrade a Dios. El mundo, el diablo e incluso nuestra propia carne, nos presionan para que transijamos y vivamos nuestra propia voluntad. La autodeterminación es buena cuando está en equilibrio, pero no importa cuán fuertes seamos, debemos depender de Dios en todas las cosas, confiando en Él para que nos permita hacer lo que necesitamos hacer. Jesús dice: "Separados de mí no pueden ustedes hacer nada" (Jn 15:5).

Nuestra escritura de hoy dice que, si tratamos de construir algo sin el Señor, será en vano. Podemos construirlo, pero no durará y no nos traerá alegría ni paz. Necesitamos vivir una vida "con Dios", una en la que busquemos continuamente su presencia y le invitemos a participar en todo lo que hacemos. Dios quiere ser nuestro compañero en la vida, no simplemente alguien a quien visitamos semanalmente durante una hora los domingos por la mañana.

Elías pudo haber sido físicamente fuerte, pero dijo que su fuerza estaba en el Señor (Isa 40:29; 1 R 18:46). Sansón tenía fuerza sobrenatural mientras obedecía al Señor, pero cuando se volvió desobediente perdió su fuerza, aunque no sabía que el Señor lo había abandonado (Jue 16:20). Permanece decidido a depender de Dios en todas las cosas.

DECLARO: *Estoy decidido a seguir la voluntad de Dios, pero sé que mi fuerza está en Él.*

DÍA 300

EVITAR LA MEZQUINDAD

Rechaza las leyendas profanas y otros mitos semejantes. Más bien ejercítate en la devoción pues, aunque el ejercicio físico trae algún provecho, la devoción es útil para todo, ya que incluye una promesa no solo para la vida presente, sino también para la venidera.

1 TIMOTEO 4:7-8

Mirando hacia atrás, ahora me doy cuenta de cuánto tiempo he perdido enfadándome por cosas tontas y sin importancia que, en realidad, no tenían ninguna importancia en comparación con lo que es verdaderamente importante en la vida. Recuerdo que discutía con Dave y me enfadaba porque no sabía qué camino tomar para ir a la ferretería. Recuerdo discutir sobre qué actor actuaba en una película que estábamos viendo. Recuerdo estar enfadada durante días porque Dave jugó al golf un día en que yo quería que se quedara conmigo en casa. Pasé muchos días sumida en la autocompasión, centrada únicamente en mí misma y en lo que la gente no hacía por mí.

Dejemos a un lado las tonterías y las pérdidas de tiempo y dediquémonos a las cuestiones realmente valiosas y genuinamente importantes. Cambia la autocompasión por la compasión, que te moverá a ayudar a alguien que está sufriendo. Cambia la ira y la ofensa por el perdón y la paz. Cambia el orgullo por la humildad. Cambia la voluntad propia por la voluntad de Dios.

La próxima vez que sientas la tentación de enfadarte y perder un día compadeciéndote de ti mismo, pregúntate si no es una tontería y simplemente una pérdida de tiempo. Si es así, invierte el tiempo que habrías perdido en emociones negativas en lo verdaderamente importante en la vida y producirá frutos duraderos.

DECLARO: *No pierdo mi tiempo enojándome por cosas nimias y tontas que no dan buenos frutos y tampoco agradan a Dios.*

DÍA 301

CÓMO EXPERIMENTAR LA PAZ DE DIOS

No se preocupen por nada; más bien, en toda ocasión, con oración y ruego, presenten sus peticiones a Dios y denle gracias. Y la paz de Dios, que sobrepasa todo entendimiento, cuidará sus corazones y sus pensamientos en Cristo Jesús.

FILIPENSES 4:6-7

Muchos de nosotros nos encontramos a veces nerviosos, inquietos o preocupados. Estos sentimientos y observaciones son síntomas de ansiedad, y la ansiedad no produce ningún buen fruto en nuestras vidas. Cuando tenemos ansiedad, pasamos el día tratando de imaginarnos el mañana o temiéndolo. La ansiedad es incompatible con la confianza en Dios. La ansiedad tiene sus raíces en el miedo y es el método de Satanás para robarnos la paz que Jesús murió para darnos. Como tenemos miedo, tratamos de resolver las situaciones por nosotros mismos. Esto nos hace preocuparnos y razonar mientras tratamos de encontrar soluciones. No podemos disfrutar de paz mental si pensamos constantemente en cómo resolver nuestros problemas.

La Escritura de hoy no solo nos instruye a no estar ansiosos, sino que también nos dice cómo experimentar la paz de Dios. Creo sinceramente que, si podemos entender el poder de este pasaje de la Escritura, encontraremos la respuesta a la ansiedad. Cada vez que tengo un problema mi primer instinto puede ser preocuparme, pero después de hacerlo durante unos minutos, me recuerdo a mí misma que a menudo he recorrido el camino de la preocupación y ni una sola vez me ha llevado a mi destino deseado, que es la paz. Esta mañana, recuérdate a ti mismo que no debes preocuparte por nada.

DECLARO: *En lugar de preocuparme, rezo, doy gracias y dejo que la paz de Dios guarde mi corazón y mi mente.*

DÍA 302

ESPERA LO MEJOR

Allí estaban también Josué, hijo de Nun, y Caleb, hijo de Jefone, los cuales habían participado en la exploración de la tierra. Ambos se rasgaron las vestiduras en señal de duelo y dijeron a toda la comunidad israelita:

—La tierra que recorrimos y exploramos es increíblemente buena.

NÚMEROS 14:6-7

Uno de los mayores fabricantes de calzado del mundo envió a dos investigadores de mercado, independientes entre sí, a una nación subdesarrollada para averiguar si ese país era un mercado viable para ellos. El primer investigador envió un telegrama a la oficina central que decía: "Aquí no hay mercado. Nadie lleva zapatos". El segundo investigador envió un telegrama a casa que decía: "Potencial ilimitado aquí: ¡nadie tiene zapatos!".

Estoy segura de que el segundo investigador emprendió su viaje con la esperanza de enviar buenas noticias a su jefe y así lo hizo. Podría haber considerado el ver a todos descalzos como un obstáculo o un reto como hizo el otro investigador, y entonces su actitud habría sido negativa. Pero como esperaba lo mejor, vio la situación de forma positiva.

En cualquier situación hay que romper el hábito de la expectativa negativa. Doce espías fueron a Canaán para ver si sería bueno para los israelitas. Diez espías dieron un informe negativo porque los gigantes tendrían que ser derrotados para que el pueblo de Dios entrara en la tierra. Pero Josué y Caleb dieron un informe positivo centrado en la bondad de la tierra y su confianza en que Dios guiaría a los israelitas hacia ella. La vida nos depara muchos desafíos, pero la mayoría de ellos pueden superarse con una actitud positiva que espere lo mejor y confíe en Dios.

DECLARO: *Sean cuales sean mis circunstancias, espero lo mejor.*

DÍA 303

MANTENTE FUERTE ANTE LA TENTACIÓN

Permanezcan despiertos y oren para que no caigan en tentación. El espíritu está dispuesto, pero el cuerpo es débil.

MATEO 26:41

Todos tenemos áreas en nuestras vidas que son debilidades para nosotros y somos sabios al orar regularmente para que cuando seamos tentados en estas áreas nos mantengamos fuertes y resistamos la tentación. A menudo nos valoramos más de lo que deberíamos y asumimos que no tomaremos la decisión equivocada, pero Jesús nos enseña a orar para no caer en la tentación.

Jesús necesitaba que sus discípulos permanecieran despiertos y oraran con Él mientras experimentaba la agonía en el huerto de Getsemaní con respecto a ir a la cruz y cargar con nuestro pecado. Les dijo que su espíritu estaba dispuesto, pero que su carne era débil y que debían orar para no entrar en tentación. Pero todos se durmieron.

Jesús le dijo a Pedro que le negaría y Pedro no le creyó (Mt 26:31-35), pero acabó negando que conocía al Señor tres veces (Mt 26:69-75). Si Pedro hubiera sido humilde y hubiera orado, tal vez podría haber evitado palabras tan ofensivas.

La oración solo lleva unos momentos y puede ayudarnos a evitar horas de agonía por los pecados que podríamos haber evitado si simplemente hubiéramos rezado.

DECLARO: *Sé que tengo debilidades y rezo para que cuando sea tentado, sea fuerte en el Señor y no dejar que me controlen.*

DÍA 304

REZA PARA PASAR EL DÍA

Orad en todo tiempo (en toda ocasión, en todo tiempo) en el Espíritu, con toda [forma de] oración y ruego. Para ello, manteneos alerta y velad con firme propósito y perseverancia, intercediendo en favor de todos los santos (el pueblo consagrado de Dios).

EFESIOS 6:18

Los tiempos prolongados de oración son buenos, pero también es bueno orar y pedirle a Dios que te ayude con cualquier cosa que se te presente a lo largo del día. La oración no necesita ser larga para ser efectiva; simplemente necesita ser sincera. Santiago 4:2 dice: "No tienen, porque no piden". Y Lucas 11:9 dice: "Pidan y se les dará". Nunca se puede pedir demasiado. Dios quiere ayudarte en todo lo que hagas, no importa lo que sea. Cada día es una oportunidad para orar también por otras personas. Podemos oír hablar de alguien que tiene dificultades y en lugar de decir "Oh, qué pena", podemos orar. Podemos ver un pecado en su vida y en lugar de juzgar o chismorrear, podemos orar.

Estoy muy agradecida a todas las personas que rezan por mí. Sé que no podría hacer lo que hago sin sus oraciones para fortalecerme y animarme. Uno de los mejores regalos que podemos hacer a alguien es orar por él.

DECLARO: *Me encanta orar, por los demás y por todo lo que hago.*

DÍA 305

SÉ FELIZ

El corazón alegre es un buen remedio, pero el ánimo decaído seca los huesos.

PROVERBIOS 17:22

Hace poco mi nuera me envió un vídeo de nuestro nieto menor, Brody, que tiene tres años, diciendo: "No te preocupes, sé feliz. ¡Eso es todo!". Creo que tiene la fórmula para una vida sana y feliz. La depresión y el desánimo nos hunden, y creo que pueden abrirnos a la enfermedad. Pero la alegría del Señor es nuestra fuerza (Neh 8:10) y un corazón alegre es medicina (Pr 17:22). Imagina cuánto mejor te sentirías si te rieras más.

Hoy en día hay muchas cosas en el mundo que nos entristecen, pero si ponemos nuestra confianza en Dios, podemos relajarnos y despreocuparnos de ellas. Aprovecha todas las oportunidades que puedas para reírte. Busca comediantes puros y mira sus programas. Busca cosas graciosas que hacen los niños y mira sus vídeos. Ríete más de ti mismo en lugar de enfadarte cada vez que se te cae o derramas algo. Tienes que limpiarlo de todos modos, así que ¿de qué te va a servir enfadarte por ello?

Sigue el consejo de mi nieto: "No te preocupes, sé feliz. ¡Eso es todo!".

DECLARO: *Me concentraré en reír más, porque la risa es como la medicina y trae curación.*

DÍA 306

ELIGE CUIDADOSAMENTE TUS PENSAMIENTOS

Destruimos argumentos y toda altivez que se levanta contra el conocimiento de Dios, y llevamos cautivo todo pensamiento para que obedezca a Cristo.

2 CORINTIOS 10:5

Es increíble lo rápido y completamente que nuestros pensamientos pueden cambiar nuestro estado de ánimo. Los pensamientos negativos nos roban rápidamente la alegría y provocan mal humor. Cuando nuestros pensamientos decaen, todo lo demás decae con ellos: nuestro estado de ánimo, nuestra actitud, nuestra autoestima y muchas otras cosas. Las personas que tienden a pensar y hablar negativamente suelen ser infelices y rara vez están contentas con algo durante mucho tiempo. Probablemente no se dan cuenta de que podrían ser felices si simplemente cambiaran su forma de pensar. Debemos dejar de esperar a que ocurra algo bueno y actuar para asegurarnos de que ocurra.

Me asombra que podamos sentirnos felices o tristes por lo que pensamos y, cuanto más vivo, más me asombra que mi mente afecte tan profundamente a mi estado de ánimo. Todavía tengo que librar la batalla en mi mente y dudo que nadie llegue al punto de estar completamente "libre de batallas". Pero podemos progresar continuamente.

Dios nos ha dado el fruto del autocontrol (Gá 5:22-23), lo que significa que no tenemos que permitir que nuestros pensamientos estén fuera de control, pero podemos ser intencionales en nuestro pensamiento. Podemos controlar lo que pensamos. Dios nos permite tomar decisiones sobre nuestros pensamientos y debemos elegir con cuidado.

DECLARO: *Elijo mis pensamientos con cuidado sabiendo lo mucho que afectan a mi estado de ánimo.*

DÍA 307

PRIORIZA EL AGRADAR A DIOS

Al contrario, hablamos como hombres a quienes Dios aprobó y les confió el evangelio: no tratamos de agradar a la gente, sino a Dios que examina nuestro corazón.

1 TESALONICENSES 2:4

Todos podemos caer en la tentación de agradar a los demás porque queremos que nos acepten. Es normal que queramos ser aceptados y que no nos rechacen. Pero cuando cedemos a la presión de complacer a la gente en lugar de complacer a Dios, permitimos que nos controlen en lugar de dejar que Él nos guíe. Esto nos impedirá cumplir con nuestro destino ordenado por Dios.

Durante años intenté evitar el rechazo tratando de complacer a la gente y, por tanto, permití que me controlaran. Con el tiempo, descubrí que estaban mucho más interesados en conseguir lo que creían que era mejor para ellos que en ayudarme a hacer lo que era mejor para mí. Me utilizaban para ser felices, pero no deseaban verme feliz a mí también. Cuando Dios me llamó al ministerio, las personas que creía que eran mis amigos me rechazaron casi de inmediato. Me sentí profundamente herida, pero estoy agradecida de que Dios me ayudara a elegirlo a Él antes que a ellos.

Doy gracias a Dios porque ya no vivo una vida de fingimiento, tratando de ganarme el favor de personas a las que no les importo de verdad. Tus verdaderos amigos estarán sinceramente interesados en ti, querrán lo mejor para ti, y harán todo lo posible por ayudarte a convertirte en todo lo que Dios quiere que seas. Te animarán a agradarle a Él, no a ellos.

DECLARO: *Doy prioridad a complacer a Dios y no a la gente.*

DÍA 308

MEDITA EN LA PALABRA DE DIOS

Recita siempre el libro de la Ley y medita en él de día y de noche; cumple con cuidado todo lo que en él está escrito. Así prosperarás y tendrás éxito.

JOSUÉ 1:8

Meditar significa darle vueltas a algo en la cabeza y quizá murmurarlo en voz baja. Si sabes cómo preocuparte, entonces sabes cómo meditar. Preocuparse es meditar en tus problemas, pero meditar correctamente es pensar en la Palabra de Dios. Cuanto más pienses en Su Palabra, más obtendrás de ella y se convertirá en parte de ti. Las escrituras en las que has meditado volverán a ti cuando las necesites.

El Salmo 37 habla de no preocuparse de las malas personas y el versículo 3 nos dice que confiemos en Dios y hagamos el bien. He enseñado y pensado en esta escritura muchas veces y cuando estoy lidiando con un problema o una persona que es frustrante, a menudo me viene a la mente y me recuerda que debo mantenerme enfocado en confiar en Dios y ayudar a otras personas.

Si escondes la Palabra de Dios en tu corazón, te guardará de pecar (Sal 119:11). La Escritura de hoy promete que, si meditamos en las Escrituras día y noche, todo lo que hagamos prosperará. Esto me parece bien, ¿no estás de acuerdo? La Palabra de Dios está llena de poder, y cuanto más sepamos sobre ella, más poderosos seremos.

DECLARO: *Meditaré en la Palabra de Dios regularmente y tendré éxito.*

DÍA 309

NO HAGAS PROVISIÓN PARA LA CARNE

Más bien, revístanse ustedes del Señor Jesucristo y no se preocupen por satisfacer los deseos de la carne.

ROMANOS 13:14

Si vivimos según la carne, es porque hemos puesto nuestra mente en las cosas de la carne. Del mismo modo, si vivimos según el Espíritu, es porque hemos puesto nuestra mente en las cosas del Espíritu. Me gusta decirlo de esta manera: "Donde va la mente, el hombre la sigue".

Si estás intentando perder peso, pensar en un *sundae* de chocolate caliente no es el camino hacia la victoria. Si piensas en ello lo suficiente, irás por uno y te lo comerás. Si deseas ser obediente a la Palabra de Dios y perdonar a cualquiera que te haya abusado o maltratado, entonces necesitas dejar de pensar y hablar acerca de las cosas malas que te hizo. Nuestros pensamientos eventualmente salen de nuestras bocas en forma de palabras y afectan nuestras actitudes y nuestras acciones.

A menudo perdemos el tiempo y nos agotamos intentando hacer lo correcto mientras pensamos en lo incorrecto y esto nunca funcionará. Piensa bien primero y lo correcto vendrá después.

DECLARO: *Camino con mi mente en el Espíritu.*

DÍA 310

SÉ EXCELENTE

Su divino poder, al darnos el conocimiento de aquel que nos llamó por su propia gloria y excelencia, nos ha concedido todas las cosas que necesitamos para vivir con devoción.

2 PEDRO 1:3

Dios es excelente en todo lo que hace y desea que hagamos todo con excelencia. La excelencia no es perfección; es hacer lo mejor que puedas con lo que tienes. Puede que tengas un coche que tiene diez años, pero puedes mantenerlo limpio y bien revisado.

La excelencia es uno de los principios sobre los que se establecieron los Ministerios Joyce Meyer y seguimos esforzándonos por alcanzar la excelencia más de cuarenta años después. Nuestras oficinas se mantienen limpias, los baños están siempre limpios y los terrenos y la propiedad circundante están bien cuidados y tan hermosos como podemos hacerlos. Si representamos a Dios, debemos hacer siempre lo mejor que podamos en todo lo que hacemos. Tal vez seas una persona a la que le gusta vestir de manera informal y eso está bien, pero todavía puedes verte bien. Casual no significa descuidado. Si haces un trabajo, hazlo siempre bien y termina lo que empiezas.

Nuestros modales también deben ser excelentes. Entrénate para decir siempre "por favor" y "gracias". Sé rápido para decir "lo siento" si crees que has herido a alguien o has hecho algo que no debías. Ten y mantén un estándar de excelencia moral para tu vida y no lo comprometas. Esto no significa que tengas que ser legalista o que nunca puedas divertirte; solo significa hacer lo que crees que Jesús haría.

DECLARO: *Soy una persona que busca la excelencia en todo lo que hago. Dios es excelente y yo lo represento de la manera más excelente que puedo.*

DÍA 311

HAZLO TODO SIN QUEJARTE

Hacedlo todo sin murmuraciones ni discusiones, para que lleguéis a ser irreprensibles y puros, "hijos de Dios sin mancha en una generación torcida y perversa." Entonces brillaréis entre ellos como estrellas en el cielo.

FILIPENSES 2:14-15

Últimamente, en casi todos los lugares a donde voy, oigo a la gente quejarse. Cuando nos quejamos, nos quedamos donde estamos. No nos ayuda a progresar ni elimina nuestros problemas. Hace que nosotros y la gente que nos rodea nos sintamos peor de lo que ya nos sentimos, no mejor. Cuando nos quejamos, nuestra situación parece peor de lo que es.

Los israelitas se quejaron durante los cuarenta años que pasaron en el desierto tratando de llegar a la Tierra Prometida y esta fue una de las razones por las que tardaron tanto en llegar. El viaje era de once días, pero vagaron durante cuarenta años, murmurando, quejándose, culpando, sintiendo lástima de sí mismos, siendo negativos y haciendo otras cosas que los mantuvieron en esclavitud.

Quejarse es pecado. Ciertamente no nos quejamos por fe y Romanos 14:23 dice que todo lo que no es de fe es pecado. Lo opuesto a quejarse es ser agradecido. Todos tenemos más cosas por las que estar agradecidos que por las que quejarnos, pero si nos quejamos durante mucho tiempo, lo único que veremos es lo malo de la vida y de las personas que la componen y nos perderemos todo lo bueno. A partir de hoy, pídele a Dios que te ayude a estar agradecido y a decirlo (Sal 100:4).

DECLARO: *Soy una persona agradecida y se lo digo a Dios y a la gente. Me enfoco en mis bendiciones, no en mis problemas.*

DÍA 312

VIVE PARA AGRADAR A DIOS

Yo no puedo hacer nada por mi propia cuenta; juzgo solo según lo que oigo y mi juicio es justo, pues no busco hacer mi propia voluntad, sino cumplir la voluntad del que me envió.

JUAN 5:30

La Escritura de hoy es poderosa y contiene muchas lecciones para nosotros. Por favor, dedica tiempo a leerla y releerla y piensa en todo lo que Jesús dice en ella.

Si queremos ser guiados por el Espíritu de Dios, debemos escuchar con el corazón lo que Él nos dice y discernir la dirección que Él quiere que tomemos. Decide que tu respuesta a Dios sea siempre "Sí, Señor", incluso antes de que Él te pida que hagas o dejes de hacer algo.

La manera sabia de vivir es seguir la voluntad de Dios. Él siempre tiene razón en todo lo que dice y hace; todo lo que nos pide es siempre para nuestro bien. Incluso si lo que nos pide es difícil o desafiante, si estamos dispuestos a hacerlo, Él nos dará la gracia y la fuerza para obedecerle.

DECLARO: *Quiero la voluntad de Dios, no la mía. Escucharé Su voz y seguiré Su guía.*

DÍA 313

TEN LA CONCIENCIA TRANQUILA

En todo esto procuro conservar siempre limpia mi conciencia delante de Dios y de los hombres.

HECHOS 24:16

Si alguna vez has tenido remordimientos de conciencia —y creo que todo el mundo los ha tenido—, sabes lo desgraciado que te hacen sentir. Al menos, a mí me hace sentir miserable. Nuestra conciencia nos informa cuando hacemos o hemos hecho algo que no está bien. Estoy segura de que siempre nos convence a tiempo para que dejemos de hacer lo que estamos a punto hacer antes de pecar, pero no siempre escuchamos.

Una conciencia culpable es la almohada más dura del mundo para intentar dormir. Una de las cosas que el Espíritu Santo hace por nosotros, es condenar el pecado y convencernos de hacer lo correcto. Pero si ignoramos nuestra conciencia por mucho tiempo, se cauteriza (endurece). Cuando esto sucede, discernir lo que Dios siente sobre nuestras acciones se nos hace cada vez más difícil. Debemos hacer todo lo posible por mantener una conciencia sensible hacia Dios.

Pablo le dijo a Timoteo que los diáconos deben guardar el misterio de la fe con la conciencia tranquila (1 Ti 3:9) y este es un consejo excelente para todos nosotros. Una conciencia culpable y la fe simplemente no van de la mano. Afortunadamente, si hemos pecado, podemos arrepentirnos y recibir el perdón de Dios, pero aún mejor es hacer lo correcto antes de acabar con una conciencia culpable.

Tu conciencia es tu amiga y te mantendrá alejado de los problemas si la escuchas.

DECLARO: *Estoy agradecido por mi conciencia y me esfuerzo por mantenerla limpia.*

DÍA 314

DISFRUTA EL SILENCIO

El que es entendido refrena sus palabras; el que es prudente controla sus impulsos

PROVERBIOS 17:27

Mantener el espíritu sereno significa estar en paz. La moderación de nuestras palabras nos ayudará mucho a eso. Hablar en exceso nos agita por dentro y las personas que hablan demasiado acaban diciendo cosas que no deberían decir. El silencio interior es sereno y nos ayuda a escuchar a Dios. El silencio exterior nos ayuda a mantener el silencio interior. Creo que vivimos en un mundo muy ruidoso.

Me encanta la serenidad y el silencio total. Me restaura el alma. Intento tener una o dos horas de silencio cada día. Puede que lea y luego piense un poco, pero lo hago en silencio. No me gusta cuando voy a comer a un restaurante y la música está tan alta que no oigo a la gente que habla conmigo. Me encanta la música, pero a unos decibeles que pueda disfrutar, no a unos tan elevados que me provoque abandonar la sala.

Debido a los dispositivos tecnológicos que tenemos a nuestro alrededor, oímos constantemente timbres, pitidos y otras cosas que nos avisan de que alguien está intentando ponerse en contacto con nosotros. Y a la mayoría, incluida yo, no se nos da muy bien ignorarlos. En lugar de eso, interrumpimos lo que estamos haciendo para ver qué quieren. Seamos valientes y apaguemos todos los sonidos solo por un par de horas y disfrutemos de la quietud. Algunas personas son tan adictas al ruido que esto puede resultarles difícil al principio, pero si tienes un problema en este ámbito, te animo a que sigas adelante y aprendas a disfrutar del silencio.

DECLARO: *Me encanta el silencio interior y exterior. Me ayuda a escuchar a Dios y a saber lo que hay en mi corazón.*

DÍA 315

DEJA DE PERMITIRTE EL ENOJO

La paz les dejo; mi paz les doy. Yo no se la doy a ustedes como la da el mundo. No se angustien ni se acobarden.

JUAN 14:27

No necesitamos pedirle a Dios que nos dé paz porque Él ya nos la ha dado. Jesús nos dejó su paz especial, pero debemos aprender a dejar de permitirnos la alteración y el temor. He aprendido que el diablo "nos prepara para alterarnos". Él sabe lo que nos pone nerviosos y puede arreglar fácilmente que sucedan esas cosas. Somos más sabios que él, pero tenemos que usar la sabiduría que Dios nos ha dado y no seguir dando vueltas y vueltas a la misma montaña, cometiendo los mismos errores una y otra vez.

La paz es maravillosa. Odio las disputas, la ira, las discusiones y los desacuerdos ásperos. Creo que hasta que no los odiemos, no los evitaremos. Proverbios 6:16 dice que "Hay seis cosas que el Señor aborrece y siete que le son detestables". La séptima es "el que siembra discordia entre sus hermanos" (Pr 6:19). Efesios 6:15 menciona zapatos de paz y debemos ponérnoslos. Esto significa caminar en paz todo el tiempo y esto no sucede automáticamente. Tenemos que aprender a percibir cuándo estamos empezando a enfadarnos y detenerlo antes de que llegue a rugir del todo.

Dios nos ha dado autocontrol y nos ayudará a mantenernos en paz si aprendemos a reconocer los síntomas del enojo.

DECLARO: *Permanezco en paz todo el tiempo, porque cuando tengo paz tengo más poder.*

DÍA 316

PIENSA ANTES DE HABLAR

No te apresures, ni con la boca ni con el corazón, a hacer promesas delante de Dios; él está en el cielo y tú estás en la tierra. Mide, pues, tus palabras.

ECLESIASTÉS 5:2

"Piensa antes de hablar" es un buen consejo para todos nosotros. Una vez dichas las palabras, no podemos retirarlas. Creo que ir más despacio nos ayudaría en ese terreno. Nos movemos rápido, hablamos rápido, tomamos decisiones rápidas y nos apresuramos a hacer varias cosas a la vez. No es de extrañar que digamos cosas que desearíamos no haber dicho.

¿Puedes imaginar a Jesús teniendo prisa? Yo no. Él era el epítome de la paz siempre. Nada lo perturbaba ni lo molestaba ni lo provocaba a decir tonterías.

La amplificación de Juan 14:30 dice que cuando supo que se acercaba el momento de comenzar su sufrimiento, dijo a sus discípulos que no hablaría mucho más con ellos porque el "príncipe de este mundo" se acercaba y "él no tiene ningún dominio sobre mí". Creo que Jesús se dio cuenta de que iba a estar bajo una gran presión y necesitaba estar callado para no decir nada que el diablo pudiera usar en su contra. Isaías 53:7 dice que cuando estaba oprimido y afligido, no abrió la boca.

Cuando estamos bajo presión, necesitamos usar la misma sabiduría que usó Jesús. No te límites a pensar antes de hablar; reza a diario para que lo puedas hacer.

DECLARO: *Siempre pienso antes de hablar. Cuando estoy bajo presión, no abro la boca.*

DÍA 317

¿PACIENTE O ARROGANTE?

Vale más el fin de algo que su principio. Vale más la paciencia que la arrogancia. No permitas que el enojo domine tu espíritu, porque el enojo se aloja en lo íntimo de los necios.

ECLESIASTÉS 7:8-9

La persona paciente espera en Dios cuando Él dice que espere, pero la persona arrogante toma sus propias acciones y se niega a esperar. Muchos nunca ven el cumplimiento de sus sueños y visiones, porque no tienen paciencia. Ellos piensan en maneras de apresurar las cosas, pero esto solo causa problemas. Cuando hacemos esto, nos involucramos en "obras de la carne".

Las obras de la carne son tan tentadoras porque se te pueden ocurrir todo tipo de ideas que suenan como si fueran a funcionar. De hecho, pueden funcionar para alguien más. Pero si Dios está tratando de hacer algo en ti o para ti o a través de ti, Él no permitirá que tu plan tenga éxito, no importa cuán bueno sea. Él quiere que nos apoyemos completamente en Él y sigamos Su guía.

Jesús era manso y nos enseña a adoptar ese mismo espíritu manso (Mt 11:28-30). La mansedumbre no es debilidad; es fuerza bajo control. Jesús se permitió ir a la cruz; nadie le obligó a ser crucificado. Le dijo a Pedro en el huerto de Getsemaní que, si quería, podía llamar a doce legiones de ángeles y ellos lo rescatarían (Mt 26:53). También sabía que, si llamaba a los ángeles, la voluntad de Dios no se cumpliría. ¿Estás dispuesto a esperar en Dios para que Su voluntad se cumpla completamente en tu vida?

DECLARO: *Soy paciente y espero en Dios para que se haga Su voluntad en mi vida.*

DÍA 318

DILIGENCIA

Los planes bien pensados producen ganancias; los apresurados traen pobreza.

PROVERBIOS 21:5

Las cosas buenas no suelen llegar fácil ni rápidamente. Las personas que quieren tener éxito en la vida deben ser diligentes. La diligencia es un trabajo cuidadoso y persistente. Es un esfuerzo constante para lograr lo que nos proponemos. Jesús dice que debemos contar los gastos antes de empezar a construir algo para ver si tenemos lo que se necesita para terminarlo (Lc 14:28-30). Algunas personas terminan lo que empiezan, pero muchas no lo hacen. Cuando Dios me llamó al ministerio y tuve el sueño de enseñar Su Palabra por todo el mundo, ciertamente no tenía idea cuánto trabajo tomaría. Pero todo lo que vale la pena de tener, vale la pena de trabajar por ello.

Una persona diligente ve lo que hay que hacer y lo hace y lo hace y lo hace hasta que obtiene el resultado deseado. No se detiene porque se canse de hacerlo o porque nadie más lo esté haciendo. No para porque no sea popular entre sus amigos y tampoco porque lleve más tiempo del que esperaba. Puede que quiera dejarlo, pero hay algo en ella (su espíritu diligente) que no le permite abandonar.

Pocas personas hoy en día están dispuestas a empezar desde abajo y trabajar hasta llegar a la cima. Tienen una actitud de derecho adquirido y quieren que se les entregue lo que a los que les precedieron les costó años ganarse. No creo que podamos apreciar realmente nada de lo que tenemos si no hemos tenido que esforzarnos para conseguirlo. No tengas miedo del trabajo duro, y no esperes que todo te venga dado. Sé diligente y acabarás triunfando.

DECLARO: *Soy diligente. Trabajo duro y no abandono nada hasta que está terminado.*

DÍA 319

¿QUÉ ESPERAS?

Por eso el Señor los espera, para tenerles piedad; por eso se levanta para mostrarles compasión. Porque el Señor es un Dios de justicia. ¡Dichosos todos los que en él esperan!

ISAÍAS 30:18

Dios está buscando y esperando a los que estén buscando y esperando que Él sea bueno con ellos. Tal vez pienses que esperar que Dios haga cosas buenas por ti, te favorezca y te promueva sería impropio porque sabes que no lo mereces. Tienes razón, pero recibimos de Dios según nuestra fe, no según nuestra perfección.

Me gusta empezar cada día diciendo: "Hoy espero que me ocurra algo bueno a mí y a través de mí". Sabemos que debemos esperar en Dios, pero esto no significa que nos sentemos pasivamente y sin expectativas. Significa esperar que algo bueno suceda en cualquier momento. Podemos estar físicamente quietos, pero al mismo tiempo podemos estar espiritualmente activos. Dios quiere hacer por ti más de lo que puedas imaginar, pero está esperando a que tú esperes que Él lo haga.

Al crecer, experimenté muchas cosas malas y dolorosas y llegué a esperar más de aquello que siempre había tenido. Me sentía así en mi relación con Dios hasta que aprendí que mis expectativas negativas me estaban volviendo ansiosa e infeliz. Comienza a esperar algo bueno de Dios cada día.

DECLARO: *Hoy espero que algo bueno me suceda a mí y a través de mí.*

DÍA 320

DIOS ES LENTO PARA LA IRA

El Señor es compasivo y misericordioso, lento para la ira y grande en amor.

SALMO 103:8

Crecí con un padre que se enfadaba con facilidad. La cosa más insignificante podía enfadarle y muchas veces yo ni siquiera sabía qué había hecho para irritarlo. Ahora comprendo que se enfadaba porque se sentía culpable con respecto a su vida, pero yo no lo entendía de niña.

Como resultado, llegué a mi relación con Dios esperando que fuera como mi padre, así que a menudo temía que Dios estuviera enfadado conmigo por algo. Incluso si no era consciente de nada que hubiera hecho mal, el diablo podía convencerme de que había algo. Dios no es como la gente y Él es lento para la ira, rápido para perdonar, compasivo y abundante en amor (Nm 23:19; Sal 103:8, 145:8-9; 1 Jn 1:9). Nuestra ira no promueve la justicia que Dios desea y tampoco la suya. Servimos a un Dios misericordioso que está ansioso por perdonarnos. Todo lo que necesitamos hacer es recibir el perdón que Jesús ha provisto a través de Su muerte y resurrección.

Hoy tengo buenas noticias: Dios no está enfadado contigo. Escribí un libro entero sobre ese tema y te recomiendo que lo leas si luchas en esta área. Una vez me sentí incómoda en la presencia de Dios debido a mi temor de que se enojara, pero ahora me siento muy cómoda con Él, aunque haya pecado. Sé que ama, que no está enojado conmigo y que está lleno de perdón.

DECLARO: *Sé que Dios me ama y que es lento para la ira, compasivo y dispuesto a perdonar.*

DÍA 321

LA GRACIA DE DIOS ES SUFICIENTE

Para evitar que me volviera presumido por estas sublimes revelaciones, una espina me fue clavada en el cuerpo, es decir, un mensajero de Satanás, para que me atormentara. Tres veces rogué al Señor que me la quitara; pero él me dijo: "Te basta con mi gracia, pues mi poder se perfecciona en la debilidad". Por lo tanto, gustosamente presumiré más bien de mis debilidades, para que permanezca sobre mí el poder de Cristo.

2 CORINTIOS 12:7-9

Pablo recibió lo que la Biblia denomina una "espina en la carne". No sabemos con certeza lo que era, pero sí sabemos que era irritante e incómoda y Pablo quería deshacerse de ella. Le pidió al Señor tres veces que se la quitara, pero Dios le dijo: "te basta con mi gracia". Le recordó a Pablo que Él lo había capacitado para soportar la molestia. Esta espina le fue dada a Pablo para evitar que fuera orgulloso debido a la grandeza de las revelaciones que Dios le estaba haciendo.

Es importante que seamos humildes si queremos que Dios nos use. A menudo, cuando Dios usa a alguien de una manera importante, la persona empieza siendo humilde y agradecida, pero poco a poco empieza a tener una opinión de sí misma más alta de lo que debería. Cuando esto sucede, Dios debe hacer algo. Primero tratará de cambiarlos, pero si no cambian, los removerá de su posición.

Recuerda siempre que no somos nada sin Dios y que no podemos hacer nada de valor sin Él (Jn 15:5).

DECLARO: *Quiero que Dios me mantenga humilde para que pueda usarme como mejor le parezca.*

DÍA 322

PECADO Y GRACIA

En cuanto a la Ley, esta intervino para que aumentara el pecado. Pero donde abundó el pecado, sobreabundó la gracia.

ROMANOS 5:20

Es interesante notar que la única razón por la que Dios dio la Ley fue para mostrarnos que no podíamos cumplirla y que necesitábamos un Salvador. Todo lo que hace la Ley es aumentar el pecado. Pero la buena noticia es que donde abunda el pecado, sobreabunda la gracia porque la gracia es mayor que el pecado.

Si amamos a Dios, siempre haremos todo lo posible por no pecar, pero es bueno saber que cuando pecamos, Su gracia es mayor que nuestro pecado. La gracia es un favor inmerecido, y me gusta describirla también como el poder de Dios para capacitarnos para hacer lo que necesitamos. No es una excusa para pecar y salirse con la suya. Es el poder para vencer al pecado y decirle que no.

La gracia de Dios es incomprensiblemente maravillosa. Es lo que nos cambia a la imagen de Cristo cuando aprendemos a confiar en ella en lugar de confiar en nosotros mismos. Max Lucado lo dijo bien: "La gracia es la voz que nos llama a cambiar y luego nos da el poder para lograrlo"[11]. Y San Agustín dijo: "Porque la gracia se nos da, no porque hayamos hecho buenas obras, sino para que seamos capaces de hacerlas"[12].

DECLARO: *Agradezco que donde abunda el pecado, abunda mucho más la gracia y dependo de la gracia de Dios para que me ayude en todas las situaciones.*

DÍA 323

LA ESPERANZA ES PODEROSA

Contra toda esperanza, Abraham creyó y esperó, y de este modo llegó a ser padre de muchas naciones, tal como se le había dicho: "¡Así de numerosa será tu descendencia!". Su fe no se debilitó, aunque reconocía que su cuerpo estaba como muerto, pues ya tenía unos cien años, y que también estaba muerta la matriz de Sara. Ante la promesa de Dios no dudó como un incrédulo, sino que se reafirmó en su fe y dio gloria a Dios.

ROMANOS 4:18-19

Tú y yo podemos desear muchas cosas, incluso orar y creer en Dios por ellas, pero más allá de aquello por lo que creamos, creemos en Alguien. Ese Alguien es Jesús. No siempre sabemos lo que va a suceder en la vida, pero sí sabemos que mientras caminemos con Él, todo se resolverá para nuestro bien (Ro 8:28). Esto significa que podemos tener una actitud positiva y llena de fe en cada situación.

Es posible que hoy estés viviendo en medio de un gran problema o de algunas circunstancias adversas. Te animo a que releas la escritura de hoy y recuerdes que Abraham, sabiendo muy bien que él y Sara no deberían haber podido tener un hijo biológico, aun así, se mantuvo fuerte en su fe en Dios. Se mostró muy positivo ante una situación muy negativa.

Según Hebreos 6:19, la esperanza es el ancla del alma. Es la fuerza que nos mantiene firmes en tiempos de prueba. No dejes nunca de tener esperanza y niégate a tener miedo o a desanimarte. No puedo prometerte que las cosas siempre saldrán exactamente como tú quieres o que nunca te decepcionarás. Pero incluso en tiempos decepcionantes, puedes tener esperanza, ser positivo, creer que Dios está obrando para tu bien y mantener fuerte tu fe.

DECLARO: *Sé que la esperanza es poderosa y elijo tener esperanza en todas las situaciones.*

DÍA 324

NO DESPERDICIES EL HOY LAMENTANDO EL AYER

Y como Dios le llena de alegría el corazón, muy poco reflexiona el hombre en cuanto a su vida.

ECLESIASTÉS 5:20

Una cosa que no quieres hacer es levantarte por la mañana, darte cuenta de que básicamente desperdiciaste el día de ayer y luego desperdiciar el día de hoy sintiéndote culpable por las malas decisiones que tomaste ayer. Zig Ziglar dijo: "Preocuparte no te quita los problemas de mañana, te quita la paz de hoy"[13].

Un día de esta semana tuve mi tiempo de oración en la mañana, como siempre lo hago, y tenía toda la intención de permanecer en estrecha comunión con Dios durante todo el día. Pero cuando llegó la noche, me di cuenta de que había salido de mi oficina después de mi tiempo de oración y ni siquiera había pensado en el Señor durante el resto del día, ¡porque estaba ocupada, ocupada, ocupada! Empecé a sentirme culpable o tal vez decepcionada conmigo misma, cuando Dios me recordó que no debía desperdiciar el presente lamentándome del pasado. Sus misericordias son nuevas cada mañana y siempre podemos recomenzar (Lm 3:22-23).

La noche siguiente me sorprendió la frecuencia con la que el Señor estaba en mis pensamientos y la gran comunión que tuvimos durante todo el día, creo firmemente que habría perdido esa oportunidad si hubiera continuado con mis remordimientos. Se me recordó que Dios está conmigo incluso cuando no soy consciente de Él, que Él entiende que estoy creciendo y Él ve mi corazón. Y lo mismo es cierto para ti.

DECLARO: *No gasto el presente llenándolo de remordimientos por el pasado.*

DÍA 325

TODO ES POSIBLE

Porque para Dios nada es imposible y ninguna palabra de Dios carecerá de poder o será imposible de cumplir.

LUCAS 1:37

Hay muchas cosas que pensamos que no podemos hacer, pero todo es posible para Dios. Nunca debemos decir: "Eso es imposible". Miro hacia atrás en mi vida y sé que lo que Dios ha hecho en mí y a través de mí sería imposible sin Él. Pero Él puede hacer cualquier cosa y hará más de lo que podamos imaginar si tenemos el valor de pedírselo. Cuando estaba en la escuela, apenas obtuve una calificación aprobatoria en Inglés, sin embargo, he escrito más de ciento cuarenta libros sin ningún tipo de formación profesional en escritura. Parece imposible, lo sé, pero es un buen ejemplo de que Dios hace lo imposible.

No tengas miedo de pedir cosas grandes. Dios nunca se enfadará contigo porque pidas demasiado. Creo que lo peor que me puede pasar si pido demasiado es que no lo consiga. Hebreos 4, 16 nos dice que nos acerquemos con valentía al trono de Dios y recibamos misericordia y gracia. Podemos hacerlo incluso después de haber pecado y habernos arrepentido.

Tú y yo no merecemos nada de lo que Dios ha hecho por nosotros, pero debemos estar sumamente agradecidos por lo que ha hecho. Creo que cuanto más agradecidos seamos, más querrá Dios hacer por nosotros. Empieza hoy a ser más audaz que nunca en tus peticiones y más generoso que nunca en tu gratitud.

DECLARO: *Todas las cosas son posibles con Dios, así que oraré con valentía y me entusiasmará ver lo que Él hará.*

DÍA 326

DIOS ME PRESERVA DE LOS PROBLEMAS

Aunque pase por grandes angustias, tú me darás vida; contra el furor de mis enemigos extenderás la mano: ¡tu mano derecha me pondrá a salvo!

SALMOS 138: 7

Todos pasamos por momentos difíciles en la vida, pero lamentablemente no todos saben que pueden acudir a Dios y recibir la ayuda que necesitan. Dios nos protege, nos defiende y nos libra de nuestros enemigos. Incluso nos dice que la batalla no es nuestra, sino suya (2 Cr 20:15). Dios nos creó con Su propia mano de forma cuidadosa y única, y no abandonará la obra de sus manos. Le perteneces a Dios. Fuiste comprado por un monto precioso: la sangre de Jesús. Es maravilloso saber que, si Dios está a nuestro favor, no importa quién esté en nuestra contra (Ro 8:31).

Cuando tengas problemas, si empiezas a sentir miedo, pasa algún tiempo esperando en Dios porque tu salvación viene solo de Él. Mientras esperas en Dios en silencio y lo buscas en tu corazón, sentirás la seguridad de que Él está contigo y satisfará tu necesidad. Él no te dirá cómo ni cuándo, pero puedes descansar en Su amor y estar seguro de que no te abandonará.

El trabajo de Dios es hacer lo que haya que hacer y el nuestro es confiar en Él. Practica decir en voz alta, varias veces al día: "Dios, en ti confío". Recuerda las cosas que Él ha hecho por ti en el pasado y ellas alentarán tu fe para creer que Él hará de nuevo lo que necesitas que haga.

DECLARO: *Confío en Dios y Él satisface mis necesidades. Él me creó y no abandonará la obra de sus manos.*

DÍA 327 VIVIR EN LA VERDAD

Más bien, al vivir la verdad con amor, creceremos hasta ser en todo como aquel que es la cabeza, es decir, Cristo.

EFESIOS 4:15

Jesús dice que Él es la Verdad (Jn 14:6), y el Espíritu Santo es el Espíritu de la Verdad que nos guía a toda la verdad (Jn 16:13). El Salmo 51:6 dice que Dios desea la verdad en nuestro ser interior. Juan 8:31-32 es una de las primeras escrituras que aprendí, la cual dice que, si somos discípulos de Jesús, continuaremos en Su Palabra y conoceremos la verdad y la verdad nos hará libres. Yo tenía muchas ataduras en mi vida y, cuando leí ese versículo, ser libre me sonó muy bien.

Por más de cuarenta y cinco años he continuado en la Palabra de Dios y experimentando una profunda liberación de las mentiras de Satanás, que me había engañado y mantenido en esclavitud. La Palabra de Dios es verdad y aprender la verdad es la única manera en la que podemos reconocer las mentiras.

Sé sincero contigo mismo sobre tus motivos y acciones. Y sé sincero con tu familia y amigos. Las buenas relaciones no se construyen con mentiras. Ser totalmente sincero es a veces un reto, porque decir la verdad puede significar que sufras por hacerlo, pero Dios te recompensará. Recuerda decir siempre la verdad con amor y ser amable en tu forma de decir las cosas.

DECLARO: *Siempre soy sincero en todo lo que digo y hago.*

DÍA 328

REFLEXIONAR Y ESTUDIAR LA PALABRA DE DIOS

Pongan mucha atención —añadió—. Con la medida con que midan a otros, se les medirá a ustedes y aún más se les añadirá.

MARCOS 4:24

Cuanto más estudiemos y pensemos en la Palabra de Dios, cuando la leemos o escuchamos, más comprensión tendremos de lo hemos leído u oído. En resumen, obtendremos de la Palabra de Dios lo que pongamos en ella. La Escritura de hoy nos dice que la cantidad de pensamiento y estudio que dediquemos a la Palabra determinará la cantidad de virtud y conocimiento que volverá a nosotros.

Lamentablemente, algunas personas no leen ni estudian la Biblia en absoluto y muchos cristianos no profundizan en la Palabra de Dios. Entonces se preguntan por qué luchan tanto, por qué no parecen oír la voz de Dios con claridad y por qué se sienten incapaces de superar algunas de las situaciones que enfrentan. Creo que muchas personas no son espiritualmente poderosas porque no ponen mucho esfuerzo en el estudio de la Biblia. Pueden escuchar a otros enseñar y predicar la Palabra, escuchar pódcasts o leer la Biblia ocasionalmente, pero no están seriamente dedicados a hacer de la Palabra una parte importante de sus vidas, incluyendo pasar tiempo pensando en ella.

Te animo hoy a que evalúes cuánto tiempo dedicas a la Palabra de Dios y hagas los ajustes necesarios. Cuanto más le dediques, más obtendrás de ella.

DECLARO: *Invierto mi tiempo y energía en el estudio serio de la Palabra de Dios.*

DÍA 329

DIOS CUIDA DE LOS SUYOS

Despliega tu poder, oh Dios; haz gala, oh Dios, de tu poder, que has manifestado en favor nuestro.

SALMO 68:28

Todos necesitamos fuerza. Necesitamos fuerza física y buena salud, así como una mente y un espíritu fuertes. Estoy muy agradecida de que Dios nos prometa su fortaleza, no solo en la escritura de hoy, sino en muchas otras. Jesús dice que podemos acudir a Él y recuperar fuerzas cuando nos sintamos débiles o abrumados (Mt 11:28-30).

Tal vez tengas problemas de salud y también muchas responsabilidades, por lo que no estás seguro de cómo harás lo que tienes que hacer. Puedo prometerte que eres más fuerte de lo que crees. Es increíble por lo que podemos pasar y aun así salir victoriosos. Sigue poniendo un pie delante del otro y lo conseguirás. No pienses demasiado en el futuro ni en todo lo que podría salir mal o lo difícil que crees que será. Vive la vida día a día y Dios te dará la gracia que necesitas para hoy. Cuando llegue el mañana, Él te dará la gracia para ese día también.

Necesitamos fortaleza mental para no desfallecer, es decir, para no rendirnos mentalmente y pensar: "no puedo hacerlo". Sobre todo, necesitamos fuerza espiritual, porque el espíritu fuerte de una persona la sostendrá en el dolor y en la angustia (Pro 18:14). He tenido mi cuota de dolor y problemas, pero Dios me permitió hacer todo lo que necesitaba hacer. Él hará lo mismo por ti si confías en Él.

DECLARO: *Dios ha ordenado fuerza para mí y nunca renunciaré ni me rendiré.*

DÍA 330

CÓMO CONTINUAR CUANDO LAS COSAS SE PONEN DIFÍCILES

Fijemos la mirada en Jesús, el iniciador y perfeccionador de nuestra fe, quien por el gozo que le esperaba, soportó la cruz, menospreciando la vergüenza que ella significaba, y ahora está sentado a la derecha del trono de Dios.

HEBREOS 12:2

La determinación y la disciplina nos mantienen en pie cuando las cosas se ponen difíciles en la vida. Enfrentarse a las dificultades nos ayuda a mantener la vista en el objetivo, a practicar buenos hábitos hasta que se convierten en algo natural para nosotros y a resistirnos a distraernos fácilmente con situaciones dolorosas o frustrantes.

Como cristianos, nuestra determinación está impulsada por algo mucho más grande que la pura voluntad. Debemos contar con la ayuda del Espíritu Santo, que siempre está disponible para quienes piden y creen. Es nuestra mayor fuente de fuerza y poder, la que nos permite superar los obstáculos y vivir una vida con propósito. Si tiendes a rendirte fácilmente, comienza a hacer un cambio orando para que Dios obre con determinación en ti. Cree que Él te ha escuchado y respondido y luego da un paso adelante con fe, confiando en que los sentimientos que deseas llegarán a medida que sigas avanzando.

Lamentablemente, algunas personas dicen que no tienen ganas de hacer lo que es correcto. Dudo que Jesús "tuviera ganas" de morir por los pecados de los hombres, pero lo hizo. Estaba decidido a hacer el último sacrificio porque confiaba en el poder de Dios para capacitarlo, y esperaba la alegría al otro lado del dolor.

DECLARO: *Elijo ser decidido con la ayuda del Espíritu Santo.*

DÍA 331

ERES ESPECIAL

Pero ustedes son descendencia escogida, sacerdocio regio, nación santa, pueblo que pertenece a Dios, para que proclamen las obras maravillosas de aquel que los llamó de las tinieblas a su luz admirable.

1 PEDRO 2:9

Todos queremos sentir que somos especiales. Recuerdo haberme sentido elegida y especial en la escuela primaria cuando me eligieron para el equipo de softball. Nuestro hijo Daniel tiene cuatro hijos. Hace viajes "papá e hijo" con cada uno de ellos al menos una vez al año y eso les hace sentirse muy especiales. Si tienes hijos, dedica tiempo a hacerles sentir especiales.

También Dios quiere que cada uno de nosotros sepa que es especial. Eres elegido y real a los ojos de Dios. No te limites a leer la escritura de hoy, medita en ella y cree que es para ti. Tal vez nunca te han hecho sentir especial o elegido, pero lo eres. Como hijo especial y elegido de Dios, ya no debes caminar en la oscuridad sino en la luz. Eres el representante de Dios y es importante que camines con la cabeza en alto y muestres Su carácter dondequiera que estés. Como nos sentimos acerca de nosotros mismos ayuda a determinar cómo nos comportamos. Si nos sentimos mal acerca de nosotros mismos, actuaremos mal; pero sabiendo que somos escogidos por Dios y que se nos ha dado Su favor, eso nos hace querer hacer lo mejor en cada situación.

DECLARO: *Soy elegido, real y especial para Dios.*

DÍA 332

FIJA TU MENTE Y MANTENLA ASÍ, PARTE 1

Concentren su atención en las cosas de arriba, no en las de la tierra.

COLOSENSES 3:2

En la Escritura de hoy, el apóstol Pablo nos da valiosas instrucciones sobre nuestra manera de pensar. Nos dice claramente que pensemos en las cosas que son importantes para Dios ("las cosas de arriba") y que al hacerlo siempre llenaremos nuestra mente de buenos pensamientos.

"Fijar" tu mente es probablemente una de las cosas importantes y beneficiosas que puedes aprender a hacer. Fijar la mente significa decidirse firmemente. El hormigón húmedo puede moverse con facilidad y es muy imprimible antes de secarse o fraguar. Pero una vez fraguado, se queda en su sitio para siempre. No se puede moldear ni cambiar fácilmente.

El mismo principio que aplica al concreto, sirve para la determinación de la mente. Fijar tu mente es determinar con decisión lo que pensarás, lo que creerás y lo que harás o no harás y fijarlo de tal manera que no puedas ser fácilmente influenciado o persuadido de lo contrario. Una vez que hayas fijado tu mente de acuerdo con la verdad de los principios de Dios para una buena vida, necesitas mantenerla fija y no permitir que fuerzas externas modifiquen tu pensamiento. Fijar tu mente no significa ser de mente estrecha y obstinada. Siempre debemos estar abiertos a aprender, crecer y cambiar, pero debemos resistir constantemente la tentación de conformar nuestros pensamientos al mundo y sus ideas. Poner la mente en las cosas de arriba significa ser firme en la decisión de estar de acuerdo con las formas de vivir de Dios, sin importar quien intente convencernos de que estamos equivocados.

DECLARO: *Fijo mi mente y la mantengo puesta en las cosas de arriba.*

DÍA 333

FIJA TU MENTE Y MANTENLA ASÍ, PARTE 2

Concentren su atención en las cosas de arriba, no en las de la tierra.

COLOSENSES 3:2

Quiero que sigamos pensando en fijar nuestras mentes y mantenerlas fijas en las cosas de Dios. Cuando empecé a adaptar mi manera de pensar y de vivir a la Palabra de Dios, encontré mucha oposición y tuve que ser firme en mi decisión. Por ejemplo, descubrí que cuando trataba de ser positiva, no era bien recibida por aquellos que tenían el hábito de ser negativos. Me decían que intentaba vivir un cuento de hadas y que la vida real no era tan positiva como yo creía.

Lamentablemente, tuve que darme cuenta de que Satanás usaría incluso a mis amigos más cercanos para tratar de impedir que progresara. Sencillamente no lo entendían y la naturaleza humana suele tratar de encontrar defectos en lo que no entiende. Tenía que estar segura de que Dios me estaba guiando y tenía que ser firme en mi decisión de pensar correctamente para poder ver resultados positivos en mi vida.

Fijar tu mente y mantenerla fija es tan importante porque no hay mucha esperanza de poder resistir la tentación si no te decides de antemano sobre lo que harás cuando seas tentado. Serás tentado; es un hecho de la vida. Por eso, es importante que pienses de antemano en las situaciones que pueden traerte problemas. Si esperas a estar en medio de una situación para decidir si te mantendrás firme o no, entonces es seguro que te rendirás.

DECLARO: *Prepararé mi mente de antemano para concentrarme en las cosas de Dios. Esto me ayudará a resistir la tentación.*

DÍA 334

UTILIZA TU TIEMPO SABIAMENTE

Así que tengan cuidado de su manera de vivir. No vivan como necios, sino como sabios.

EFESIOS 5:15

Cada uno de nosotros dispone de la misma cantidad de tiempo: veinticuatro horas al día, siete días a la semana. ¿Por qué algunas personas hacen tanto con sus vidas, mientras que otras hacen muy poco o nada en absoluto? No se trata de falta de suerte ni de crecer en una familia disfuncional ni de no poder ir a la universidad. Se trata de las decisiones que tomamos. Reúnete contigo mismo y pregúntate cuántas cosas estás haciendo que no son más que una pérdida de tiempo. La ira es una pérdida de tiempo; los celos son una pérdida de tiempo; murmurar y quejarse son pérdidas de tiempo. Estas emociones y comportamientos negativos te quitan energía y no producen ningún buen fruto.

Alguien me dijo hace poco que el ochenta por ciento de la gente odia su trabajo. Si esto es cierto, ¿por qué lo hace? Por dinero. Todos necesitamos dinero, pero también deberíamos preguntarnos si estaríamos mejor ganando un poco menos y haciendo lo que realmente nos gustaría en lugar de hacer algo que odiamos porque nos pagan un poco más que en un trabajo que nos encantaría y con el que disfrutaríamos. Si quieres un trabajo para el que no estás capacitado, ¿por qué no empiezas a formarte ahora? No llegues al final de tu vida y mires atrás y no tengas más que arrepentimientos. Haz los cambios que necesitas ahora, antes de que se te acabe el tiempo.

DECLARO: *Uso mi tiempo sabiamente y no lo desperdicio. Pongo mi tiempo en lo que producirá buenos frutos en mi vida.*

DÍA 335

PREPARARSE PARA LO INESPERADO TRAE PAZ

Que gobierne en sus corazones la paz de Cristo, a la cual fueron llamados en un solo cuerpo. Y sean agradecidos.

COLOSENSES 3:15

Es aconsejable dejar algo de espacio para lo inesperado cuando te preparas para cada día. Durante años, uno de mis problemas autoinducidos fue que no dejaba espacio en mi agenda para lo inesperado. Planificaba actividades sin tiempo entre mis compromisos, lo que me provocaba estrés. Acababa apresurada e impaciente porque la gente y las situaciones interrumpían "mi" plan.

No me gustaban los intervalos de diez minutos entre compromisos, no me dejaban tiempo suficiente para hacer nada que mereciera la pena. Los veía como tiempo perdido hasta que me di cuenta de que necesitaba esos momentos para respirar, reagruparme y organizar mis pensamientos. Las pequeñas pausas ofrecen la oportunidad de dar gracias a Dios o simplemente de hablar con Él sobre el día. Si las cosas no van bien, pueden permitirte escuchar de Él maneras de ser productivo y aprovechar el día al máximo.

Si no dejamos tiempo entre citas y compromisos, ¿qué ocurre si nos retrasamos por culpa del tráfico? ¿Y si nos retrasamos por una llamada de última hora que realmente necesitamos atender? Los imprevistos surgen. A veces son positivos y a veces causan una presión no deseada. El simple hecho de prepararse y planificar lo inesperado puede traer mucha paz a tu mundo.

DECLARO: *Me preparo para lo inesperado para poder vivir en paz.*

DÍA 336

EL VALOR DE LA EXPERIENCIA

Dichoso el que halla sabiduría, el que adquiere inteligencia.

PROVERBIOS 3:13

La sabiduría es una de nuestras mayores necesidades. Dios nos ha dado sabiduría, pero debemos utilizarla. Me gusta definir la sabiduría como hacer ahora, lo que te hará feliz más adelante en la vida. La Escritura de hoy nos dice que sacamos sabiduría de la Palabra de Dios y de las experiencias de la vida. Cada situación por la que pasamos nos enseña algo. Puede enseñarnos lo que no debemos hacer en el futuro o puede enseñarnos lo que sí debemos hacer.

Hebreos 5:8 dice que Jesús adquirió experiencia a través de las cosas que sufrió y esto lo equipó para ser el autor de la salvación. La experiencia nos capacita y, en mi opinión, es incluso más importante que la educación. La educación es muy importante, pero tener conocimiento de algo y tener experiencia aplicándolo son dos cosas diferentes.

Agradece las experiencias que has tenido porque Dios puede usarlas para ayudarte a ti o a alguien más en el futuro. He tenido muchas experiencias dolorosas en mi vida y tengo mucha experiencia viendo cómo se cumplen las promesas de Dios cuando confío en Él. Utilizo lo que he aprendido y experimentado para ayudar a otras personas que están sufriendo. No desperdicies tu dolor. Úsalo para tu propio beneficio o para el beneficio de otra persona más adelante.

DECLARO: *Cada situación que atravieso me da sabiduría para el futuro y me equipa para lo que estoy llamado a hacer.*

DÍA 337

TIENES VENTAJA

Ustedes, queridos hijos, son de Dios y han vencido a esos falsos profetas, porque el que está en ustedes es más poderoso que el que está en el mundo.

1 JUAN 4:4

Tenemos un enemigo que se llama diablo y siempre está buscando resquicios en nuestra vida a través de los cuales pueda atacarnos y hacernos desgraciados. Él tiene poder, pero como creyentes, tenemos más poder que él porque Aquel que es más grande que el enemigo, vive en nosotros. Piensa y sé consciente de que Jesús vive en ti e imagínate la ventaja que eso te da. Él está contigo para guiarte, amarte y consolarte cuando estás triste. También te ayuda a librar tus batallas y, con Él de tu lado, las ganarás.

"Para Dios todo es posible" (Mt 19:26) y tú le perteneces, por lo que puedes esperar que te ayude en lo que necesites. Nunca estás solo porque Él está siempre contigo y te guiará "hasta la muerte" (Sal 48:14). Lo primero que debes hacer cuando surgen problemas es orar y pedirle a Dios que te guíe. Es peligroso alterarse y empezar a actuar sin haber obtenido la sabiduría y la ayuda de Dios.

A veces Dios te mostrará qué hacer y otras veces te llevará a esperar en Él y dejar que Él pelee la batalla por ti (Éx 14:14). Eres más que un vencedor (Ro 8:37) y ya ha derrotado al enemigo. No vivas con miedo, porque tienes lo que se necesita para ser un vencedor en la vida.

DECLARO: *Jesús vive en mí y ya he vencido al enemigo.*

DÍA 338

PERDONADO Y PURIFICADO

Si confesamos nuestros pecados, Dios, que es fiel y justo, nos los perdonará y nos limpiará de toda maldad.

1 JUAN 1:9

Todos pecamos, pero es muy sencillo que nuestros pecados sean perdonados. Todo lo que tenemos que hacer es admitirlos y recibir el perdón que Jesús nos dio cuando murió en la cruz por nuestros pecados. Dios nos limpia continuamente de toda maldad. Esta promesa de que Dios perdonará nuestros pecados no es una sola oportunidad; podemos recibirla una y otra vez.

"Si afirmamos que no tenemos pecado, nos engañamos a nosotros mismos" (1 Jn 1:8). "Pues todos han pecado y están privados de la gloria de Dios, pero por su gracia son justificados gratuitamente mediante la redención que Cristo Jesús efectuó" (Ro 3:23-24). No desperdicies el día de hoy sintiéndote culpable por los pecados que cometiste ayer. Reconócelos, recibe el perdón y avanza hacia lo que Dios tiene para ti hoy.

El Evangelio es una buena noticia. Jesús vino a salvarnos a todos de nuestros pecados y a quitarnos toda la culpa que viene con él. La mayoría de las noticias del mundo son malas, pero tenemos buenas noticias todo el tiempo cuando creemos y recibimos las promesas de Dios en Su Palabra.

DECLARO: *Reconozco rápidamente mis pecados y recibo el perdón que Dios me ofrece gratuitamente.*

DÍA 339

DIOS NO LLEGARÁ TARDE

El Señor no tarda en cumplir su promesa, según entienden algunos la tardanza. Más bien, él tiene paciencia con ustedes, porque no quiere que nadie perezca, sino que todos se arrepientan.

2 PEDRO 3:9

Nos gusta hacer todo rápido y obtener respuestas a nuestras preguntas rápidamente, pero Dios no tiene prisa. Podemos pensar que Él está trabajando lentamente, pero esto es solo porque vemos el tiempo de manera diferente a como Él lo ve. Nosotros queremos terminar el trabajo, pero Él quiere hacerlo bien.

Dios es sufrido y extraordinariamente paciente con nosotros y esta verdad me alegra mucho. Puede que no llegue pronto a proporcionarnos un avance, pero nunca llegará tarde. Pablo y Silas estaban en la cárcel cantando a medianoche (Hch 16:25) cuando de repente Dios hizo que un terremoto sacudiera la cárcel y las puertas se abrieron de golpe. Cuando el carcelero se despertó y vio todas las puertas abiertas, se asustó, pero Pablo le dijo que no se preocupara porque todos los prisioneros seguían allí. Pablo se quedó a predicar el evangelio al carcelero y, como resultado, el carcelero y toda su familia fueron salvos. Dios parecía tardar, pero Pablo y Silas confiaban tanto en Él que seguían cantando y algo maravilloso surgió de la larga espera.

¿Estás esperando que Dios haga algo en tu vida? Si es así, sigue cantando y sabe que Él llegará en el momento oportuno y el resultado será bueno.

DECLARO: *No importa cuánto tarde Dios en traer mi avance, esperaré pacientemente porque sé que Su tiempo es perfecto.*

DÍA 340

LO QUE PENSAMOS DETERMINA LO QUE HACEMOS

Yo, de mi parte, estoy plenamente convencido en el Señor Jesús de que no hay nada impuro en sí mismo. Si algo es impuro, lo es solamente para quien así lo considera.

ROMANOS 14:14

El apóstol Pablo no creía que la carne ofrecida a los ídolos pudiera estar contaminada porque sabía que los ídolos no eran más que madera o piedra. También comprendía que muchas personas no compartían su punto de vista. Les aconsejó que no comieran la carne si la consideraban impura. Sabía que comer carne que consideraban impura afectaría a su conciencia como si la carne hubiera sido realmente impura. En otras palabras, en cierto sentido, la percepción es la realidad.

Cuanto más pienso en Romanos 14:14, más asombra la profundidad de la perspicacia de Pablo. Comprendió que lo que la gente piensa determina lo que hace. Este principio era cierto con respecto a la carne ofrecida a los ídolos en la antigüedad y es cierto hoy en día en cualquier ámbito de la vida. Por ejemplo, las personas que piensan que nunca conseguirán un buen trabajo, no es probable que lo consigan. Las personas que piensan que nunca podrán hacer nada bien tienden a cometer muchos errores y a tener un alto índice de fracasos. Las personas que se consideran propensas a los accidentes parecen tener un accidente tras otro.

Nunca podremos ir más allá de lo que pensamos y creemos. Cuando creemos mentiras, nuestras mentes pueden limitarnos e incluso impedirnos hacer aquello para lo que Dios nos creó. Pero, si luchamos por la verdad, abrazamos la verdad y construimos nuestras vidas en la verdad, tendremos éxito.

DECLARO: *Defiendo, abrazo y construyo mi vida sobre la verdad.*

DÍA 341

LIBRA EL BUEN COMBATE DE LA FE

Pelea la buena batalla de la fe; haz tuya la vida eterna, a la que fuiste llamado y por la cual hiciste aquella admirable declaración de fe delante de muchos testigos.

1 TIMOTEO 6:12

Habrá momentos de problemas en los que deberemos mantenernos firmes y seguir confiando en Dios, aunque sea difícil, y esos son los momentos en los que debemos "pelear la buena batalla de la fe". Durante estas temporadas de la vida, la preocupación y la ansiedad bombardean nuestras mentes y debemos seguir meditando en la Palabra de Dios y recordando las victorias pasadas.

Puede que incluso necesitemos hablar con nosotros mismos. Yo lo hago a menudo. Puedo decir algo como: "Joyce, no tienes que preocuparte por esto o tratar de resolverlo. Dios es fiel y te dará la respuesta a tu problema. Mantente firme en tu fe, porque todo es posible para Dios" (ver Mt 19:26).

Cuando los pensamientos negativos asalten tu mente, el ataque mental cesará si declaras las promesas de Dios. No puedes tener dos pensamientos a la vez, así que pensar en las cosas buenas apartará las negativas de tu mente, aunque puede que tengas que repetir este proceso muchas veces. Recuerda que el diablo no se rendirá fácilmente, pero puedes vencerlo si estás decidido a hacerlo.

DECLARO: *Reconozco las promesas de Dios y sigo confiando en Él en tiempos difíciles. Lleno mi mente de cosas buenas para que no haya lugar para las cosas malas.*

DÍA 342

DAR BUENOS FRUTOS

En cambio, el fruto del Espíritu es amor, alegría, paz, paciencia, amabilidad, bondad, fidelidad, humildad y dominio propio. No hay ley que condene estas cosas.

GÁLATAS 5:22-23

Dios quiere que demos el fruto del Espíritu, enumerado en la Escritura de hoy. El fruto se da en forma de semilla cuando el Espíritu Santo viene a vivir en nosotros, pero debemos trabajar con Él para desarrollar cada fruto. Creo que el fruto del Espíritu es aún más importante que los dones del Espíritu (1 Co 12:1-11) porque el mundo necesita ver el fruto de nuestra relación con Dios fluyendo a través de nosotros.

El primer fruto enumerado en Gálatas 5:22 es el amor, y todo el mundo quiere ser amado. La gente busca amor y, si lo desarrollamos, puede ver que fluye a través de nosotros. El amor no es un sentimiento que tenemos por una persona, sino que se ve al tratarla bien. Jesús nos dice que seamos buenos con nuestros enemigos para que vean nuestras buenas obras y glorifiquen a Dios que está en los cielos (Mt 5:16; 43-48).

Estudia el fruto del Espíritu y practícalo en tu vida. Cuanto más lo practiques, más se desarrollará. El amor es lo más importante del mundo. Primero, debemos amar a Dios con todo nuestro corazón, alma, mente y fuerzas y luego, a nuestro prójimo como a nosotros mismos (Lc 10:27).

DECLARO: *Practico el fruto del Espíritu amando a Dios y a las personas.*

DÍA 343

MANTÉN TU MENTE ACTIVA

Practiquen el dominio propio y manténganse alerta. Su enemigo el diablo ronda como león rugiente, buscando a quién devorar.

1 PEDRO 5:8

La pasividad es un problema peligroso, porque la Palabra de Dios enseña claramente que debemos estar alerta, ser cautelosos y activos. Algunos creyentes están tan gobernados por sus emociones de tal manera que una ausencia de sentimientos es todo lo que necesitan para dejar de hacer lo que saben que deben. Alaban a Dios, dan a los demás y cumplen su palabra si tienen ganas y, si no tienen ganas, no lo hacen.

Una mente vacía y pasiva puede ser fácilmente llenada con pensamientos impíos. Los creyentes que tienen una mente pasiva y no se resisten a los pensamientos erróneos, a menudo los toman como propios sin darse cuenta de que los espíritus malignos pueden inyectar pensamientos impíos en sus mentes, porque hay un espacio vacío que llenar.

Hay pecados activos y hay pecados pasivos. En otras palabras, hay cosas malas que hacemos y hay cosas buenas que no hacemos. Por ejemplo, una relación puede ser destruida por palabras desconsideradas, pero también puede ser destruida por la omisión de palabras amables que deberían haber sido dichas, pero nunca lo fueron. Las personas pasivas no creen estar haciendo nada malo cuando no invierten en una relación, pero los problemas surgen porque no están haciendo nada para ayudarla a crecer.

Seamos activos en nuestras relaciones con los demás y en nuestra relación con Dios, sin dejar espacio vacío en nuestras mentes.

DECLARO: *No permito que haya espacio vacío en mi mente y no soy pasivo. Lleno mi mente con la Palabra de Dios.*

DÍA 344

ELIGE CREER

Así mismo, en nuestra debilidad el Espíritu acude a ayudarnos. No sabemos qué pedir, pero el Espíritu mismo intercede por nosotros con gemidos que no pueden expresarse con palabras.

ROMANOS 8:26

Frecuentemente, Dios nos da fe para cosas que nuestra mente no puede comprender. La mente quiere entenderlo todo: el por qué, el cuándo y el cómo de las situaciones. Cuando Dios no nos da comprensión o entendimiento de ciertas cosas, nos sentimos tentados a negarnos a creer. Cuando caminamos con Él, a veces sentimos cosas en nuestros corazones, pero nuestras mentes luchan contra lo que sabemos porque no entienden. Elijo creer lo que dice la Palabra de Dios y lo que creo que Él habla a mi corazón, aunque no entienda por qué, cuándo o cómo sucederá en mi vida.

El diablo encuentra muchas maneras de evitar que avancemos hacia todas las cosas buenas que Dios quiere hacer en y a través de nuestras vidas. Puede ser creativo y persistente cuando trata de impedir que avancemos. Pero Jesús vino a la tierra para destruir las obras del diablo (1 Jn 3:8). Además, nos ha dado el Espíritu Santo como nuestro Ayudador (Jn 14:26). Él siempre nos ayudará a hacer lo que Dios nos llama a hacer y a ser lo que Dios nos ha creado para ser. Y como nos enseña la Escritura de hoy, incluso intercede (suplica) por nosotros.

Con la ayuda del Espíritu Santo podemos elegir creer todo lo que Dios quiere que creamos, incluso cuando no lo entendemos, sabiendo que Dios siempre quiere lo mejor para nosotros.

DECLARO: *Elijo creer la Palabra de Dios y creer lo que Él habla a mi corazón.*

DÍA 345

LA BELLEZA DE LA PACIENCIA

Esperé pacientemente al Señor; se volvió hacia mí y escuchó mi clamor.

SALMO 40:1

La paciencia ha sido el fruto del Espíritu que más me ha costado desarrollar. Significa ser paciente con la gente, tener misericordia y un carácter ecuánime. La mayoría de nosotros conocemos a personas con las que nos resulta difícil llevarnos bien. Esto no significa que tengan algo malo, sino que son diferentes a nosotros. En lugar de rechazarlos o intentar cambiarlos, Dios quiere que los amemos y seamos pacientes con ellos.

Cuando nos resulte difícil ser pacientes con alguien, debemos recordar que otra persona está luchando por ser paciente con nosotros. Pablo dijo que había aprendido a ser todo para todos (1 Co 9:19-23). Creo que esto es hermoso, porque estaba diciendo que estaba dispuesto a adaptarse y ajustarse a los demás con el fin de ganarlos para Cristo o tal vez solo para llevarse bien con ellos.

¿Con quién te cuesta tener paciencia? Casi puedo garantizarte que es alguien que no es como tú. Puede que tú seas rápido y ellos lentos; puede que tú siempre llegues a tiempo y ellos lleguen tarde habitualmente; puede que tú seas una persona callada y ellos hablen sin cesar. Cometemos un error cuando intentamos cambiar a las personas para que sean lo que nosotros queremos que sean. Dios quiere que amemos a las personas tal y como son (no como queremos que sean), que nos centremos en sus buenas cualidades y que creamos lo mejor de cada uno. Debemos esforzarnos por ser lo que Dios quiere que seamos y ser pacientes con los demás.

DECLARO: *Soy paciente con todas las personas.*

DÍA 346

CIÑE TU MENTE

Por eso, dispónganse para actuar con inteligencia; tengan dominio propio; pongan su esperanza completamente en la gracia que se les dará cuando se revele Jesucristo.

1 PEDRO 1:13

En tiempos bíblicos, tanto los hombres como las mujeres vestían trajes largos parecidos a faldas. Si hubieran intentado correr con esas ropas, probablemente se habrían enredado en las telas y habrían tropezado. Cuando necesitaban moverse con rapidez, se ceñían la ropa, es decir, recogían la tela de sus prendas y se la subían para poder caminar o correr libremente.

Cuando la Biblia nos dice que "ciñamos los lomos" de nuestras mentes, creo que se refiere a apartar nuestras mentes de todo lo que podría hacernos tropezar mientras corremos a la carrera que Dios ha puesto ante nosotros. Creo que también puede referirse a concentrarnos en la tarea que tenemos entre manos en lugar de dejar que nuestros pensamientos vaguen por todas partes. El enfoque y la concentración son desafíos reales en nuestro mundo actual. Tenemos una gran cantidad de información que nos llega todo el tiempo y mantener nuestra mente en lo que es nuestro propósito, requiere de una gran determinación e incluso práctica.

Puede que te levantes con la firme intención de empezar el día pasando tiempo con Dios en oración y estudiando la Biblia. Luego te propones terminar tres proyectos específicos ese día. Tienes que ir al supermercado, hacer el mantenimiento del coche y terminar de limpiar un armario. Tus intenciones son buenas, pero si no te concentras en esos proyectos, seguramente te verás arrastrado por otras cosas o personas. Ceñir tu mente es otra forma de decir: "Mantente concentrado en lo que tienes que hacer".

DECLARO: *Me concentro en lo que tengo que hacer para poder lograrlo sin perder el enfoque.*

DÍA 347

ROMPER CON LOS MALOS HÁBITOS Y DESARROLLAR LOS BUENOS

Porque si estás viviendo según los [impulsos de la] carne, vas a morir. Pero si [estás viviendo] por el [poder del Espíritu Santo] estás haciendo morir habitualmente las obras pecaminosas del cuerpo[realmente] vivirás para siempre.

ROMANOS 8:13

Todos tenemos hábitos, buenos y malos. Hay que acabar con los malos y sustituirlos por los buenos. Creo que la mejor manera de hacerlo es centrarse en crear buenos hábitos en lugar de romper malos. Cuando tenemos buenos hábitos, no hay lugar para malos. Los malos hábitos no se rompen simplemente porque queramos romperlos; debemos romperlos a propósito utilizando nuestra energía para desarrollar los buenos.

Encontré treinta y tres referencias en la Biblia Amplificada, Edición Clásica, a la palabra "habitualmente". Esto me dice que Dios espera que formemos buenos hábitos. Establecer los hábitos necesarios para el éxito requiere consistencia, especialmente en nuestra vida mental. Pensar y hacer lo correcto unas pocas veces no equivale al éxito, pero hacerlo habitualmente producirá una vida digna de ser vivida. Puede que no sea fácil, pero creo que el esfuerzo merece la pena. Prueba durante treinta días y ve si estás de acuerdo. No te desanimes si al principio sientes que estás haciendo poco o ningún progreso en el desarrollo de nuevos hábitos. Recuerda que los hábitos requieren tiempo. La persona que nunca se rinde, siempre ve la victoria.

DECLARO: *Soy diligente para formar buenos hábitos que no dejen lugar a los malos.*

DÍA 348

EL AUTOCONTROL ES TU AMIGO

En verdad, Dios ha manifestado a toda la humanidad su gracia, la cual trae salvación y nos enseña a rechazar la impiedad y las pasiones mundanas. Así podremos vivir en este mundo con dominio propio, justicia y devoción.

TITO 2:11-12

¿Gruñiste un poco cuando viste el título del devocional de hoy? Algunas personas ven el autocontrol como algo difícil, algo que lleva al sufrimiento, pero la verdad es que el autocontrol es tu amigo. Es lo único que te ayudará a ser lo que realmente quieres y a tener lo que quieres. No podemos simplemente desear cosas buenas en nuestras vidas; debemos entrenarnos en formas que nos ayuden a tenerlas. Si quieres perder peso, tendrás que pasar un poco de hambre durante un tiempo hasta que tu cuerpo se adapte a comer menos. Te sentirás incómodo durante un tiempo, pero después conseguirás lo que quieres y te alegrarás de haber utilizado el autocontrol.

Hebreos 12:11 dice que ninguna disciplina en el momento de recibirla parece agradable, sin embargo, más tarde "produce una cosecha de justicia y paz para quienes han sido entrenados por ella". Debemos usar el autocontrol en cada área de nuestras vidas. Sé un inversionista, no un apostador. Un apostador no hace algo bueno, pero espera obtener un buen resultado. Un inversor hace lo difícil al principio, sabiendo que al final el resultado será positivo.

¿Qué quieres de la vida? ¿Te estás disciplinando y usando el autocontrol para tenerlo algún día? Si no, nunca lo tendrás. Cualquiera puede tener una gran vida si está dispuesto a hacer las cosas correctas para tenerla.

DECLARO: *Me encanta el autocontrol; es mi amigo.*

DÍA 349

NO TE QUEJES, DA GRACIAS

Den gracias a Dios en toda situación, porque esta es su voluntad para ustedes en Cristo Jesús. No apaguen el Espíritu.

1 TESALONICENSES 5:18-19

Nadie tiene que decirnos que nos quejemos. Es un fruto natural de la carne, pero con frecuencia necesitamos que nos recuerden que debemos dar gracias. Dios responde a las oraciones, pero no a las quejas. Creo que lo único que hace la queja es apagar el Espíritu y apagar significa detener o extinguir.

Debemos hacer todo "sin quejas ni contiendas", según Filipenses 2:14. El siguiente versículo, Filipenses 2:15, afirma que, si eliminamos estos malos hábitos de nuestras vidas, seremos vistos como estrellas que brillan intensamente en medio de una "generación torcida y depravada". Dondequiera que voy, escucho a la gente quejarse, pero cuando conozco a alguien que es agradecido, pienso, "esa persona es probablemente un cristiano".

¿Se pueden tener inconvenientes sin quejarse? Si alguno de nosotros pudiera pasar un día entero sin quejarse de nada en absoluto, podría entrar en la categoría de milagro. Quejarnos parece ser nuestra actitud por defecto ante cualquier inconveniente, por leve que sea.

Creo firmemente que la gratitud es una forma de guerra espiritual. Podemos derrotar a Satanás si estamos agradecidos a Dios y lo decimos, pero no podemos derrotarle quejándonos y refunfuñando.

DECLARO: *Con la ayuda de Dios no me quejo sino que doy gracias.*

DÍA 350

SIMPLEMENTE DE PASO

Queridos hermanos, les ruego como a extranjeros y peregrinos en este mundo que se aparten de los deseos pecaminosos que combaten contra el alma.

1 PEDRO 2:11

¿Alguna vez has sentido insatisfacción y no sabes por qué? Yo sí. Y al buscar a Dios en procura de respuestas, Él me hizo saber a través de las Escrituras que nunca estaré completamente satisfecha hasta que esté en el cielo con Él. Somos extranjeros y forasteros en este mundo. Simplemente, estamos de paso. Nuestros corazones anhelan el hogar. Ahora mismo, mientras escribo esto, he estado en un viaje largo y estoy anhelando mi hogar. El viaje ha sido agradable, pero no es mi hogar.

La Biblia dice que llevamos la eternidad en el corazón (Ec. 3:11). Los que pertenecen a Cristo tienen la conciencia, dada por Dios, de que hay más de lo que experimentamos aquí en esta vida. Interiormente, anhelamos nuestro hogar celestial. La mayoría de los días le digo al Señor que estoy deseando volver a casa para estar con Él. Me alegro de estar aquí todo el tiempo que Dios quiera usarme, pero no me aferro a este mundo ni temo dejarlo.

Intento imaginar cómo será el cielo, pero solo puedo hacer eso: imaginarlo. La Biblia nos da algunos atisbos de cómo será. Pienso en cosas como lo que será vivir en una atmósfera de amor perfecto y ya no estar atrapada en un cuerpo carnal, estar totalmente satisfecha y ver a Jesús y caminar y hablar con Él. Dios nos dice que hay recompensas esperándonos en el cielo y estoy entusiasmada por ver cuáles son. Disfruta tu tiempo en la tierra, pero siempre date cuenta de que no es lo mejor que hay, ¡porque lo mejor está por venir!

DECLARO: *Solo estoy de paso en este mundo y espero con ansias mi hogar celestial.*

DÍA 351

LA PALABRA DE DIOS TE HACE SABIO

Dichoso el que halla sabiduría, el que adquiere inteligencia. Porque ella es de más provecho que la plata y rinde más ganancias que el oro.

PROVERBIOS 3:13-14

Creo que podemos resumir el buen juicio, el recto discernimiento y el conocimiento con una palabra: sabiduría. La sabiduría es uno de los bienes más valiosos que podemos tener. Es el uso correcto del conocimiento. ¿De qué sirve el conocimiento si no sabemos aplicarlo sabiamente? Yo digo: "Sabiduría es hacer ahora lo que te satisfará después". Puede que no siempre tengamos ganas de hacer lo que es sabio, pero si lo hacemos de todos modos, al final nos alegraremos de haberlo hecho.

Para actuar con sabiduría, debemos conocer la Palabra de Dios y tomarnos nuestro tiempo para tomar decisiones, de modo que sepamos que estamos tomando decisiones sabias. La sabiduría se encuentra en las intersecciones de la vida, llamándonos e invitándonos a seguirla (Pr 1:20-21).

Hebreos 12:11 dice que ninguna disciplina parece alegre cuando estamos pasando por ella, pero más tarde "produce una cosecha de justicia y paz para quienes han sido entrenados por ella". ¿Te importa el después? Muchas personas viven solo para el momento sin pensar seriamente en el futuro y en cómo sus acciones actuales lo afectarán. Este tipo de pensamiento es imprudente porque "más adelante" siempre llega y trae los resultados de las decisiones que hemos tomado en el pasado. Una vez que tenemos esos resultados, es demasiado tarde para volver atrás y deshacer lo que hicimos.

DECLARO: *Utilizo la sabiduría y hago ahora lo que creo que me satisfará más tarde.*

DÍA 352

TU AVANCE SE ACERCA

Pues los sufrimientos ligeros y efímeros que ahora padecemos producen una gloria eterna que vale muchísimo más que todo sufrimiento.

2 CORINTIOS 4:17

Pablo dice que nuestros problemas terrenales son ligeros, aflicciones momentáneas comparadas con la gloria que vamos a recibir. Cuando atravieso momentos difíciles, me ayuda recordarme a mí misma que pasarán. "Esto no puede durar para siempre", digo. Pienso en otras cosas a las que pensé que no sobreviviría y sin embargo lo hice. El diablo nos susurra al oído que ciertas cosas durarán para siempre, pero no es así.

Cristo es tu fuerza y no importa lo mala que pueda parecer tu situación actual, Dios te ama y ya ha planeado tu huida a un lugar seguro. Además, aprenderás algo de tu prueba que te ayudará más adelante en la vida. Mantén tus ojos en el premio del cielo y en la gloria que te espera allí.

Cuando pasamos por situaciones difíciles, éstas nos hacen capaces de soportar el siguiente momento duro con más facilidad. Cada vez que experimentamos la liberación de Dios, es más fácil saber que también estará ahí la próxima vez que la necesitemos. Entra hoy en el descanso de Dios. ¡Tu avance se acerca!

DECLARO: *Cuando paso por momentos difíciles, nunca duran porque Dios siempre me proporciona una salida.*

DÍA 353

MANTENTE FIRME EN LA LIBERTAD

Ahora bien, el Señor es el Espíritu, y donde está el Espíritu del Señor, allí hay libertad.

2 CORINTIOS 3:17

La Palabra de Dios nos promete libertad, pero ¿de qué cosas podemos esperar ser libres?

- Somos libres de pecado (Jn 8:36; Ro 6:6; 14; 18; 22).
- Estamos libres de culpa (Sal 32: 5; He 10:22).
- Estamos libres de temor a otras personas (Pr 29: 2; He 13:6).
- Somos libres de compararnos con otras personas (Gá 6:4).
- Estamos libres de temor a lo que piensen los demás (Gá 1:10).
- Estamos libres de temor a la muerte (Sal 23:4; Jn 14:1-3; He. 2:14-15).

Las personas a las que Jesús libera son realmente libres (Jan 8:36). "Cristo nos libertó para que vivamos en libertad. Por lo tanto, manténganse firmes y no se sometan nuevamente al yugo de esclavitud" (Gá 5:1). Manténganse firmes contra el diablo cuando intente volver a ponerlos en esclavitud. Me tomó mucho tiempo liberarme de la culpa, porque había sido parte de mi vida desde que tenía memoria. Ganar la libertad en algunas áreas toma más tiempo que en otras, pero si usted se apega a la Palabra de Dios, pidiéndole al Espíritu Santo que le ayude, usted disfrutará de la libertad en cada área donde alguna vez estuvo en esclavitud.

DECLARO: *Soy libre y me mantendré firme en mi libertad y no seré esclavizado de nuevo a la esclavitud que he dejado.*

DÍA 354

PRISIONEROS DE LA ESPERANZA

Vuelvan a su fortaleza, cautivos de la esperanza, pues hoy mismo anuncio que les devolveré el doble.

ZACARÍAS 9:12

Un prisionero de la esperanza está tan seguro de que hay esperanza (una expectativa positiva de que algo bueno va a suceder), que nunca se la podrán quitar. El diablo odia que estemos llenos de esperanza. Nos quiere llenos de negatividad y duda. Pero podemos ser prisioneros de la esperanza que recibirán el doble de lo que han perdido. Yo llamo a esto recibir "el doble por las molestias".

No creo que podamos tener fe si primero no tenemos esperanza. Pon tu fe en Dios de que algo bueno viene hacia ti. Confía en Él de todo corazón y no dudes. Según Romanos 5:5, la esperanza nunca defrauda. Aunque no consigas exactamente lo que quieres, obtendrás lo que es mejor para ti, ¡porque Dios es bueno! "Porque yo conozco los planes que tengo para ustedes —afirma el Señor—, planes de bienestar y no de calamidad, a fin de darles un futuro y una esperanza" (Jer 29:11). No importa lo que te haya sucedido o lo que esté sucediendo ahora, Dios tiene un buen futuro planeado para ti, uno que está lleno de esperanza. "Que el Dios de la esperanza los llene de toda alegría y paz a ustedes que creen en él, para que rebosen de esperanza por el poder del Espíritu Santo" (Ro 15:13). Esta es una de mis escrituras favoritas y recurro a ella cuando parece que he perdido la alegría. La pérdida de la alegría y la paz significa que has dejado de creer. Pero el Dios de la esperanza te llenará de nuevo cuando confíes en Él.

DECLARO: *Estoy lleno de esperanza y creo que algo bueno me va a pasar.*

DÍA 355

NO MALGASTES HOY PREOCUPÁNDOTE POR MAÑANA

Por lo tanto, no se preocupen por el mañana, el cual tendrá sus propios afanes. Cada día tiene ya sus problemas.

MATEO 6:34

Como he mencionado antes, la ansiedad se produce cuando pasamos el día de hoy tratando de obtener respuestas para mañana. Es como cuando los israelitas trataron de recoger el maná del día siguiente en el día en curso (Éx 16:16-20). Esta sustancia parecida al pan que Dios les proporcionó para su alimento diario se pudrió y empezó a apestar si la gente la acaparaba. Algunas personas tienen lo que llamarían "vidas podridas y apestosas" porque no saben cómo vivir un día a la vez, creyendo y confiando en que Dios tiene el control.

A menudo le decimos a Dios lo que podemos y lo que no podemos hacer. Cuando tenemos problemas, le aseguramos que no podemos más, pero Él sabe lo que podemos soportar. Él nunca permitirá que seamos tentados más allá de lo que podemos soportar y siempre nos proporcionará una salida (1 Co 10:13).

No tenemos por qué tener todas las respuestas a todos nuestros problemas, porque Dios las tiene y Él está con nosotros. En el momento justo, Él nos revelará lo que debemos hacer. Ten la seguridad de que Dios tiene el control, de que es bueno y de que te ama más de lo que puedas imaginar.

DECLARO: *Vivo un día a la vez y confío el resto a Dios.*

DÍA 356 DETENTE Y REZA

Impárteme conocimiento y buen juicio, pues yo creo en tus mandamientos.

SALMOS 119:66

Es importante que actuemos con sabiduría, y también es importante que actuemos con discernimiento, que nos ayuda distinguir entre el bien y el mal, entre lo correcto y lo incorrecto. Rezo regularmente por el discernimiento. El discernimiento es más profundo que la emoción o el pensamiento humano y, si lo buscamos, tomaremos decisiones correctas que nos lleven a una vida que podamos disfrutar.

Todos hemos tomado decisiones basadas en las emociones y luego nos hemos arrepentido. La mayoría de nosotros llevamos una vida rápida y ajetreada y la única manera de tener buen juicio, discernimiento y conocimiento, es ir más despacio. Cuanto más rápido tomamos decisiones, más probable es que tomemos las equivocadas. A menudo es mejor consultar con la almohada una decisión y ver si a la mañana siguiente nos sentimos igual que la noche anterior. Otro buen ejercicio es intentar pensar en las consecuencias que tu decisión tendrá en tu vida.

Me encantan los perros y más de una vez he comprado un cachorro basándome en las emociones y luego he tenido que regalarlo porque mi estilo de vida es demasiado ajetreado como para dedicarme al trabajo que requiere un cachorro. Me gusta el lado emocional y divertido de tener uno, pero no quiero el trabajo. Todo lo que nos gusta en la vida conlleva una responsabilidad y debemos tener en cuenta tanto el placer como la responsabilidad a la hora de tomar decisiones.

DECLARO: *Antes de tomar una decisión, me detengo y rezo.*

DÍA 357

SENSIBLE AL ESPÍRITU SANTO

No agravien al Espíritu Santo de Dios con el que fueron sellados para el día de la redención.

EFESIOS 4:30

Debemos ser sensibles al Espíritu Santo, que es muy manso como una paloma y no le gusta estar en un ambiente de disputas y discusiones. Escuché la historia de un hombre que tenía palomas y ocasionalmente anidaban en el alféizar de su ventana. Un día, él y su mujer estaban discutiendo, y se dio cuenta de que las palomas volaban, pero los pichones se quedaban.

El Espíritu Santo es uno de los dones más preciados que tenemos. Como creyentes, vive en nosotros y es nuestro Maestro y Consolador (Jn 14:26). Cuando te sientas herido, puedes pedirle al Espíritu Santo que te consuele. El Espíritu Santo es nuestro guía y, si seguimos Su guía, tendremos muchos menos problemas en nuestras vidas. Es importante para el Espíritu Santo que seamos respetuosos no solo con Él, sino también con todas las personas con las que tratamos en nuestras vidas.

El temor reverencial de Dios es un buen tipo de temor, un temor respetuoso. Debemos tener ese tipo de temor de ofender al Espíritu Santo. El temor reverencial nos mantiene caminando en obediencia a Dios. Algunas de las cosas que ofenden al Espíritu Santo se enumeran en Efesios 4:31 e incluyen "amargura, ira y enojo, riñas y calumnias, junto con toda forma de malicia".

DECLARO: *Hago todo lo posible por no contristar ni ofender al Espíritu Santo. Él es manso como una paloma, y quiero que se sienta cómodo viviendo en mí.*

DÍA 358

NO APAGUES EL ESPÍRITU SANTO

No apaguen el Espíritu.

1 TESALONICENSES 5:19

Apagar significa suprimir o someter. No queremos hacerle esto al Espíritu Santo, porque lo necesitamos trabajando en nuestras vidas. Necesitamos mayor sensibilidad al Espíritu Santo, así que no queremos lastimarlo lastimándonos unos a otros. Sensibilidad tiene dos significados: Uno tiene que ver con ser herido fácilmente y el otro tiene que ver con ser consciente de las necesidades y emociones de los demás.

La forma en que tratamos a las personas es la medida de muchas cosas: nuestro carácter, nuestra madurez espiritual, la profundidad de nuestro amor por Dios y por los demás, y el nivel de unción (poder) que Dios liberará en nuestras vidas. Oremos y practiquemos la sensibilidad en la forma en que tratamos a los demás. Jesús se refirió a sí mismo como "manso y humilde" (Mt 11:29). Deberíamos desear ser lo mismo y practicar ser amables. Me parece que el mundo en el que vivimos hoy es duro y deberíamos resistirnos a ser como él.

Para tratar bien a la gente, debemos ir más despacio. Cuanto más deprisa vamos en la vida, más probable es que hagamos daño a la gente y ni siquiera nos demos cuenta de que lo hemos hecho. Sé que soy culpable de ello y aunque he mejorado con la ayuda de Dios, aún me queda mucho camino por recorrer. Nunca debemos usar a las personas para obtener cosas, sino seguir la guía del Espíritu Santo y usar las cosas que tenemos para ser una bendición para otras personas.

DECLARO: *No quiero apagar el Espíritu Santo. Quiero ser sensible a lo que le ofende y evitarlo, así que me esforzaré por ser amable y gentil con todas las personas.*

DÍA 359

UNA MAYOR DULZURA

Que tu espíritu bondadoso [tu amabilidad, generosidad, misericordia, tolerancia y paciencia] sea conocido por todos los hombres. El Señor está cerca.

FILIPENSES 4:5

Efesios 5:10 dice: "Y comprueben lo que agrada al Señor". La Escritura de hoy nos dice que Dios quiere que seamos mansos, lo que significa considerados o amables; no duros, ni severos, ni violentos; fáciles de manejar. La mansedumbre es uno de los nueve frutos del Espíritu. Los dones se dan, pero el fruto debe desarrollarse, crecer y madurar.

La fruta que compramos en el supermercado suele recogerse verde y luego recibe una ráfaga de gas llamado etileno para forzarla a madurar. No es de extrañar que no tenga mucho sabor. La maduración natural lleva tiempo y es un proceso, pero la fruta sabe mejor. Debido a la codicia de nuestra sociedad, hemos encontrado formas de eludir el proceso de maduración natural a pesar de que arruina el producto.

Hay demasiados creyentes inmaduros que se recogen para ser utilizados, pero que no son capaces de hacer ningún bien real a nadie. Parecen buenos por fuera, pero la experiencia con ellos demuestra que no lo son por dentro. Te insto a que pases por cualquier proceso que el Espíritu Santo quiera que pases, no importa cuánto tiempo tome. No tengas tanta prisa por llegar a tu destino. En lugar de eso, aprende a disfrutar del camino y a ser amable contigo mismo y con los demás.

DECLARO: *Soy paciente y permito que el fruto del Espíritu madure en mi vida, especialmente la mansedumbre.*

DÍA 360

PODER BAJO CONTROL

Moisés era muy humilde, más humilde que cualquier otro sobre la tierra.

NÚMEROS 12:3

Es interesante que cuando Dios eligió a alguien para guiar a los israelitas a través del desierto hacia la Tierra Prometida, eligió al hombre más manso de la tierra. Las personas mansas y gentiles no son débiles, como algunos podrían suponer. Son personas que tienen un gran poder, pero saben mantenerlo bajo control. El Salmo 18:35 dice: "Tú me cubres con el escudo de tu salvación y con tu diestra me sostienes; tu ayuda me ha hecho prosperar".

Moisés no era gentil cuando huyó de Egipto. Era tosco e insensible. Pero cambió en el desierto a lo largo de cuarenta años y en la escritura de hoy vemos a un hombre que reza y suplica por los ignorantes. Después de que Noemí lo acusara injustamente y fuera atacada de lepra, Moisés clamó al Señor: "¡Oh Dios, te ruego que la sanes!" (Nm 12:13).

Cuando los israelitas refunfuñaron y se quejaron contra Moisés y Aarón, ellos se postraron sobre sus rostros y oraron por ellos (Nm 14:1-5). La sabiduría es un gran don que Dios nos ha dado y Santiago 3:17 dice que "es ante todo pura y además pacífica, respetuosa, dócil, llena de compasión y de buenos frutos, imparcial y sincera". Procuremos desarrollar la mansedumbre en nuestras vidas.

DECLARO: *Soy amable y manso, por eso camino con sabiduría y trato a las personas como Dios las trataría.*

DÍA 361

ANÍMATE

¿Por qué estás tan abatida, alma mía? ¿Por qué estás tan angustiada? En Dios pondré mi esperanza y lo seguiré alabando. ¡Él es mi salvación y mi Dios!

SALMOS 42:5

El desánimo destruye la esperanza y sin esperanza nos damos por vencidos. Dios sabe que no superaremos nuestros problemas si estamos desanimados. Creo que ésa es una de las razones por las que nos dice en Su Palabra que no nos desanimemos ni desmayemos y que no temamos (Jos 1:9; Deut 31:6), sino que "cobremos ánimo" y que "seamos fuertes" (Sal 27:14; 31:24). Él quiere que nos animemos, no que nos desanimemos.

Una forma de detener el desánimo es examinar tu vida de pensamientos. ¿Han sido del tipo: "No lo voy a conseguir; esto es demasiado difícil. Siempre fracaso; nunca cambia nada. Estoy cansado de intentarlo. ¿Me doy por vencido?". Si este ejemplo representa tus pensamientos, no me extraña que te desanimes. Los pensamientos desalentadores te sumirán en el desánimo.

En lugar de pensar negativamente, piensa así: "Bueno, las cosas van despacio, pero, gracias a Dios, estoy progresando. Ayer cometí errores, pero hoy es un nuevo día. Tú me amas, Señor. Tus misericordias son nuevas cada mañana. Me niego a desanimarme. Padre, ayúdame a elegir los pensamientos correctos hoy". Estoy segura de que ya puedes sentir la victoria en este tipo de pensamiento alegre, positivo, como Dios. Cambia tu forma de pensar y anímate.

DECLARO: *Elijo pensamientos que me animen y me niego a desanimarme.*

DÍA 362

¿LLEVAS SUFICIENTE TIEMPO EN ESTE LUGAR?

Cuando estábamos en Horeb, el Señor nuestro Dios nos ordenó: "Ustedes han permanecido ya demasiado tiempo en este monte".

DEUTERONOMIO 1:6

En Deuteronomio 1, 2, Moisés señala a los israelitas que su viaje hasta la frontera de Canaán (la Tierra Prometida) debería haber durado solo once días y sin embargo tardaron cuarenta años en llegar. Luego, en el versículo 6, dice: el Señor nuestro Dios nos ordenó: "Ustedes han permanecido ya demasiado tiempo en este monte". ¿Has morado suficiente tiempo en la misma montaña?

¿Has pasado, en cierto modo, lo que parecen cuarenta años intentando hacer algo que debería haberte llevado mucho menos tiempo? ¿Has estado endeudado el tiempo suficiente? ¿Has comido en exceso el tiempo suficiente? ¿Te has aferrado al rencor o a la falta de perdón tiempo suficiente? ¿Has pospuesto la consecución de tus sueños? ¿Has dejado que la ira te controle el tiempo suficiente? Que hoy sea el día en que decidas avanzar en los planes y promesas de Dios para tu vida. Aunque solo sea un pequeño paso en esa dirección, haz *algo* para salir del atolladero en el que has estado demasiado tiempo. Dios tiene éxito y muchas buenas cosas guardadas para ti, así que muévete hacia ellas.

Creo que los israelitas tardaron tanto en hacer un viaje bastante corto debido a una "mentalidad de desierto": ciertos patrones de pensamiento los mantenían en la esclavitud. Si te sientes atascado y parece que no puedes llegar a donde crees que Dios te está llevando, pídele que te muestre cómo ajustar tu forma de pensar.

DECLARO: *Creo que Dios tiene cosas buenas para mí más adelante y doy pasos cada día para avanzar hacia ellas.*

DÍA 363

UNA MENTE PREPARADA

Estos eran de sentimientos más nobles que los de Tesalónica, de modo que estuvieron muy dispuestos a recibir el mensaje y todos los días examinaban las Escrituras para ver si era verdad lo que se les anunciaba.

HECHOS 17:11

La escritura de hoy describe a los creyentes de Berea como "más nobles" que los creyentes de Tesalónica porque "estuvieron muy dispuestos a recibir el mensaje y todos los días examinaban las Escrituras". ¿Qué es "disposición de ánimo"? Creo que significa que debemos tener mentes abiertas a la Palabra de Dios y a Su voluntad para nosotros, cualquiera que sea.

Por ejemplo, hace poco un joven que conozco experimentó la tristeza de perder un trabajo muy bueno. Estaba orando para saber si el Señor quería que permaneciera en el mismo campo profesional o que buscara algo diferente. Él quería permanecer en su campo y esperaba encontrar pronto un trabajo haciendo lo que había estado haciendo. Le aconsejé que tuviera una "mente preparada" por si las cosas no salían. Me preguntó: "¿No es eso ser negativo?".

No, no lo es. Negativismo sería decir: "Nadie querrá contratarme nunca. Nunca tendré una buena vida". Por el contrario, ser positivo sería decir: "No me gusta que me hayan reducido en mi trabajo, pero voy a confiar en Dios. Espero poder seguir en este campo y voy a orar para que así sea. Pero más que nada, quiero la perfecta voluntad de Dios para mi vida. Si las cosas no salen como yo quiero, sobreviviré. Creo que todo será para bien".

Se trata de afrontar los hechos, tener la mente preparada, estar abierto al cambio y seguir siendo positivo.

DECLARO: *Tengo una mente dispuesta y abierta a la Palabra de Dios y a Su voluntad.*

DÍA 364

LIBRARSE DE LA CULPA

Por lo tanto, ya no hay ninguna condenación para los que están en Cristo Jesús.

ROMANOS 8:1

Sé que muchas personas sufren con la culpa incluso después de haberse arrepentido de sus pecados. Yo lo hice y me llevó mucho tiempo darme cuenta de que lo único que estaba haciendo era intentar pagar por mis pecados sintiéndome culpable. Pero como Jesús ya había pagado por ellos completamente, estaba malgastando mi tiempo y mis energías.

Si tiendes a sentirte culpable incluso después de haberte arrepentido de verdad de tus pecados, te insto a que dediques tiempo a recibir el perdón de Dios y recuerdes que Él dice que no solo nos perdonará, sino que no se acordará más de nuestros pecados (He 8:12). Si Él puede olvidarlos, nosotros también.

Si te sientes condenado, no viene de Dios. O es el diablo, o te lo estás haciendo tú mismo, así que por favor acepta el perdón completo de Dios y empieza a disfrutar de tu vida.

DECLARO: *Estoy completamente perdonado de todos mis pecados y no recibiré condenación o culpa porque no viene de Dios.*

DÍA 365

GRAN FE

Entonces los apóstoles dijeron al Señor:
—¡Aumenta nuestra fe!

LUCAS 17:5

Muchas personas rezan para tener una gran fe, pero no entienden que no sucede instantáneamente. La fe crece poco a poco. Se desarrolla a medida que hacemos cosas nuevas o damos pasos de obediencia cuando Dios nos guía por caminos que no entendemos. La fe se hace grande con el tiempo y a medida que ganamos experiencia con Dios. Como los músculos del cuerpo, la fe se fortalece a medida que se ejercita.

Cuando los discípulos le dijeron a Jesús: "Aumenta nuestra fe". Él respondió: "Si ustedes tuvieran una fe tan pequeña como una semilla de mostaza, podrían decirle a este árbol sicómoro: 'Arráncate de aquí y plántate en el mar' y les obedecería" (Lc 17:6). Creo que Jesús quería decir que, si tenían fe, harían algo para demostrarlo. También quiso decir que un poco de fe puede lograr grandes cosas. Permítanme explicarles.

Una forma de demostrar nuestra fe es actuando, con frecuencia, cuando no sabemos cuál será el resultado. En Lucas 17, los apóstoles no estaban haciendo nada y sin embargo querían tener una gran fe. A veces Dios no quiere que actuemos porque quiere que confiemos y esperemos a que Él actúe en nuestro favor. Pero incluso confiar en Dios es activo, no pasivo. Debemos ser activos confiando en Él, orando, estudiando, confesando Su Palabra y adorándolo mientras esperamos que Él se mueva. También debemos estar preparados para hacer cualquier cosa que Él nos pida.

DECLARO: *Estoy creciendo cada día en la fe.*

¿TIENES UNA VERDADERA RELACIÓN CON JESÚS?

¡Dios te ama! Él te creó para que fueras un individuo especial, único e irrepetible y tiene un propósito y un plan específico para tu vida. A través de una relación personal con tu Creador —Dios— puedes descubrir un estilo de vida que realmente satisfaga tu alma.

No importa quién seas, lo que hayas hecho o dónde te encuentres en tu vida ahora mismo, el amor y la gracia de Dios son mayores que tu pecado, tus errores. Jesús dio Su vida para que puedas recibir el perdón de Dios y tener una nueva vida en Él. Él solo está esperando que lo invites a ser tu Salvador y Señor.

Si estás listo para entregar tu vida a Jesús y seguirlo, todo lo que tienes que hacer es pedirle que perdone tus pecados y te dé un nuevo comienzo en la vida que estás destinado a vivir. Comienza rezando esta oración…

Señor Jesús, gracias por dar tu vida por mí y perdonarme mis
pecados para que pueda tener una relación personal contigo.
Lamento sinceramente los errores que he cometido y sé que
necesito de tu ayuda para vivir correctamente.
Tu Palabra dice en Romanos 10:9: "Si confiesas con tu boca
que Jesús es el Señor y crees en tu corazón que Dios
lo levantó de entre los muertos, serás salvo".
Creo que Tú eres el Hijo de Dios y te confieso
como mi Salvador y Señor.
Tómame tal como soy y obra en mi corazón, convirtiéndome
en la persona que Tú quieres que sea. Quiero vivir para Ti,
Jesús, y me siento muy agradecido

porque estás ofreciéndome el naciente inicio
a mi nueva vida contigo hoy.
¡Te amo, Jesús!

¡Es tan maravilloso saber que Dios nos ama tanto! Que quiere tener una relación profunda e íntima con nosotros que crezca cada día a medida que pasamos tiempo con Él en la oración y el estudio de la Biblia. Deseamos animarte hacia tu nueva vida en Cristo.

Por favor, visita joycemeyer.org/salvation para solicitar el libro de Joyce: *Una nueva forma de vida*, que es nuestro regalo para ti. También tenemos otros recursos gratuitos en línea para ayudarte a progresar en la búsqueda de todo lo que Dios guarda para ti.

¡Felicidades por el nuevo inicio de tu vida en Cristo! Esperamos tener noticias tuyas pronto.

NOTAS

Las citas bíblicas están tomadas de la Santa Biblia, Nueva Versión Internacional®, NVI®. Copyright ©1999, 2015, 2022 por Biblica, Inc.® Usado con permiso de Biblica, Inc.® Reservados todos los derechos en todo el mundo.

1. F. B. Meyer, *The Secret of Guidance* [Los secretos de la dirección divina] (Fleming H. Revell Company, 1896), 23.
2. BrainyQuote, https://www.brainyquote.com/quotes/blaise_pascal_159858
3. Blake Stilwell, *The Real-Life Murphy and How 'Murphy's Law' Came to Be* [Murphy en la vida real y cómo surgió la "Ley de Murphy"], Military.com, 10 de junio de 2022, https://www.military.com/history/real-life-murphy-and-how-murphys-law-came-be.html
4. *The Westminster Shorter Catechism* [Catecismo breve Westminster], question 1 (Assembly of Divines, 1648), https://www.apuritansmind.com/westminster-standards/shorter-catechism
5. A. B. Simpson, *The Spirit of Love, in Walking in the Spirit* [El espíritu del amor en Caminando en el Espíritu] (Christian Alliance Publishing Company, 1889).
6. Erwin W. Lutzer, *D. L. Moody, An Unlikely Servant* [D. L. Moody, Un siervo insólito], Moody Church Media, January 19, 2014, https://www.moodymedia.org/sermons/-/d-l-moody-unlikely-servant
7. BrainyQuote, https://www.brainyquote.com/quotes/zig_ziglar_381975

8. BrainyQuote, https://www.brainyquote.com/quotes/corrie_ten_boom_135203

9. *Eulogia* [Elogio], Bible Hub, https://biblehub.com/greek/2129.htm

10. *Epainos* [Alabanza], Bible Hub, https://biblehub.com/greek/1868.htm

11. Max Lucado, *Grace: More Than We Deserve, Greater Than We Imagine* [Gracia: más de lo que merecemos, mayor de lo que imaginamos] (Thomas Nelson, 2014), 8.

12. San Agustín, *On the Spirit and the Letter* [Sobre el espíritu y la letra] (Society for Promoting Christian Knowledge, 1925), 53.

13. AZ Quotes, https://www.azquotes.com/quote/855992.

SOBRE LA AUTORA

Joyce Meyer es una de las líderes mundiales en la enseñanza práctica de la Biblia y una de las autoras más vendidas del *New York Times*. Los libros de Joyce han ayudado a millones de personas a encontrar esperanza y restauración a través de Jesucristo. El programa de Joyce: Enjoying Everyday Life, se transmite por televisión, radio y en línea en ciento diez idiomas.

A través de Joyce Meyer Ministries, Joyce enseña internacionalmente sobre cómo aplicar la Palabra de Dios a nuestra vida cotidiana. Su cándido estilo de comunicación le permite compartir abiertamente sus experiencias para que otros puedan aplicar lo que ha aprendido a sus vidas..

Joyce es autora de más de ciento cuarenta libros, que se han traducido a más de ciento sesenta idiomas. En español, los más conocidos son *El camino al éxito* y *Habitos de una mujer piadosa*, así como sus ditintos devocionales.

La pasión de Joyce por ayudar a los que sufren es el fundamento en la visión de Hand of Hope, la rama misionera de Joyce Meyer Ministries. Cada año, Hand of Hope proporciona millones de comidas a personas hambrientas y desnutridas, instala pozos de agua dulce en zonas pobres y remotas, presta ayuda crítica tras catástrofes naturales y ofrece atención médica y dental gratuita a miles de personas a través de sus hospitales y clínicas en el mundo entero. A través del Proyecto GRL, mujeres y niños son rescatados de la trata de seres humanos y se les proporcionan lugares seguros donde recibir educación, comidas nutritivas y el amor de Dios.

Para conocer más sobre la autora, visita https://joycemeyer.org/